浙江工商大学
"数字+"专业建设成果——教材系列

HANYUYAN
WENXUE XIN XINGTAI JIAOCAI XILIE

ZHUANGZI
NEIPIAN JIANGDU

庄子
内篇讲读

渠晓云

/ 著

浙江工商大学 出版社
ZHEJIANG GONGSHANG UNIVERSITY PRESS

·杭州·

图书在版编目（CIP）数据

庄子内篇讲读 / 渠晓云著. -- 杭州：浙江工商
大学出版社，2025. 6. -- ISBN 978-7-5178-6367-0

Ⅰ. B223.55

中国国家版本馆 CIP 数据核字第 20251M1H79 号

庄子内篇讲读
ZHUANGZI NEIPIAN JIANGDU

渠晓云 著

策划编辑	任晓燕
责任编辑	金芳萍
责任校对	杨　戈
封面设计	蔡海东　蔡思婕
责任印制	屈　皓
出版发行	浙江工商大学出版社
	（杭州市教工路 198 号　邮政编码 310012）
	（E-mail：zjgsupress@163.com）
	（网址：http://www.zjgsupress.com）
	电话：0571-88904980，88831806（传真）
排　　版	杭州朝曦图文设计有限公司
印　　刷	杭州捷派印务有限公司
开　　本	710mm×1000mm　1/16
印　　张	14.5
字　　数	234 千
版 印 次	2025 年 6 月第 1 版　2025 年 6 月第 1 次印刷
书　　号	ISBN 978-7-5178-6367-0
定　　价	62.00 元

目　录

绪　论

　　庄子是一个怎样的人，才能写出如此深刻有趣，既充满智慧又富有诗意的哲学著作呢？从《庄子》《史记》等文本中可以看出，庄子博学多识，任情自恣；追求自由，拒绝为相；充满童心，想象丰富；遵守内心，守护尊严；智慧卓绝，敏锐深情；洞见生命，启人心智；热爱万物，洒落超然。庄子平时的乐趣除了钓鱼，还有和好朋友惠子论辩，有时他还会带着弟子游走山林。庄子常在日常生活的小事中自省，体悟人生，认识自己，以此启发弟子，并启示后世读者。

绪　论

一、多面立体的庄子

（一）博学多识与洸洋自恣的庄子

　　司马迁的《史记》对庄子的记录很少，仅附在《史记·老子韩非列传》的"老子传"后。《史记·老子韩非列传》载：

　　　　庄子者，蒙人也，名周。周尝为蒙漆园吏，与梁惠王、齐宣王同时。其学无所不窥，然其要本归于老子之言。故其著书十余万言，大抵率寓言也。作《渔父》《盗跖》《胠箧》，以诋訾孔子之徒，以明老子之术。《畏累虚》《亢桑子》之属，皆空语无事实。然善属书离辞，指事类情，用剽剥儒、墨，虽当世宿学不能自解免也。其言洸洋自恣以适己，故自王公大人不能器之。[①]

根据这段文字记载，可以看到如下几点。

第一，庄子，名周，是战国中期宋国蒙（今河南商丘东北）人，曾是蒙地的漆园吏。漆园吏大约是管理漆园的一个小吏。《庄子》文本对各类树特别关注，许是和他日常与树相处的工作有关。

第二，庄子与梁惠王、齐宣王是同时代人。梁惠王（前400—前319），即魏惠王，姬姓，魏氏，是战国时期魏国的第三任国君。公元前361年，魏惠王从安邑迁都大梁，从此魏也称为梁。梁惠王晚年，孟子去拜见过他，有关事件载入《孟子·梁惠王篇》。齐宣王（前350—前301），妫姓，田氏，公元前320—前301年在位。齐宣王在位时期，招揽人才，使稷下学宫中人才鼎盛，各派聚集。孟子就曾居稷下三十多年。《史记·孟子荀卿列传》记载，孟子"道既通，游事齐宣王，宣王不能用。适梁，梁惠王不果所言"[②]。据学者们考证，庄子生卒年大约是公元前369—前286年。可见，庄子和孟子也是同时代人。然而可惜的是，史籍中并无有关二人会面的记载。或许二人阶级不同，学术不同，人生道路不同，便未期一见，所谓"道不同不相为谋"；又或许二人互相并不知晓，也未可知。故未能出现像孔子去见老子那样的著名场面。

第三，庄子学识广博。"其学无所不窥，然其要本归于老子之言"，庄子虽然博学多识，但他的根本思想还是继承了老子的学术思想。司马迁举《渔父》《盗跖》《胠箧》数篇，指明庄子批判孔子之徒，剽剥当世显学儒家、墨家的宿学大师，是为了彰显道家的学术。但司马迁用户于举例的这几篇都属于《庄子》的《外篇》《杂篇》，未必是庄子亲著。学界通常认为，《庄子·内篇》当是庄子自著，庄子思想的精彩处也正在《内篇》，可惜司马迁对

---

① 〔汉〕司马迁：《史记·老子韩非列传》，中华书局1959年版，第2143—2144页。
② 〔汉〕司马迁：《史记·孟子荀卿列传》，中华书局1959年版，第2343页。

这些篇目只字未提。

第四,庄子善以寓言的形式著书立说。不仅司马迁如此评价庄子,《庄子·寓言》中也写道:"寓言十九,重言十七,卮言日出,和以天倪。"①《庄子·天下》也有类似说法:"以天下为沉浊,不可与庄语。以卮言为曼衍,以重言为真,以寓言为广。"

第五,庄子的文风与性情洸洋自恣。司马迁评价庄子著述"其言洸洋自恣",而后加"以适己"三字,可见庄子文如其人,洸洋自恣的文风正与庄子平日洸洋自恣的性情相一致。《庄子·天下》对庄子创作的描述非常细致,当是庄子弟子后学所著。该篇记载:"以谬悠之说,荒唐之言,无端崖之辞,时恣纵而不傥,不以觭见之也。"指出庄子在创作上,常用一种虚空悠远、荒诞不经、漫无边际的言辞,呈现出恣纵无拘的风格,其学说不执着于某一偏见。

(二)濮水钓鱼与拒绝相位的庄子

《史记》中对于庄子的记载过于简略,要了解庄子本人主要还得依据《庄子》中的记载。《庄子》《史记》皆记载了庄子拒绝相位的故事。

《庄子·秋水》曰:

> 庄子钓于濮水,楚王使大夫二人往先焉,曰:"愿以境内累矣!"庄子持竿不顾,曰:"吾闻楚有神龟,死已三千岁矣,王巾笥而藏之庙堂之上。此龟者,宁其死为留骨而贵乎? 宁其生而曳尾于涂中乎?"二大夫曰:"宁生而曳尾涂中。"庄子曰:"往矣! 吾将曳尾于涂中。"

这段是我们熟悉的庄子故事。故事中庄子正在濮水钓鱼,楚王派来的使者请他出任楚国大臣时,他甚至头都没有回。但庄子并未完全置之不理,

---

① 〔清〕郭庆藩:《庄子集释》,王孝鱼点校,中华书局 1961 年版,第 947 页。本书后文引用《庄子》原文,除个别异文会单独注出处外,其余均出自此版本,此后不再一一标注。

而是一边钓鱼一边问使者:"宁愿做一只死了三千年,享受庙堂祭祀的神龟呢,还是宁愿活着,在泥地里爬行呢?"使者选择了后者,庄子也选择了后者,他不愿因为做官而放弃虽贫穷但自由的人生。

《庄子·列御寇》也有类似的记载:

> 或聘于庄子,庄子应其使曰:"子见夫牺牛乎?衣以文绣,食以刍叔。及其牵而入于太庙,虽欲为孤犊,其可得乎!"

这里记载的也是庄子拒绝某国使者聘请的事。与《秋水》用神龟作比喻不同,这里用祭祀的牺牛来比喻。那头将要作牺牲的牛,平日里穿着华美的衣服、吃着美味的豆子,似乎很舒适。但等到它被牵入太庙,作为牺牲祭祀时,想要重新做一只没人喂养的牛,还有机会吗?庄子依然用寓言拒绝了。

《史记·老子韩非列传》的记载又有所不同:

> 楚威王闻庄周贤,使使厚币迎之,许以为相。庄周笑谓楚使者曰:"千金,重利;卿相,尊位也。子独不见郊祭之牺牛乎?养食之数岁,衣以文绣,以入大庙。当是之时,虽欲为孤豚,岂可得乎?子亟去,无污我。我宁游戏污渎之中自快,无为有国者所羁,终身不仕,以快吾志焉。"①

《史记》融合了《庄子》中的这两段记载。楚王派来使者,许以厚币、卿相。庄子笑对使者说:"重利与权位都不是我看重的。那头祭祀的牺牛,被喂养几年,最终还是要被送入太庙。到那时虽想要成为一头小猪,还有机会吗?你赶紧离开吧,不要污辱我。"庄子还是拒绝了做相。

无论这几处的记载是事实,还是只是寓言,我们都可以看出庄子对出仕的态度。

---

① 〔汉〕司马迁:《史记·老子韩非列传》,中华书局 1959 年版,第 2145 页。

(三)布衣正带与魏王论惫的庄子

庄子虽然不愿为官,但并不排斥去拜见君王。《庄子·山木》记载了庄子去见魏王的事例:

> 庄子衣大布而补之,正緳(xié)系履而过魏王。魏王曰:"何先生之惫邪?"庄子曰:"贫也,非惫也。士有道德不能行,惫也;衣弊履穿,贫也,非惫也;此所谓非遭时也。王独不见夫腾猿乎?其得楠梓豫章也,揽蔓其枝而王长其间,虽羿、蓬蒙不能眄睨也。及其得柘(zhè)棘枳(zhǐ)枸(jǔ)之间也,危行侧视,振动悼栗;此筋骨非有加急而不柔也,处势不便,未足以逞其能也。今处昏上乱相之间,而欲无惫,奚可得邪?此比干之见剖心征也夫!"

庄子穿着打补丁的布衣,用麻绳系好鞋子去见魏王(即梁惠王,魏国迁都大梁,因称)。魏王问:"先生怎么如此疲惫困顿呢?""惫",病,可理解为困顿。庄子回答道:"我是贫穷,不是疲惫困顿。士人身怀道德理想而不能够推行,这是困顿;衣服坏了、鞋子破了,这是贫穷,而不是困顿。这种情况就是所谓生不逢时。"

庄子用猿猴处于不同树上的状态作比喻。"楠梓豫章",指端直好木。"揽蔓",把捉。"王长",自得。"眄睨",斜视,小瞧。"柘",灌木或小乔木,直立或攀缘状,通常具刺。"棘",酸枣树,落叶灌木,有刺,果小味酸。"枳",小乔木,刺尖干枯状,红褐色。"枸",枸橼,大灌木或小乔木,有短刺;又叫香橼。

"没见过那腾跃的猿猴吗?处于端直好树之上时,攀援把捉,自得跳跃,虽然是羿、蓬蒙这些神射手,都不会小瞧它。而处于那些有刺的树上时,却小心翼翼地行走,不时左顾右盼,内心震颤,恐惧发抖。这并不是猿猴的筋骨紧缩有了变化而不再灵活,而是所处的生活环境不方便,无法充分施展才能。如今处于昏君乱臣的时代,要想不困顿,怎么可能呢?像比干被剖心,就是一个例证。"

庄子穿着打补丁的衣服去见魏王,大概完全超出了魏王对平日所见之人衣着的认知,故有此对答。普通人有去见魏王的机会,大概率会重视,一定会衣着隆重地去见君王。因为普通人对自己没那么自信,要靠衣装来撑颜面。而对自己非常自信的人,不会有此想法。日常生活中能做到这点其实并不容易,孔子的众多弟子中,也只有子路能做到。《论语·子罕》记载,子曰:"衣敝缊袍,与衣狐貉者立,而不耻者,其由也与!"①孔子说:"穿着破旧的棉袍,与穿着狐裘大衣的人站在一起而不觉得羞耻的,大概只有子路吧!"庄子也是,去见魏王时完全不在乎自己穿什么衣服,只要穿得端正就可以了,所以他整理了一下鞋带。

庄子用讲故事的方式,也就是寓言的方式,让魏王去体会,也让我们读者自行去体会。

(四)向人借米与忿然作色的庄子

庄子大约没做多久漆园吏就不干了,或许是因为吏职不足以养家,总之庄子家很贫穷。有一次没米下锅,庄子不得不去借米。《庄子·外物》载:

> 庄周家贫,故往贷粟于监河侯。监河侯曰:"诺,我将得邑金,将贷子三百金,可乎?"庄周忿然作色曰:"周昨来,有中道而呼者。周顾视,车辙中有鲋鱼焉。周问之曰:'鲋鱼来!子何为者耶?'对曰:'我,东海之波臣也。君岂有斗升之水而活我哉?'周曰:'诺!我且南游吴越之王,激西江之水而迎子,可乎?'鲋鱼忿然作色曰:'吾失我常与,我无所处。吾得斗升之水然活耳,君乃言此,曾不如早索我于枯鱼之肆!'"

庄子家贫,所以去找监河侯借米。监河侯说:"好。我马上要得一笔封邑的税金,到时候借给你三百金,可以吗?"庄子气得变了脸色,讲了一个自己与鲫鱼对话的故事:"我昨天来的时候,半路上有人叫我。我回头看时,只

---

① 钱穆:《论语新解》,生活·读书·新知三联书店 2002 年版,第 243 页。

见车辙中有一条鲫鱼。我问鲫鱼：'鲫鱼啊，你怎么会在这里呢？'鲫鱼回答说：'我是东海的波浪小臣。你有斗升水救我吗？'我说：'好。等我向南游说吴越国君，引西江的水来迎接你，可以吗？'鲫鱼气得变了脸色，说：'我失去了日常所需的水，现在没有容身之处，如果能得斗升水就可以活下去。按照你现在的这种说法去行事，那还不如早点到卖鱼干的市场去找我。'"唐成玄英曰："此言事无大小，时有机宜。苟不逗机，虽大无益也。"①故事没讲监河侯听完故事之后的反应，也没有讲庄子最后有没有借到米。

这则故事除了讲庄子家贫，借米碰壁之外，依然可以让我们看出庄子最爱讲故事，而且故事中又套了一个故事。庄子听到监河侯推辞后的反应和鲫鱼听到庄周说引西江水后的反应一样，都是"忿然作色"。可以看出，庄子是一个喜怒形于色的性情中人。人们通常对庄子有误解，以为庄子就是让人成为一个无情无欲的石头人、木头人，殊不知庄子本人也是"该怒时怒，该笑时笑"的。

（五）"互怼"的知交：庄子与惠子

《庄子》中记载了庄子与惠子的多次对话。惠子，名施，是战国中期宋国蒙人，名家学派的重要人物。他也是《庄子》中记载的唯一有名字的庄子的朋友。他们观点不同，经常"互怼"，其中最著名的就是《庄子·秋水》结尾的那段濠梁之上的论辩。

> 庄子与惠子游于濠梁之上。庄子曰："鲦鱼出游从容，是鱼之乐也。"惠子曰："子非鱼，安知鱼之乐？"庄子曰："子非我，安知我不知鱼之乐？"惠子曰："我非子，固不知子矣；子固非鱼也，子之不知鱼之乐，全矣。"庄子曰："请循其本。子曰'汝安知鱼乐'云者，既已知吾知之而问我，我知之濠上也。"

---

① 〔清〕郭庆藩：《庄子集释》，王孝鱼点校，中华书局1961年版，第925页。本书后文引用唐成玄英的《庄子疏》，均出自此版本，此后不再一一标注。

　　庄子与惠子一个道家、一个名家,看世界的方式完全不同。庄子是得道者,与道为一,可以体会到万物的悠游自在;而惠子讲逻辑,注重语言的确定性,认为人与物、人与人皆无法相通。这就是他们此次争辩的焦点。争论的结果是庄子胜出。庄子回到源头,指出当惠子一开始问他怎么知道鱼是快乐的时候,就已经知道他知道才问的。

　　他们也一起争论过"无用"与"大用",辩论过"有情"与"无情"。庄子妻子去世,惠子来吊丧,见到了"鼓盆而歌"的庄子,直接指出他在丧事上的无礼,庄子回以生死为自然之理。在两人的论辩中,惠子每次都是输的一方。惠子对庄子,不免有点警惕。惠子任魏国丞相时,庄子去见他。惠子听信了他人之言,以为庄子此次来是想替代自己做魏相,于是非常担忧,在城中搜寻了庄子三日三夜。庄子听说此事,径直前往见惠子,还讲了一个寓言故事来嘲讽惠子。《庄子·秋水》记载了此事:

　　　　惠子相梁,庄子往见之。或谓惠子曰:"庄子来,欲代子相。"于是惠子恐,搜于国中三日三夜。庄子往见之,曰:"南方有鸟,其名为鹓鶵,子知之乎? 夫鹓鶵,发于南海而飞于北海,非梧桐不止,非练实不食,非醴泉不饮。于是鸱(chī)得腐鼠,鹓鶵过之,仰而视之曰:'吓(hè)!'今子欲以子之梁国而吓我邪?"

　　"南方有一只鸟,它的名字叫鹓鶵,你知道吗? 鹓鶵从南海出发,要飞往北海。一路上非梧桐树不栖息,非竹实不吃,非醴泉水不饮。有只猫头鹰得到了腐败的老鼠,恰好鹓鶵飞过。猫头鹰抬头看着鹓鶵说:'吓!'你现在以你的梁国来吓我吗?"惠子的行为,大概是以己之心度君子之腹。庄子不甘忍受惠子的误会,嘲讽惠子是一只猫头鹰,他的相位是腐鼠,而自己则是那只鹓鶵,有自己的道路要走。

　　虽然惠子与庄子的人生观、世界观不同,常常不能互相理解,但这并不妨碍他们看重彼此。《庄子·徐无鬼》载,惠子去世后,有一次庄子送葬,经过了惠子的坟墓,便回头对随从的人讲了一个故事。

　　　　庄子送葬,过惠子之墓,顾谓从者曰:"郢人垩漫其鼻端,若蝇

翼,使匠石斫(zhuó)之。匠石运斤成风,听而斫之,尽垩而鼻不伤,
郢人立不失容。宋元君闻之,召匠石曰:'尝试为寡人为之。'匠石
曰:'臣则尝能斫之。虽然,臣之质死久矣。'自惠子之死也,吾无以
为质矣! 吾无与言之矣。"

这就是"运斤成风"成语的来源。郢人鼻尖处沾了一点白灰,薄若蝇翼,
就让匠石砍掉它。于是匠石运斤成风,砍掉了那点白灰,而鼻子完好无损。
郢人站着纹丝不动,脸色不变。这得两人完美配合,有完全的默契。宋元君
听说后,召来匠石,希望他能为自己表演。匠石说:"我以前确实能做到。但
是,我的对手死了很久了。"庄子说:"自从惠子死后,我的对手也没有了。再
无人能与我好好说话了。"

庄子与惠子,既是辩友,更是知交。庄子对于惠子死去的惋惜,会让我
们想起俞伯牙与钟子期的故事。伯牙与子期的相通之处是琴音,庄子与惠
子的相通之处是辩论,彼此观点不同正好可以互相激发,引发更多思考。当
庄子说"吾无与言之矣"时,我们可以看出庄子失去惠子这个朋友之后的落
寞,那是世间再无此人的无可奈何,就像伯牙失去子期后不再弹琴一样。

(六)日常的体悟:庄子与弟子

在《庄子》中,我们也常常可以看到庄子与其弟子的相处。弟子们跟在
庄子身边,日常有问题时会问老师。

有一次庄子带着弟子行走于山中,出山后在故人家夜宿。弟子们遇到
了不解之处向老师提问。《庄子·山木》记载:

庄子行于山中,见大木,枝叶盛茂,伐木者止其旁而不取也。
问其故,曰:"无所可用。"庄子曰:"此木以不材得终其天年。"夫子
出于山,舍于故人之家。故人喜,命竖子杀雁而烹之。竖子请曰:
"其一能鸣,其一不能鸣,请奚杀?"主人曰:"杀不能鸣者。"明日,弟
子问于庄子曰:"昨日山中之木,以不材得终其天年;今主人之雁,
以不材死;先生将何处?"庄子笑曰:"周将处乎材与不材之间。材

与不材之间，似之而非也，故未免乎累。若夫乘道德而浮游则不然。无誉无訾，一龙一蛇，与时俱化，而无肯专为；一上一下，以和为量，浮游乎万物之祖；物物而不物于物，则胡可得而累邪！此神农、黄帝之法则也。若夫万物之情，人伦之传，则不然。合则离，成则毁；廉则挫，尊则议，有为则亏，贤则谋，不肖则欺。胡可得而必乎哉！悲夫！弟子志之，其唯道德之乡乎！"

庄子行走于山中，见一大树枝叶繁茂，但是伐木者站在它旁边不去砍伐。弟子问原因，庄子回答说此树无所可用。庄子教导弟子："此树因为不材，得以活到自然的寿命。"庄子出了山，来到故人家住宿。故人非常开心，命令童仆杀一只家雁（即鹅）招待庄子。童仆请示："一鹅能鸣，一鹅不能鸣，该杀掉哪一只？"主人说："杀不能鸣的。"

等到第二天离开了故人家，弟子迫不及待地问庄子："昨日山中的大树，以不材终其天年；而现在主人的那只鹅，却因为不材而被杀。假若是夫子，该如何自处呢？"庄子笑着说："我将处于材与不材之间。材与不材之间，似是而非，仍然未免于疲累。假若能乘着自然之道随顺秉性而浮游于世间，则不会如此。没有赞誉，没有诋毁，成为龙，成为蛇，与时势一起变化，而不执着于一定是龙或是蛇。可以上，可以下，以和谐为考量，遨游在万物的原初状态。把物仅当成物，而不为物所奴役，这样的话怎么会疲累呢？这种处世方式是神农、黄帝所效法的。至于万物的情形、人类的习惯，却不是这样的。有聚就有离，有成就有毁；锐利就会受挫，尊崇就会被议，有为就会亏损，贤能就会被谋算，不肖就会被欺辱。怎么能执着于一定要怎样呢！可悲啊！弟子们请记住，唯一的道路或许就是与时俱化、顺乎自然吧。"

从这个故事我们可以看到，庄子不执着于"材"，也不执着于"不材"，甚至"材与不材之间"也只是以开玩笑的方式说出的。因为究竟何时该表现"材"，何时该表现"不材"，何时该表现"材与不材之间"，这个度太难把握。倘若每天要计较自己该如何表现，这样活着也未免太累了。所以庄子旋即否定"材与不材之间"的人生态度，提出了"乘道德而浮游"的处世方式。这种处世方式"与时俱化"，不执着于某种方式，可上可下，"浮游乎万物之祖，物物而不物于物"。"物物"，把一切物仅当作物；"不物于物"，不为外物所奴役,不要成为物的奴役。这个"物"不仅指实际的某一物体,而且指非生命本身的一切外在,比如名利、权位等。"道德之乡",晋郭象注:"唯与时俱化者,为能涉变而常通耳。"①庄子在列举了人伦的种种习惯后,得出的教训是不要偏执于某种方式,让弟子们谨记与时俱化的处世方式。

《庄子·山木》篇记载了庄子对日常生活中一件小事的体悟,也是通过与其弟子的问答展开的:

> 庄周游于雕陵之樊,睹一异鹊自南方来者,翼广七尺,目大运寸,感周之颡而集于栗林。庄周曰:"此何鸟哉,翼殷不逝,目大不睹?"蹇(qiān)裳躩(jué)步,执弹而留之。睹一蝉,方得美荫而忘其身;螳螂执翳而搏之,见得而忘其形;异鹊从而利之,见利而忘其真。庄周怵然曰:"噫!物固相累,二类相召也!"捐弹而反走,虞人逐而谇(suì)之。庄周反入,三月(或作三日)不庭(chěng)。蔺且从而问之:"夫子何为顷间甚不庭乎?"庄周曰:"吾守形而忘身,观于浊水而迷于清渊。且吾闻诸夫子曰:'入其俗,从其令。'今吾游于雕陵而忘吾身,异鹊感吾颡,游于栗林而忘真,栗林虞人以吾为戮,吾所以不庭也。"

庄子有一次去雕陵的一个有藩篱的栗林游玩,看到了一只奇怪的鹊鸟从南方飞来,翅膀宽有七尺,眼睛大有一寸,碰到了庄周的额头,停在了栗树林中。庄子心说:"这是什么鸟啊?翅膀大却不远飞,眼睛大却看不见。"庄周提起衣衫快步走,拿着弹弓观察异鹊的动静。看见一只蝉,正在美好的阴凉之处而忘了自身;螳螂躲在隐蔽处准备捕捉,见到眼前的利益就忘记了自身;异鹊紧随其后欲得利,看见利益而忘记了自身。庄子立刻警惕地说:"物固相累,二类相召也!"万物本来互相牵累,物类之间互相召引。庄子内心一震,立即扔掉弹弓,马上往回走,但还是没逃过看管栗林的人追来责问。"感",触碰。"蹇",同"搴"。"躩",快走。"搏",捕捉。"真",自

---

① 〔清〕郭庆藩:《庄子集释》,王孝鱼点校,中华书局1961年版,第670页。本书后文引用晋郭象《庄子注》,均引自此版本,此后不再一一标注。

身。"谇",责问。

庄子为什么被责问？庄子定是被怀疑是偷栗子的人。庄子回家后，三天都感觉不开心。"庭"，同"逞"。王叔岷曰："'不逞'，不快也。……忘吾身，而为虞人所辱，是以不快也。"①

庄子弟子蔺且看到此情形而问老师："先生为什么最近如此不开心呢？"庄子曰："我留意外物之形而忘记自己，观察浑浊之水而迷惑于清水。"王先谦曰："守物形而忘己身。知物类之逐利，而不悟己之当避嫌。"②王叔岷曰："观察于混浊之利而迷惑于清明之本性也。"③庄子继续说："我曾听老师说：'入其俗，从其令。'现在我游于雕陵而忘记了自身，异鹊触碰我的额头，停在栗林中而忘记了它自身。栗林的看园人误会我是偷栗子的人而羞辱责骂我，所以我不高兴。""戮"，辱。

庄子对于这件事反省如下：第一，"物固相累，二类相召"。观察外物的利益关系时，不要忘记自己可能也正身处其中。第二，"入其俗，从其俗"。要记得遵守所处环境的禁忌，或所入之地的风俗，以免引起误会，惹来麻烦。第三，"观于浊水"，而不要"迷于清渊"。在观察混浊之利时，不要迷失掉自己清明的本性。

对于日常生活中的一件小事，庄子就会有如此深刻的反省，正如王叔岷说："庄子经此不快，其所体悟者深矣！"④可见庄子确实是一个善于在日常生活中反省的人。

《庄子·列御寇》记载了庄子临终之时与弟子的对话：

> 庄子将死，弟子欲厚葬之。庄子曰："吾以天地为棺椁，以日月为连璧，星辰为珠玑，万物为赍（jī）送。吾葬具岂不备邪？何以加此？"弟子曰："吾恐乌鸢之食夫子也。"庄子曰："在上为乌鸢食，在下为蝼蚁食，夺彼与此，何其偏也！"

---

① 王叔岷：《庄子校诠》，中华书局 2007 年版，第 760 页。
② 〔清〕王先谦：《庄子集解》，中华书局 2012 年版，第 212 页。
③ 王叔岷：《庄子校诠》，中华书局 2007 年版，第 761 页。
④ 王叔岷：《庄子校诠》，中华书局 2007 年版，第 762 页。

庄子将要死亡，弟子想要为其厚葬。庄子说："天地是我的棺椁，日月是连璧，星辰是珍宝，万物是祭品。我的葬具如此完备，哪里还需要更多？"弟子说："我们担心乌鸦老鹰吃掉夫子。"庄子说："在上被乌鸦和老鹰吃，在下被蝼蚁吃。你们夺去了乌鸦和老鹰的食物给了蝼蚁，是何等偏心！"

庄子坦然面对死亡，天地、日月、星辰、万物都是他的葬具，如此大气磅礴之言，非有大胸襟大气魄之人难以道此。最后庄子更以幽默之语，指出弟子们偏心蝼蚁。《庄子》文本中多次讲到庄子对生死的看法，本书正文分析中会提到。庄子的临终之言，让我们看到一位对死亡持有达观态度的超越者形象。

二、本书的特色

我的"庄子"课起初面向研究生开设过一年，之后作为本科生的通识课已开设六年，后来又同时成为汉语言文学专业学生的选修课。在高速发展的时代，许多人陷入焦虑，陷入心灵的困境。我开设此课的初衷，就是希望将庄子带到更多青年面前，使学生减少精神"内耗"、走出人生迷茫，从而实现自我的真正价值。本书围绕立德树人的根本任务，通过对《庄子·内篇》的系统讲读，促进学生深入了解传统经典文本，提升自己的审美感知力，拓展对中华优秀传统文化的理解和认同。

本书在形式与内容方面都有创新。就形式而言，本书属于新形态教材，每章都配有相应的视频二维码的数字微课资源，方便学生课前课后研学。文字与声音的结合，不仅能丰富学生学习的方式，而且能拓宽学生理解经典文本的路径。看不懂文字时反复听声音可能就会懂。这是之前的同类教材中所没有的，更加凸显数字时代的教材特征。

就内容而言，由于《庄子》文本艰深，为了更好地帮助学生理解，本书除了对《庄子》进行文本细读，还会结合古今中外的其他经典文本。这能帮助学生融会贯通，从而对庄子思想有更深入的体会。这主要包括三条路径。

第一，结合儒释道经典著作《老子》《论语》《孟子》《坛经》等来理解。比如讲到《逍遥游》中的"神人无功"时，结合《老子》的"无为"思想来谈。"无功"来自《老子》"无为而无不为"。《老子》四十八章曰："为学日益，为道日损。损之又损，以至于无为，无为而无不为。"[①]所以说"无功"，不是不做事情，而是顺其自然去做。再如《逍遥游》中庄子说惠子有"蓬之心"，即被蓬草堵塞了的心，这里就会结合《孟子》中的"今茅塞子之心"来谈。

第二，结合中国古代和现当代文学经典作品来理解《庄子》。比如《齐物论》中讲到："终身役役而不见其成功，苶然疲役而不知其所归，可不哀邪？"庄子在此提出了思考：人在此生的漫游中将归向哪里？人的目的究竟是什么？问题的背后，庄子想要说的是，人要保持真我，不为形役。这时就会联系学生熟悉的陶渊明《归园田居五首》其一来谈。又如《养生主》中公文轩见到一只脚的右师而惊问是天然还是人为，庄子让人思考如何对待伤残的人生，这时会联系学生阅读过的史铁生《我与地坛》。这样打通古今视角的解读可以让学生对《庄子》有更贴近人生的领悟，而引入学生熟悉的作品能激发出他们更深刻的领会。

第三，引入西方的哲学、心理学、文学等的视角来理解《庄子》。比如在对《逍遥游》《齐物论》的解读中，本书多次引用德国哲学家海德格尔《存在与时间》中的观点，将其与庄子思想结合进行解析，以此来加深学生对《庄子》文本的理解。又比如在解读《齐物论》"人生如梦"的部分，引入了瑞士心理学家荣格对集体潜意识的阐发。再比如在讲到《人间世》的"无知之知"时，会举德国作家黑塞的小说《悉达多》的例子。这样打通中西的比较视域，既可以拓展学生的阅读视野，又可以加深学生对庄子思想的体悟。

三、本书的体例

本书设置了七章，选取了《庄子·内篇》七篇为解读的范围，每章总目即为《内篇》的题目。这样的设置主要出于以下三方面的考虑。

---

① 〔三国魏〕王弼：《老子道德经注》，楼宇烈校释：《王弼集校释》，中华书局1980年版，第127—128页。

第一,《内篇》是一个整体。《庄子》虽有三十三篇,但《外篇》《杂篇》多出自庄子弟子及后学,而《内篇》本身即是一个完整的体系,一般认为当是庄子自著。明代释德清曰:"一部全书,三十三篇,只内七篇,已尽其意,其外篇皆曼衍之说耳。学者但精透内篇,得无穷快活,便非世上俗人矣。"[①]历代解读《庄子》者,只阐释《内篇》的不乏其人。比如释德清《庄子内篇注》、近代刘武《庄子集解内篇补正》、日本汉学家福永光司《庄子内篇读本》、当代杨国荣《庄子内篇释义》等。

第二,利于学生课后系统学习。从大学生专业选修课或通识课的课时容量来说,之前的实际授课只能讲完《内篇》前五篇,即《逍遥游》《齐物论》《养生主》《人间世》《德充符》。但是本书作为一部《庄子》的解读著作,希望能完成对《内篇》七篇的解读。一方面,学生们在课堂上没有学完的内容,如果日后有兴趣的话,可以继续自学;另一方面,《内篇》七篇是一个整体,如果少了对后两篇《大宗师》《应帝王》的解读,教材就会残缺不完整。

第三,利于采取分篇分段的方式来解析。这样既突出原文,又注重解读,同时还注意某些观点的引申与领悟。真正的教育是启发智慧,师者除了授业,还承担着传道、解惑的重要职能。本书带着明确的问题意识,将对传统文化和人生哲学的相关思考融入对《庄子》文本的解析,体现哲学和文学的融通。

本书不仅可以作为大学生的专业选修课教材或通识课教材,还可以作为一部面向爱庄者的《庄子》普及读本。当人生遇到困境或陷入迷茫,我们不妨读读《庄子》,也许庄子能带领我们走出困境、走出迷茫。

① 〔明〕释德清:《庄子内篇注》,华东师范大学出版社 2009 年版,第 1 页。

第一章　逍遥游

本章要点：

    1.鲲鹏寓言与人生境界。

    2.无名、无己、无功的实例。

    3.无用之用与旷野逍遥。

关键词：

    逍遥；无名；无己；无功

逍遥游，即闲放不拘、怡然自得，正如《庄子·让王》中"逍遥于天地之间，而心意自得"之义。

逍遥游（一）

一、鲲鹏寓言与人生境界

（一）壮丽辽阔的鲲鹏世界

    北冥有鱼，其名为鲲。鲲之大，不知其几千里也。化而为鸟，其名为鹏。鹏之背，不知其几千里也；怒而飞，其翼若垂天之云。

是鸟也,海运则将徙于南冥。南冥者,天池也。

《逍遥游》从一个震撼、宏大、壮阔的寓言世界开始。那幽深的北海有一条鱼,名叫鲲。鲲非常大,大到不知有几千里长,它有神奇的变化能力。当它变化为一只鸟时,名叫鹏。鹏的背,不知有几千里长。鹏展翅飞翔时,那宽阔的翅膀就像低垂天边的云一样遮天蔽日。鹏乘着飓风越过大海的惊涛骇浪,开始了飞往南海的漫漫征程。南海,是一个天然的大池。"怒",振奋。"海运",海动。

这是一个有大鱼、海洋、飓风、大鸟和天空的壮阔世界。这是庄子眼中的世界样态,一个宏大无比的广阔空间。值得注意的是庄子对大鱼的命名"鲲"。《尔雅》曰:"鲲,鱼子。"段玉裁《说文解字注》曰:"鱼子未生者鲲。"鲲,即鱼卵。用微小的鱼子命名极大的鱼,这代表了庄子的齐物思想。物皆是人命名的,《齐物论》中有"道行之而成,物谓之而然"之说。既然物是人命名的,那命名就有一定的随意性,庄子试着用鱼子来重新命名一条超级大鱼。庄子成功了,现在我们都知道鲲是一条大鱼,而忘记了它的本义是鱼子。

鲲鹏寓言放在《庄子》文本的开篇有什么深刻的含义?它意图说明什么?庄子喜讲寓言故事,让人在寓言中自行领会。《庄子·寓言》道:"寓言十九,藉外论之。"王先谦曰:"意在此而言寄于彼。"[1]鲲鹏寓言中最值得注意的是"化而为鸟"的"化"。"化"是自化,自我转化。这种转化是一种质变,是脱胎换骨的新生。鹏不是天生就是鹏,而是由一条大鱼变成的。鱼只能在水中生存,比之鸟,所受的限制更多。但是,鲲让自己脱离了水的空间限制变成鹏,从而可以在天空自由飞翔。鲲化为鹏,象征人的心灵可以转化,突破种种限制而成为最辽阔的所在。《老子》二十五章曰:"故道大,天大,地大,王亦大。"[2]人有心灵,可以不断突破限制,达到逍遥之境,从而与地、天、道并立为四大。

---

① 〔清〕王先谦:《庄子集解》,中华书局 2012 年版,第 296 页。
② 〔三国魏〕王弼:《老子道德经注》,楼宇烈校释:《王弼集校释》,中华书局 1980 年版,第 64 页。

> 齐谐者,志怪者也。谐之言曰:"鹏之徙于南冥也,水击三千里,抟扶摇而上者九万里,去以六月息者也。"野马也,尘埃也,生物之以息相吹也。天之苍苍,其正色邪?其远而无所至极邪?其视下也,亦若是则已矣。

"齐谐",有的注释认为是人名,有的注释认为是书名,两者都可以说得通,本书姑且认为是人名。"齐谐"的本义是世界齐同和谐,可能是庄子虚构的人物。这是庄子常用的另一种手法"重言",即借重尊长的话语。《庄子·寓言》曰:"重言十七,所以已言也,是为耆艾。"齐谐所著之书,多记怪异之事。庄子引齐谐的言论作为证据,意图说明开篇描写的那个全然超出世俗认知的壮美场面,是真实的。齐谐说:"大鹏将要迁徙到南冥时,展翅起飞击打海平面三千里,乘着六月的大风上升到九万里的高空。""抟",拍、旋。"扶摇",旋风。"息",风。大鹏起飞凭借的是六月旋风激起的大浪。大鹏掌握了自然的客观规律,成就了自己飞到九万里高空的壮举。

大鹏飞在游气、尘埃之间,感受到生物以气息互相吹动。抬头看到蔚蓝的天空,不禁产生疑问:那蔚蓝是天空本来的颜色吗?天空如此遥远,没有尽头吗?倘若此刻从大鹏所处的九万里高空俯视,看到的也是如此这般吧。"视下",即反视、反观。大鹏在回视、反观那个自己努力超越的世界。

庄子有着极强的空间感。我们站在大地上仰望那无涯的蔚蓝天空,会生起辽阔悠长之感;如若我们从天空俯瞰大地,会怎样呢?当我们的心灵随着大鹏高飞而提升,体悟也会不同。庄子告诉我们:试着学会从不同视角看待事物,从更高远处观照自己的处境,可能会有不同的认识。

(二)小大之辩与河伯反省

> 且夫水之积也不厚,则其负大舟也无力。覆杯水于坳堂之上,则芥为之舟;置杯焉则胶,水浅而舟大也。风之积也不厚,则其负大翼也无力。故九万里,则风斯在下矣,而后乃今培风;背负青天而莫之夭阏(è)者,而后乃今将图南。

水积累不深厚,承载大舟就会无力。倾倒一杯水在堂上低洼之处,只能让草芥作船;如若放一个杯子则会胶着不动,这是水太浅而舟太大的缘故。风积累不深厚,则承载大鹏那庞大的鸟翼就会无力。大鹏随着飓风上升到九万里的高空,此时风就在其下方。大鹏乘风而飞,背负青天,没有什么能再阻碍它,然后它将自由地飞往南方。"培风",凭风、乘风而行。"夭阏",阻碍。

大鹏之所以能够飞到九万里的高空,靠的是大风。大风吹过,力量很强,逆与顺全然不同。大鹏借着飓风的力量,顺势而为,飞到高空。有风的托举,大鹏可以自由地飞向目的地南海。倘若没有充分的准备,大鹏可能会错过那可以凭借的风力,无法完成那波澜壮阔的飞升。

　　蜩与学鸠笑之曰:"我决起而飞,抢榆枋,时则不至而控于地而已矣,奚以之九万里而南为?"适莽苍者,三餐而反,腹犹果然;适百里者,宿舂粮;适千里者,三月聚粮。之二虫又何知!

蝉与小鸠嘲笑大鹏说:"我快速起飞,冲向榆树、枋树就停下,有时或许飞不到,就落在地上罢了。为什么一定要飞到九万里的高空,再向南飞呢?"大鹏的高飞壮举完全不被蝉与小鸠理解;不仅不被理解,还遭到了它们的嘲笑。大鹏对于蝉和小鸠的讥笑,没有辩解,没有回应。"蜩",蝉。"学鸠",小鸟。"决",迅疾。"抢",冲向。"控",落下。

但是庄子回应了,用日常的出行来作比。到近郊去游玩的人,三餐就可以返回,肚子还是饱的;到百里之外的人,需要夜晚舂米准备粮食;到千里之外的人,要用三个月准备粮食。那蝉与小鸠又知道什么呢!随时可以从此地飞到附近树上的蜩与学鸠,不仅无法理解飞向辽阔远方的大鹏,还予以无情的嘲笑。而大鹏要飞到九万里高空后再一直南飞,必须要为自己的飞翔做好充足的准备。"莽苍",苍色草莽的郊野。"二虫",指蜩、小鸠。

　　小知(zhì)不及大知,小年不及大年。奚以知其然也?朝菌不知晦朔,蟪蛄不知春秋,此小年也。楚之南有冥灵者,以五百岁为春,五百岁为秋;上古有大椿者,以八千岁为春,八千岁为秋。而彭祖乃今以久特闻,众人匹之,不亦悲乎!

逍遥游(二)

这就是小聪明不懂大智慧,年寿短的不懂年寿长的。"知",同"智"。怎么知道如此呢?"朝菌",指朝生暮死的菌类,或指朝生暮落的木槿,它们不知月末月初。"蟪蛄",指寒蝉,寒蝉春生夏死,或夏生秋死,不知岁有春秋。朝菌与蟪蛄的生命如此短暂,活不过一月或一岁,这就是"小年"。"冥灵",木名,以五百岁叶生为春,以五百岁叶落为秋。于冥灵树而言,千岁为一年。"大椿",木名,以八千岁为春,八千岁为秋。于大椿树而言,一万六千岁为一年。它们的一年就是"大年"。对于朝菌、蟪蛄、冥灵、大椿来说,寿命或短或长,都是客观实际。它们不会去做比较,因为年寿自然如此。

但是,人却不同,人有比较之心。彭祖是古代最长寿的人,传说活了八百岁,并以此闻名。《庄子·大宗师》曰:"彭祖得之,上及有虞,下及五伯。"《太平御览》卷三八七引《风俗通》曰:"彭祖寿年八百岁,犹恨唾远。"比较之心可从两方面看出:一方面,彭祖活这么久,还觉得不够长寿。正如王叔岷所说:"彭祖饮食,唯恐伤寿;寿至八百,犹悔不寿。其不知足如此。是其卒也,亦犹夭折矣。"[1]另一方面,众人要和彭祖相比,羡慕其长寿,并竭力想长寿。庄子以为,众人希望像彭祖一样长寿,是一件可悲的事。

庄子希望人可以突破时间的限制。朝菌不知月,蟪蛄不知年。活一天半年的,自然有自己的限制,无法知道一月一年的内容,比如美国作家E. B.怀特的小说《夏洛的网》中的小猪威尔伯,在尽力摆脱自己的宿命。小猪威尔伯是一只出生在春天的猪。春猪的宿命,通常是在圣诞节前夕被宰杀,成为人的盘中美食。威尔伯此生的愿望,就是能看到冬天的雪,但这和它的宿命是矛盾的。蜘蛛夏洛为了帮助它的朋友威尔伯活过冬天、看到下雪而费

---

① 王叔岷:《庄子校诠》,中华书局2007年版,第15页。

尽心思。威尔伯是幸运的,它终于实现了愿望,看到了漫天飞雪。

庄子以为,人的价值在其智慧与思想,与人的年龄并非对等的关系。法国 17 世纪思想家布莱兹·帕斯卡尔《思想录》道:"人只不过是一根芦苇,是自然界最脆弱的东西;但他是一根能思想的芦苇。"[①]人的尊严,在于人有思想。由于有思想,人可以"囊括了宇宙"[②]。

> 汤之问棘也是已。穷发之北有冥海者,天池也。有鱼焉,其广数千里,未有知其修者,其名为鲲。有鸟焉,其名为鹏,背若太山,翼若垂天之云,抟扶摇羊角而上者九万里,绝云气,负青天,然后图南,且适南冥也。斥鷃(yàn)笑之曰:"彼且奚适也?我腾跃而上,不过数仞而下,翱翔蓬蒿之间,此亦飞之至也。而彼且奚适也?"此小大之辩也。

庄子让商汤和夏棘出场对话,以重言的方式,第三次讲述了鲲鹏的故事,目的依然是证明自己开篇所述鲲化为鹏的盛大场面之不虚。

"汤",是殷商开国之君。"棘",夏革或夏棘,是汤时贤人。夏棘为汤讲了一个故事:草木不生的遥远北方,有一片幽暗深邃的大海,那是天然的大池。其中有一条大鱼,宽度有数千里,长度更无从知晓,它名为鲲。有一只鸟,名为鹏,它的背像泰山一样,翅膀就像天边的云,乘着旋风升到九万里的高空,超越云气,背负青天,然后一路南飞,飞向南海。这时候小泽中的鷃雀讥笑它:"你到底要飞到哪里去呢?我腾空一跃而起飞,不过数仞就又落下,翱翔在蓬蒿之间,这也是飞的极致。你到底要飞到哪里去呢?"这就是小与大的区别。"发",指草木,"穷发"是草木不生之处。"斥",小泽。"鷃",是鷃雀,鹑的一种。"羊角",旋风,其上行如羊角,故称。"辩",通"辨",分辨区别之义。

对于小与大的分别,小不知大甚至讥笑大的原因,在《庄子·秋水》开篇河伯与北海若的第一番对话中有更加形象的表达:

---

① 〔法〕布莱兹·帕斯卡尔:《思想录》,何兆武译,商务印书馆 1985 年版,第 157—158 页。

② 〔法〕布莱兹·帕斯卡尔:《思想录》,何兆武译,商务印书馆 1985 年版,第 158 页。

秋水时至,百川灌河;泾流之大,两涘渚崖之间,不辨牛马。于是焉河伯欣然自喜,以天下之美为尽在己。顺流而东行,至于北海,东面而视,不见水端,于是焉河伯始旋其面目,望洋向若而叹曰:"野语有之曰,'闻道百以为莫己若者',我之谓也。且夫我尝闻少仲尼之闻而轻伯夷之义者,始吾弗信;今我睹子之难穷也,吾非至于子之门则殆矣,吾长见笑于大方之家。"

秋水按季节而来,各条小川一起灌注到黄河。黄河水面变得宽阔,两岸渚崖之间看不清对面是牛是马。"河伯欣然自喜,以天下之美为尽在己",写出了河伯扬扬自得的神态。但是当河伯顺流东行来到北海之后,居然不见北海水端,于是河伯"旋其面目"。"旋",即改变。河伯收起了之前得意的神色,开始转变,开始反思反省。"望洋",远视貌。河伯远望北海若而发出感慨:"俗话说'听了一些道理,就以为谁也比不上自己',就是说我这样的人。而且我曾经听说以孔子的见闻为少,以伯夷的义行为轻,开始我是不相信的。现在我看到了你难以穷尽的辽阔,如果我没有到达这里,恐怕就会永远被那些领悟大道之人嘲笑了。"人只有面对宏大的境界,才能知道自己的缺陷和局限;而只有知道自己的缺陷和局限,才会渴望实现自我的突破。只有认识自己,人生才不会迷失。

北海若曰:"井蛙不可以语于海者,拘于虚也;夏虫不可以语于冰者,笃于时也;曲士不可以语于道者,束于教也。今尔出于崖涘,观于大海,乃知尔丑,尔将可与语大理矣。天下之水,莫大于海,万川归之,不知何时止而不盈;尾闾泄之,不知何时已而不虚;春秋不变,水旱不知。此其过江河之流,不可为量数。而吾未尝以此自多者,自以比形于天地而受气于阴阳,吾在于天地之间,犹小石小木之在大山也,方存乎见(xiàn)少,又奚以自多!计四海之在天地之间也,不似礨(lěi)空之在大泽乎?计中国之在海内,不似稊(tí)米之在大仓乎?号物之数谓之万,人处一焉;人卒九州,谷食之所生,舟车之所通,人处一焉;此其比万物也,不似豪末之在于马体乎?五帝之所连,三王之所争,仁人之所忧,任士之所劳,尽此矣。伯夷

辞之以为名,仲尼语之以为博,此其自多也,不似尔向之自多于
水乎?"

北海若谈到了人受限制的三种情况:"居住在井底的青蛙不可与之谈
论大海,因为它受限于所处之空间;夏天的昆虫不可与之谈论冬天的寒冰,
因为它受限于所处之时间;偏执之人不可与之谈论大道,因为他受限于自
己因所受教育而产生的有限认知。""虚",通"墟",所居之地。"笃",固。
"曲士",有偏执之见的一曲之士。人有时就像井蛙、夏虫、曲士一样,为空
间、时间和所受的教育所束缚,沾沾自喜而无法看到自己身处之外的世界。
那么,如何才能突破这些限制呢? 要想突破这些限制,只有一个办法,那就
是当局者必须首先意识到自己所受的局限,就像离开黄河两岸的河伯,见
到广阔的北海之后,才知自己之前浅薄无知。只有意识到自己目前所受的
局限,才可以谈论大道。"丑",就是缺陷、局限。

北海若继续说:"天下的水,没有比海大的。万川都汇入大海,不知何时
停止,而海水并未溢满;大海从尾闾泄水,不知何时停止,而海水并不会减
少。春秋不会变化,也不知有水旱。大海的广大超过了江河的流量,这不能
用数量计算。但我从未觉得自己了不起,自认为形体来自天地之间,气息来
自阴阳,我在天地之间,就像小石子小树木处在大山。当察觉到自我呈现的
是如此之少,又怎么会自以为了不起呢! 算起来四海在天地之间,不就像蚁
穴处在大泽中一样吗? 算起来中国在海内,不就像一粒小米处在大仓中一
样吗? 世间之物号称万物,人类只是其中之一;人众聚在九州,谷物所生之
处,舟车通行之处,每个人只是人类之一。人和万物相比,不就像一根毫毛
在马体上吗? 五帝所继承的,三王所争夺的,仁人所担忧的,任士所劳苦的,
都是像这样的吧。伯夷辞让获得名声,孔子谈论以为渊博,这些都是自以为
多,不就像之前你自多于河水的盛大吗?""尾闾",海水泄洪处。"礨空",蚁
穴。"稊米",小米粒。"仁人",指儒家,儒家忧天下。"任士",指墨家,《墨
子·经上》曰:"任,士损己而益所为也。"①

<hr>

① 〔清〕孙诒让:《墨子间诂》,中华书局 2009 年版,第 314 页。

北海若具有深刻的自我认知,就像《老子》三十三章所说的"自知者明"①。北海若代表的是一种辽阔的世界观,个人是人类之一,人类是万物之一,中国是海内之一,四海来自阴阳宇宙。如此来看,无论是五帝、三王,还是儒家仁人、墨家任士,无论个人做出了多大的贡献,处在天地宇宙之间都是如此之渺小,不值得骄傲,不该自以为多。

(三)四种不同的人生境界

> 故夫知效一官,行比一乡,德合一君,而(néng)征一国者,其自视也亦若此矣。而宋荣子犹然笑之。且举世而誉之而不加劝,举世而非之而不加沮,定乎内外之分,辩乎荣辱之境,斯已矣。彼其于世未数数然也。虽然,犹有未树也。夫列子御风而行,泠然善也,旬有五日而后反。彼于致福者,未数数然也。此虽免乎行,犹有所待者也。若夫乘天地之正,而御六气之辩,以游无穷者,彼且恶乎待哉!故曰,至人无己,神人无功,圣人无名。

那些智慧可以胜任一官、行为合乎一乡、道德合乎一君、能力取得全国信任的人,他们看待自己常常像斥鷃一样自以为至美,不仅自以为是,甚至还会嘲笑如同大鹏的这类人。"而",同"能","能""而"古声近,通用。这种嘲笑可以用老子的一句话来理解。《老子》四十一章曰:"上士闻道,勤而行之;中士闻道,若存若亡;下士闻道,大笑之,不笑不足以为道。"②那些上等资质的人听说道,心有所悟而勤勉实践;中等资质的人听说道,好像有时记得,好像有时忘记;下等资质的人听说道,不禁大声嘲笑,因为这违背了他熟知的世俗认知。不被这类人嘲笑,就不足以称为道。值得注意的是,与我们通常所以为的以大笑小不同,大鹏从未嘲笑蜩、学鸠、斥鷃,相反,大鹏

---

① 〔三国魏〕王弼:《老子道德经注》,楼宇烈校释:《王弼集校释》,中华书局 1980 年版,第 84 页。

② 〔三国魏〕王弼:《老子道德经注》,楼宇烈校释:《王弼集校释》,中华书局 1980 年版,第 111 页。

一再被象征世俗价值的斥鷃等小鸟讥笑。庄子想告诉我们：当你坚持为了理想而活却不被人理解，甚至遭到嘲笑时，可以对这些闲言与嘲笑置之不理，因为小不知大。

宋荣子，战国时宋国墨家的贤人，就是《庄子·天下》中的宋钘，主张止战，他"见侮不辱，救民之斗，禁攻寝兵，救世之战。以此周行天下，上说下教。虽天下不取，强聒而不舍者也"。宋荣子对前面所述的那类符合世俗成功之人的见解笑了笑，这一笑就可以看到他对他们的不认同。宋钘周行天下，对上游说君王，对下教化百姓，到处推行他的主张，虽然为天下所不取，但依然坚持不放弃。他坚持自我，有着强大的内在力量，不会因为天下人的赞誉而更加努力，不会因为天下人的非议而更加沮丧，他可以确定外在的声音和自我的声音。庄子以为这类人的人生境界在世间来说，已属难得，但还有未到达之处。"斯已矣"，刘武曰："言荣子仅定内外，辨荣辱，如斯而止矣。"①"数数然"，汲汲追求。

列子，即春秋时期郑国的思想家列御寇。《列子·黄帝》篇载："列子师老商氏，友伯高子；进二子之道，乘风而归。"②"心凝形释，骨肉都融；不觉形之所倚，足之所履，随风东西，犹木叶干壳。竟不知风之乘我邪？我乘风乎？"③庄子此处引"乘风"说：列子乘风而行，姿态轻妙，十五日后返回地面。列子乘风的福气，非汲汲追求所得。

这里有个问题：列子乘风与大鹏乘风一样吗？有些学者认为，大鹏处在和列子一样的境界。我不大认同这种观点。列子与大鹏一样乘风，只是都借用了风这种外力，他们的乘风其实不同。其一，两者物类和行为不同。列子是人，人本来只能在地上行走，但列子能乘风，具有了超出一般人的境界，他天赋异禀，随着天机而行动。但他无法一直乘风，总要回到地上行走，十五日后便返回来。而大鹏是鸟类，飞翔是它的常态。大鹏乘着旋风完成了飞升到九万里高空的壮举，此后风就在其下。大鹏将一直向南飞翔，不会再返回北冥，因为它的目的地就是南冥。其二，从行文来考虑，庄子煞费苦心

---

① 刘武：《庄子集解内篇补正》，中华书局 2012 年版，第 376 页。

② 杨伯峻：《列子集释》，中华书局 2012 年版，第 43 页。

③ 杨伯峻：《列子集释》，中华书局 2012 年版，第 45 页。

讲了三遍鲲化为鹏飞升高空的故事,就是为了说明鹏和列子在同一层面吗?显然,庄子如此突显大鹏,正是因为大鹏达到了庄子期望达到的人生境界。

那么,大鹏的境界是什么呢? 那就是"乘天地之正,而御六气之辩,以游无穷者"。"天地之正",就是顺万物之性。万物本然的状态,是一种不为而自然而然的状态。大鹏可以飞翔,这是它得之于天地的禀赋。"辩"即"变","六气之辩",就是阴阳风雨晦明的变化。大鹏正是驾驭了六气之变的旋风,顺势而行,乘风而上,从此上升到九万里的高空,遨游于无穷的宇宙。"至人""神人""圣人"正是如大鹏般抵达自由之境的人。他们如何到达自由之境呢? 因为他们做到了"无己""无功""无名"。

如何理解"无己""无功""无名"? "无己",就是忘记自己,与万物融为一体;"无功",就是无心于功绩;"无名",就是无心于名声。这其实就是自我修养的过程,以《庄子·达生》的一则寓言为例:

> 梓庆削木为镶(jù),镶成,见者惊犹鬼神。鲁侯见而问焉,曰:"子何术以为焉?"对曰:"臣工人,何术之有! 虽然,有一焉。臣将为镶,未尝敢以耗气也,必齐(zhāi)以静心。齐三日,而不敢怀庆赏爵禄;齐五日,不敢怀非誉巧拙;齐七日,辄然忘吾有四肢形体也。当是时也,无公朝,其巧专而外骨消;然后入山林,观天性;形躯至矣,然后成见镶,然后加手焉;不然则已。则以天合天,器之所以疑神者,其是与!"

梓庆削木为"镶",此"镶"即古代放置乐器钟的木架,常雕刻以猛兽形状。见镶者皆"惊犹鬼神"。为什么人会如此惊叹? 应当是镶上的雕刻物形态过于神似,犹如鬼斧神工一般。鲁侯问梓庆有什么特别的技术,梓庆的回答强调的是"齐以静心",即"心斋"。"齐",同"斋",斋戒。心斋,即凝神静气的功夫,去除一切杂念。斋戒三日,不再有庆赏爵禄之心,即"无功";斋戒五日,不再有非誉巧拙之心,也就是不在意是非评价及木工操作的技巧知识,此即"无名";斋戒七日,忽然忘记自己有四肢形体,即已达到"无己""吾丧我"的状态。当一切外在的干扰消除后,进入山林,观树木之天性,然后"成见镶"。此时的"镶"不在外面,而在内心中呈现,然后"加手",将内在之镶外化为现实之镮。这就是"以天合天",以己之虚静天性观木之天性,进入物我合一的物化状态,从而成就神妙的艺术精品——镮。

这里尤其要注意的是,"无功"不是不做事情,而是顺其自然去做。这包括两方面:一方面,是在做之时,没有功利目的,不一定坚持要做出什么成就;另一方面,是在做成之后,不自恃己功,或居功自傲,而认为一切皆是水到渠成的结果。这种思想来自《老子》。《老子》二章曰:"是以圣人处无为之事,行不言之教,万物作焉而不辞,生而不有,为而不恃,功成而弗居。夫唯弗居,是以不去。"[①]圣人用"无为"的态度来处理事务,用"不言"的方法来教导百姓。"不言",就是让其自然发展。老庄的"无为",不是不做事情,而是无功利目的地去做。任由万物自然而然生长,而不知如何发生。生养万物而不占有,做出贡献而没有所图,成就万物而不自居其功。"功成而弗居",就是做成了一件事,但不认为是自己的功劳,因为功成一定是诸多条件配合而成的。自古以来,能顺利功成身退的人很少,比如同为辅佐越王勾践复国功臣的文种、范蠡有着截然不同的命运。文种放不下荣华富贵,最终被勾践赐剑自尽。范蠡则带着西施泛舟五湖,弃政从商,三次经商成巨富后散尽财富,自号陶朱公。陶朱亭即为纪念范蠡所建。

除了"至人""神人""圣人"外,《庄子》其他篇章中提到的还有"天人""真人"。《庄子·天下》曰:"不离于宗,谓之天人。不离于精,谓之神人。不离于真,谓之至人。以天为宗,以德为本,以道为门,兆于变化,谓之圣人。""真人"是《大宗师》中的悟道者。这五人,其实是一人。唐成玄英疏曰:"冥宗契本,谓之自然。淳粹不杂,谓之神妙。嶷然不假,谓之至极。以自然为宗,上德为本,玄道为门,观于机兆,随物变化者,谓之圣人。已上四人,只是一耳,随其功用,故有四名也。""宗""精""真",皆是道,随其功用不同,而有不同名称。

所以"至人无己,神人无功,圣人无名"是互文,不必拘泥。"至人""神人""圣人"都做到了"无己""无功""无名",即他们超越了自我、功绩、名声,而与宇宙天地合而为一,顺应自然变化而在世间逍遥自在。

---

① 〔三国魏〕王弼:《老子道德经注》,楼宇烈校释:《王弼集校释》,中华书局1980年版,第6—7页。

二、无名无己无功的实例

(一)尧与许由的不同职责

尧让天下于许由,曰:"日月出矣而爝(jué)火不息,其于光也,不亦难乎!时雨降矣而犹浸灌,其于泽也,不亦劳乎!夫子立而天下治,而我犹尸之,吾自视缺然。请致天下。"许由曰:"子治天下,天下既已治也。而我犹代子,吾将为名乎?名者,实之宾也。吾将为宾乎?鹪鹩巢于深林,不过一枝;偃鼠饮河,不过满腹。归休乎君,予无所用天下为!庖人虽不治庖,尸祝不越樽俎而代之矣!"

逍遥游(三)

在得出"至人无己,神人无功,圣人无名"的结论后,庄子通过几个故事进一步申论自己的观点。首先就是通过尧和许由的对话,借许由之口说出其对名利的超越。尧,古代圣君。许由,古代隐士,相传是尧的老师。

尧要把天下让给许由,理由是:"太阳月亮出来了,小火还不熄灭,对于光亮而言,不是为难吗?及时雨降落了,还要灌溉,对于润泽万物来说,不是徒劳吗?先生立为天子,天下就会大治,而我却占着这个天子之位。我觉得我有不足,请让我把天子之位让于您。"尧将许由比为来自天空的"日月""时雨",自比为人间的"爝火""浸灌",在这宏大的自然之物面前,自己是如此徒劳。

面对突如其来的天子之位,许由是什么态度呢?许由说:"你治理天下,天下已经治理好了。而我还代替你,我是为了天子的名义吗?名,是实体的宾客,我是为了宾客吗?"这里的"名",是外在于实体的宾客,是自身的外延,它只是实体的从属。

许由自比为"鹪鹩""偃鼠",说明自己对外在物质的态度。鹪鹩在茂密的树林筑巢,只不过需要一根树枝;鼹鼠到河边喝水,需要的只是装满肚子。人生在世,真正需要的东西并不多,没必要用太多时间追逐那些自身之外的物质。这种思想与老子的思想一致。《老子》十九章曰:"见素抱朴,少私寡欲。"[1]《老子》十二章曰:"五色令人目盲,五音令人耳聋,五味令人口爽,驰骋畋猎令人心发狂,难得之货令人行妨。是以圣人为腹不为目,故去彼取此。"[2]《老子》四十四章曰:"知足不辱,知止不殆,可以长久。"[3]陶渊明也是如此,他为什么归隐田园?原因或许很多,但其中很重要的原因与他对物质的看法有直接关联。陶渊明追求的是一种本质性的贫困,即其"固穷"思想。陶渊明《和刘柴桑》道:"耕织称其用,过此奚所须。"[4]《和郭主簿二首》其一道:"营己良有极,过足非所钦。"[5]

许由继续说:"你回去吧。我要这天下有什么用呢?庖人虽不下厨,尸祝不会越俎代庖的。""庖人",掌管庖厨之人,此处指的是尧。《老子》六十章曰:"治大国若烹小鲜。"[6]"尸祝",主持祭祀之人。庖人、尸祝,各司其职。许由自比为"尸祝",肯定了自己的重要职责。祭祀是中国古代的一种信仰活动。祭祀天地时,主祭祀者可以沟通天与人;祭祀祖先时,主祭祀者可以跨越生与死。祭祀实际反映的是天人交感、人神相通的精神境界,从而为人提供心灵的希望。后世的哲学家、诗人、教育者等均属于这类人,他们面对的是人的心灵。许由很了解自己,当他说自己要像鹪鹩一样过着质

---

[1] 〔三国魏〕王弼:《老子道德经注》,楼宇烈校释:《王弼集校释》,中华书局 1980 年版,第 45 页。

[2] 〔三国魏〕王弼:《老子道德经注》,楼宇烈校释:《王弼集校释》,中华书局 1980 年版,第 28 页。

[3] 〔三国魏〕王弼:《老子道德经注》,楼宇烈校释:《王弼集校释》,中华书局 1980 年版,第 122 页。

[4] 逯钦立校注:《陶渊明集》,中华书局 1979 年版,第 58 页。

[5] 逯钦立校注:《陶渊明集》,中华书局 1979 年版,第 60 页。

[6] 〔三国魏〕王弼:《老子道德经注》,楼宇烈校释:《王弼集校释》,中华书局 1980 年版,第 157 页。

朴的生活时,实质是对自我价值的高度认同。《世说新语·品藻》记载的殷浩也是如此。桓温少年时与殷浩齐名,常有竞心。桓问殷:"卿何如我?"殷云:"我与我周旋久,宁作我。"①不与他人比较,同时又极大肯定自我。每个人受自己的能力、才智所限,没必要羡慕别人,自己做自己所能做之事就够了。

德国哲学家海德格尔在《存在与时间》中说:此在之存在即为操心,"因为在世本质上就是操心"②。"人能够为他最本己的诸种可能性而自由存在,而在这种自由存在(筹划)之际成为他所能是的东西,这就叫人的 perfectio〔完善〕。人的 perfectio 是'操心'的一种'劳绩'。"③操心分为个人操劳和为他人操持。为个人的操劳操心,本书讲到《齐物论》再论述。先看为他人操持,为他人操持有两种可能性。

第一种是代他人操持。"操持可能从他人身上仿佛拿过'操心'来而且在操劳中自己去代替他,为他代庖〔einspringen〕。这种操持是为他人把有待于操劳之事揽过去。……在这样的操持中他人可能变成依附者或被控制者,虽然这种控制也许是默不作声的、对被控制者始终掩蔽着的。"④依附者,比如现代社会中有很多家长恨不得为孩子操持一生,导致很多孩子在长大的过程中不知不觉中变成依附者,失去了真正为自己操心的可能。控制者,比如强势的家长和伴侣都可能成为控制者。

第二种是将操心还给他自己。"为他人生存的能在作出表率〔vorausspringen〕;不是要从他人那里揽过'操心'来,到〔倒〕恰要把'操心'真正作为操心给回他。这种操持本质上涉及本真的操心,也就是说,涉及他人的生存,而不是涉及他人所操劳的'什么'。这种操持有助于他人在他的

---

① 余嘉锡笺疏:《世说新语笺疏》,中华书局 2007 年版,第 617 页。

② 〔德〕海德格尔:《存在与时间》,陈嘉映、王庆节合译,生活·读书·新知三联书店 2014 年版,第 222 页。

③ 〔德〕海德格尔:《存在与时间》,陈嘉映、王庆节合译,生活·读书·新知三联书店 2014 年版,第 230 页。

④ 〔德〕海德格尔:《存在与时间》,陈嘉映、王庆节合译,生活·读书·新知三联书店 2014 年版,第 141 页。

操心中把自身看透并使他自己为操心而自由。"①这恰好说明了真正的教育是对心灵的唤醒。鲁迅弃医从文即是为唤醒国民之心灵。我们的心灵在沉睡,所以需要读智慧之书,需要好老师的引导,来寻找真正的自己。当我们为自己操心,就会投入,就会兢兢业业。人为真正的自己自由存在时,才有可能成为他能成为的样子。翻开经典就是打开一个新天地,认识到自己的生命原来可以从不同视角来观照。

当我们遇到人生困境时,哲学能指导我们靠自己的力量努力冲出重围。我们总会问自己:人究竟是什么? 从哪里来? 要往哪里去? 这是哲学的终极问题,也是人的终极关怀。哲学会让我们思考,让我们感受到生命的价值和尊严。我们要在生命的有限过程中,各自找寻自己的人生出路,找寻自己的答案。哲学并不遥远,它就在我们身边,就在日常生活中。

(二)超世无己的姑射神人

肩吾问于连叔曰:"吾闻言于接舆,大而无当,往而不反。吾惊怖其言,犹河汉而无极也;大有径庭,不近人情焉。"连叔曰:"其言谓何哉?""曰:'藐姑射(yè)之山,有神人居焉,肌肤若冰雪,淖约若处子。不食五谷,吸风饮露。乘云气,御飞龙,而游乎四海之外。其神凝,使物不疵疠而年谷熟。'吾是以狂而不信也。"连叔曰:"然。瞽(qǔ)者无以与乎文章之观,聋者无以与乎钟鼓之声。岂唯形骸有聋盲哉? 夫知(zhì)亦有之。是其言也,犹时(shì)女(rǔ)也。之人也,之德也,将旁礴万物以为一,世蕲(qí)乎乱,孰弊弊焉以天下为事! 之人也,物莫之伤,大浸稽天而不溺,大旱金石流土山焦而不热。是其尘垢秕穅,将犹陶铸尧舜者也,孰肯以物为事!"

第二个故事以肩吾与连叔的问答,描绘了一位超世无己的姑射神人。

肩吾对连叔说,他听到了一段接舆的话,觉其"大而无当,往而不反",认

---

① 〔德〕海德格尔:《存在与时间》,陈嘉映、王庆节合译,生活·读书·新知三联书店 2014 年版,第 142 页。

为接舆的言语弘大而不确当,完全不着边际;他的言论惊世骇俗,就像银河一样无边无际,不合人情。肩吾,传说中的一位得道者,在《德充符》《大宗师》中也有记载。连叔,也是传说中的得道者。接舆,是楚国的隐士,在《论语》中有载,在《人间世》《应帝王》中也曾出现。

令肩吾惊诧的接舆之言是什么? 接舆所述的是一位居住在遥远的姑射山的神人。他的肌肤若冰雪,体态柔美似处子。他不吃五谷,吸纳仙风,啜饮甘露;他乘着云气,驾着飞龙,遨游于四海之外。他心神凝静,可使万物不生病、五谷自然成熟。肩吾以为这是骗人的话而不相信。"藐"同"邈",遥远。"淖约",姿态柔美。"疵疠",疾病。"狂",即"诳",欺骗。

连叔这样回应:"盲人看不到文采的美观,聋人听不到钟鼓的声音。难道只有形骸有聋盲吗? 心智也有呀。这所说的就是你啊。"从形骸之聋盲到心智之聋盲的转化,是一个重要的节点。只有承认心智有聋盲,才有机会开启智慧。"知",同"智",心智。"时",即"是"。"女",即"汝"。

连叔继续说道:"这样的神人,他的才德,将混同万物融合为一。世人祈求治世,谁肯劳碌经营那天下的事务! 这样的神人,没有外物能伤害他。即使洪水滔天,他也不会溺亡;即使大旱使金石熔化、土山枯焦,他也不会燥热。他的尘垢秕糠,将可以陶铸出尧舜,怎么肯以外物作为自己的日常事务!""旁礴",混同。"蕲",求。"乱",反训,治。"弊弊",经营。

对姑射神人的描述,表面上像一则神话,实际上可看作一种精神世界的象征。"旁礴万物以为一",是庄子思想的核心。"一"是"整体",是"道"。道是万物的来源与归处。在庄子看来,万物在道的面前皆平等。神人的心灵之境提升到无内外之分,与万物融合为一,达到了无己之境。"外物",指外在的种种,包括权位、名利、情绪等。"物莫之伤",即外在于自身的一切都无法伤害他,他已忘却自己,与万物合一。

《齐物论》中"至人"的境界与此相似:"至人神矣! 大泽焚而不能热,河汉冱而不能寒,疾雷破山飘风振海而不能惊。"《秋水》中北海若所言"至德者"也是如此:

知道者必达于理,达于理者必明于权,明于权者不以物害己。
至德者,火弗能热,水弗能溺,寒暑弗能害,禽兽弗能贼。非谓其薄之也，言察乎安危，宁于祸福，谨于去就，莫之能害也。故曰，天在内，人在外，德在乎天。知乎^①人之行，本乎天，位乎得；蹢(zhī)躅(zhú)而屈伸，反要而语极。

至德者，火不能让他燥热，水不能让他溺亡，寒暑不能伤害他，禽兽不能侵害他。不是说他故意接近这些危险，而是说他可以觉察安危之机，在祸福之际保持心境宁静，审慎做出抉择，这样就没有什么能伤害他。所以，天机藏在内心，人事顺乎外迹，至德合于自然。了解人的行动，本乎自然，处于自得，进退屈伸，返归根本，言语尽极。"蹢躅"，即"踯躅"，进退不定。"反"，同"返"。"要"，本要，根本。"极"，尽。

无论是姑射山的"神人"，还是王倪描述的"至人"，抑或是北海若所说的"至德者"，其实他们的名号是什么不重要，重要的是他们都达到了忘我的境界，超越了世俗沉浮中的自我，返归真我，与道冥一。

(三)越人断发与尧丧天下

> 宋人资章甫而适诸越，越人断发文身，无所用之。尧治天下之民，平海内之政，往见四子藐姑射之山、汾水之阳，窅(yǎo)然丧其天下焉。

第三个故事的主角是反省的尧。庄子在描述尧之前，先讲了一个有关宋人与越人的故事。有一个宋国人运送一批殷冠去越国售卖，结果越国人剪发纹身，完全用不着殷冠。"宋"，宋国，殷商王室成员微子之封地，代表殷商的悠久文化。"章甫"，殷冠。"越"，越国，今浙江绍兴一带。"断发"，剪短发。"文身"，就是纹身，在身体上图绘或刺上花纹的风俗。越人身处水泽之地，为了躲避蛟龙之害，出于生存的需要，就在身上刺了纹身。可以看到当时越国的文化习俗尚处于蒙昧原始阶段，与宋国悠久的文化截

---

① "乎"，通行本作"天"，陈碧虚《阙误》引江南古藏本作"乎"，陈鼓应《庄子今注今译》采用。今从上下文义也用"乎"。

然不同。

尧治理天下的百姓,平定了海内的政事,前往遥远的姑射山、汾水的北面去见四子。"四子",四位姑射山的高士,许由、啮缺、王倪、被衣。他们的关系见《庄子·天地》:"尧之师曰许由,许由之师曰啮缺,啮缺之师曰王倪,王倪之师曰被衣。"尧在世间做出了世俗价值最大的功业,"治天下之民,平海内之政",但当他面对四子时,发现这一切并非他们所追求的,茫然间忘记了自己拥有天下。

尧与宋人的关系是什么? 刘武曰:"以宋人喻尧,以章甫喻天下,而'越人'句则喻四子无所用天下。故宋人至越,怅然丧其章甫;尧见四子,怅然丧其天下,亦可曰丧其治天下之功业。"①尧原来的世界是一个具有世俗价值的功业世界,而现在他领悟到了还有另外一个世界。这个世界具有另外的价值取向,一种合于天道自然的价值取向。"窅然",怅然,茫然。"丧其天下",代表尧不复执着于功业世界,化解了治天下之功绩,做到了无功。

透过反省的尧,庄子让我们思考:人生真正值得追求的究竟是什么? 功业、名声、财富,是否是人生的必需品? 还有没有更符合人之天性的追求?

三、无用之用与旷野逍遥

(一)大葫芦的无用与妙用

惠子谓庄子曰:"魏王贻我大瓠(hù)之种,我树之成而实五石,以盛水浆,其坚不能自举也。剖之以为瓢,则瓠落无所容。非不呺(xiāo)然大也,吾为其无用而掊之。"庄子曰:"夫子固拙于用大矣。宋人有善为不龟(jūn)手之药者,世世以洴(píng)澼(pì)絖(kuàng)

---

① 刘武:《庄子集解内篇补正》,中华书局 2012 年版,第 392 页。

为事。客闻之,请买其方百金。聚族而谋曰:'我世世为洴澼絖,不过数金;今一朝而鬻技百金,请与之。'客得之,以说吴王。越有难,吴王使之将,冬与越人水战,大败越人,裂地而封之。能不龟手,一也;或以封,或不免于洴澼絖,则所用之异也。今子有五石之瓠,何不虑以为大樽而浮乎江湖,而忧其瓠落无所容?则夫子犹有蓬之心也夫!"

逍遥游(四)

这段惠子与庄子的对话,把我们从悠远的姑射神人、姑射四子与尧所在的传说世界,拉回到了现实世界。代表世俗价值的惠子质疑庄子的言论。

惠子给庄子讲了一个故事:"魏王送我一颗大葫芦的种子,我种成之后,结的大葫芦可以盛放五十斗的水浆。"魏王,即梁惠王,惠子做过魏国丞相。用大葫芦盛放水浆,其坚度不够,无法举起来。剖开作为瓢,又廓大无处能容。这个大葫芦不是不够大,只因它无用,惠子就把它击碎了。"石",古代计量单位,一石等于十斗,一斗等于十升。"呺然",虚大的样子。

惠子讲世俗中人们所关注的"有用""无用"问题,来隐喻庄子虚大无用的人生主张。庄子认为,惠子不善于用人,于是给他讲了一个宋人的故事。宋人擅长制作一种不让手龟裂的冻疮膏,世世代代以漂洗棉絮为职业。有一个在宋国的外地人听说了,愿意花费百金买这个药方。宋人召集全家族的人来商量:"我们家世代漂洗棉絮,收入不过数金;现在一下卖出去,就可以得百金,就卖给他吧。"这位客得到这个药方后,就去游说吴王。正巧越国发难攻打吴国,吴王就让这位客为将领。冬天吴人与越人水战,结果大败越人,于是吴王以封地来奖赏他。同样是拥有这个防止手龟裂的药方,有的人可以得到封赏,而有的人不免于漂洗棉絮,这是因为所用不同。"龟",龟裂。"洴澼絖",漂洗棉絮。成玄英曰:"'洴',浮;'澼',漂也;'絖',絮也。""鬻",卖。

讲完冻疮膏的故事后,庄子回应惠子:"你有这样一个能盛放五石水浆的大葫芦,为什么不考虑做成腰舟自由漂浮在江湖上,却担忧其廓大无处所容?可见夫子还有一颗被蓬草塞满的心啊。""虑",考虑。"大樽",腰舟。

我们从小被教育成为有用的人,但是何为"有用",何为"无用",何为"无用之用"?庄子希望我们重新思考这个问题。一个"不龟手之药",有的人只看到其日常功用,有的人却可以想到在冬天水战中的功用。"大瓠",人们通常只会想到用它来作水壶或水瓢,但它还可以作为腰舟帮人渡过危险的江湖。物之"用",可能是小用,也可能是大用。那些平常看来无用的东西,或许会帮助我们安然渡过时有风浪的人间。

而要想看到这种不同于世俗的"用",首先要化解塞满蓬草的心,也就是要有一颗清明之心。"蓬之心",被蓬草堵塞的心,指心灵仿佛被蓬草遮蔽而不清明。孟子也有类似的表述。《孟子·尽心下》中孟子谓高子曰:"山径之蹊间,介然用之而成路。为间不用,则茅塞之矣。今茅塞子之心矣。"①孟子对高子说:"山上的小径,坚持不间断走才成为一条路。如果有一阵没人走了,小径就会被茅草堵塞。现在你的心被茅草堵塞了。"成语"茅塞顿开"就是出自这里,意思是被茅草堵塞的心突然开悟了。可见儒道两家都认为,心灵需要虚空,才能有清明之见。

(二)旷野大树与逍遥树下

惠子谓庄子曰:"吾有大树,人谓之樗(chū)。其大本拥肿而不中绳墨,其小枝卷曲而不中规矩,立之涂,匠人不顾。今子之言,大而无用,众所同去也。"庄子曰:"子独不见狸狌(shēng)乎?卑身而伏,以候敖者;东西跳梁,不辟高下;中于机辟,死于罔罟(gǔ)。今夫斄(lí)牛,其大若垂天之云。此能为大矣,而不能执鼠。今子有大树,患其无用,何不树之于无何有之乡,广莫之野,彷徨乎无为其侧,逍遥乎寝卧其下。不夭斤斧,物无害者,无所可用,安所困苦哉!"

---

① 〔宋〕朱熹:《四书章句集注》,中华书局 1983 年版,第 368 页。

惠子被庄子说有"蓬之心"后,不甘示弱,对庄子说:"我有一棵大树,人们都叫它樗。它的树干盘结臃肿不合绳墨,它的小枝弯曲不合规矩。长在大路旁,木匠都不会回头看。你现在的言论,虚大无用,众人都会离你而去。"大樗树,不符合木工的绳墨规矩,不入木匠之眼。惠子认为,庄子的言论就像这棵大树一样,不符合世俗的认知价值,其言"大而无用",必会遭到众人的离弃。

庄子这样回应:"你难道没见过野猫和黄鼠狼吗?它们卑身而伏,等候着出游的鸡鼠之类的小动物;它们东西跳跃,不管高低;最后却中了机关,死在罗网中。现在有一头牦牛,非常庞大,就像天边的云。它可以说是很大了,但它却不会捕鼠。你现在有一棵大树,担心它无用,为什么不把它种在虚空无物之乡、广漠无人之野?闲来无事徘徊在树旁,逍遥自在躺卧在树下。如此则不会夭折在斧头之下,不会被外物侵害,无所可用又有什么困苦呢?""狸",野猫。"狌",黄鼠狼。"敖",出游。"辟",同"避"。"机辟",捕兽器。"斄牛",牦牛。

庄子用"狸狌"与"斄牛"的对比,指出不能用一种实用功能去衡量万事万物。只注重世俗的功用,更有可能陷入世间的各种罗网机关,而失去宝贵的生命。被惠子认为无用的那棵大树,只是不符合木匠的规矩绳墨之用,但其实它有自己独特的用处。有用未必是真有用,无用未必是真无用。庄子认为生命本身就是意义,无须外在的价值赋予。大树生长在空旷之地,人自在逍遥于其侧,树与人安然相处。这就是人与物和谐相处的美好状态,自在适意。

《庄子·外物》中也记载了一段关于"无用""有用"与"无用之为用"的对话:

> 惠子谓庄子曰:"子言无用。"庄子曰:"知无用而始可与言用矣。夫地非不广且大也,人之所用容足耳。然则厕足而垫之致黄泉,人尚有用乎?"惠子曰:"无用。"庄子曰:"然则无用之为用也亦明矣。"

这里惠子直接指出庄子之言无用。庄子回应:"只有知道无用,才可以开始言说有用。大地不是不够广大,人所用的只是双足站立之处。但是如果把立足之地以外的所有土地向下挖掘,直到挖出黄泉,人所立足处还有用吗?"惠子说:"无用。"庄子说:"那么好了,无用之用应该非常明显了。""厕足",即侧足,置足。"垫",向下挖掘。表面看来立足之地是有用的,立足之外是无用的,但一旦挖去那表面看来的所谓无用之地,人就会面临深渊。所以说,那立足之外的辽阔大地,才是真正的有用。庄子非常巧妙地回答了何为"无用之用"的问题。

在《庄子·列御寇》中记载了"无能者"的逍遥:

> 莫觉莫悟,何相孰也!巧者劳而智者忧,无能者无所求,饱食
> 而遨游,泛若不系之舟,虚而遨游者也。

没有觉悟,怎么可以相互审查!"孰",通"熟",审查。巧者劳累,智者忧虑,只有无能者无所求。无能者,即无为者,懂得生命皆在道中,未被外在的智巧遮蔽,所以在满足自身的基本生存之后,没有额外的欲求。那么,在吃饱之后应该做什么?什么才是生命该有的样子?无能者以他的行为方式回答了这个问题。饱食之后到处遨游,就像那未被缆绳绑住的小舟,随江河的流向自然飘荡。只有真正达到心"虚"的状态,无所系念,才能真正遨游、真正自由。这里的描绘意境很美,富有诗意,与人徘徊逍遥在"无何有之乡"的大树下一样,人与物和谐相处的画面定格,美好而永恒。正如荷尔德林的诗《在可爱的蓝天下》所言:"人辛勤劳作,却诗意地安居在这大地上。"①

《逍遥游》设想了人之生存的理想境界,一种自在逍遥的人生。

✎ **思考题**

1.如何理解"无己""无功""无名"?

2.何为"有用"?何为"无用"?何为"无用之用"?

_____

① [德]荷尔德林:《荷尔德林诗集》,王佐良译,人民文学出版社2016年版,第514页。

拓展阅读

[1] 郭庆藩.庄子集释[M].王孝鱼,点校.北京:中华书局,1961.

[2] 王先谦.庄子集解[M].沈啸寰,点校.北京:中华书局,2012.

[3] 刘武.庄子集解内篇补正[M].沈啸寰,点校.北京:中华书局,2012.

[4] 王弼.老子道德经注[M]//王弼集校释.楼宇烈,校释.北京:中华书局,1980.

[5] 海德格尔.存在与时间[M].陈嘉映,王庆节,合译.北京:生活·读书·新知三联书店,2014.

第二章　齐物论

本章要点：

1. 南郭子綦入"吾丧我"之境。
2. "莫知所萌"的负面情绪。
3. "莫若以明"的解决途径。

关键词：

齐物；吾丧我；莫若以明；彼是方生；道通为一

"齐物论"的读法与解释有分歧。其一，齐物/论，即齐物之论，"齐"是平等之义，庄子主张万物平等。比如南朝梁刘勰《文心雕龙·论说》道："庄周齐物，以论为名。"①其二，齐/物论，即齐一物论，"齐"指一。宋林希逸曰："物论者，人物之论也，犹言众论也。齐者，一也，欲合众论而为一也。"②宋王应麟《困学纪闻·诸子》卷十道："《齐物论》，非欲齐物也，盖谓物论之难齐也。是非毁誉，一付于物，而我无与焉，则物论齐矣。"③其三，兼行并存的观点。如清王先谦曰："天下之物之言，皆可齐一视之。"④

齐物论（一）

----

① 〔南朝梁〕刘勰：《文心雕龙注》，范文澜注，人民文学出版社 2000 年版，第 327 页。
② 〔宋〕林希逸：《庄子鬳斋口义校注》，周启成校注，中华书局 1997 年版，第 13 页。
③ 〔宋〕王应麟：《困学纪闻》，上海古籍出版社 2015 年版，第 331 页。
④ 〔清〕王先谦：《庄子集解》，中华书局 2012 年版，第 18 页。

对于以上分歧,王叔岷以为:"'物论'连读,'齐物'连读,说并可通。然《齐物论》之主旨,在'天地与我并生,万物与我为一'二句。则庄子之意,明是以'齐物'连读;《秋水篇》发挥《齐物论》其主旨在'万物一齐,孰短孰长!'亦正是'齐物'之义。至如《德充符篇》:'自其同者视之,万物皆一也。'《天地篇》:'万物一府,死生同状。'亦皆'齐物'之义也。"①

本书认同第一种观点,尤其对王叔岷的观点深以为然,更以为齐物之论是更大的范畴,它完全可以涵括第二种齐一物论。《齐物论》的主旨即主张万物平等。庄子在首篇提出"逍遥游"的理想人生境界后,接着在《齐物论》提出了理论依据,人如何能从日常的情绪困扰、世俗的种种价值判断,以及生死梦觉中超脱出来,在认识上做到"逍遥"。正如王叔岷所说:"欲了解庄子,须明三种境界:一、常人,迷于是非毁誉。二、智者,争于是非毁誉。三、大智,超乎是非毁誉。"②庄子即超越于是非毁誉之后的大智者。

一、颜成子游与南郭子綦的问答

(一)"吾丧我"之境

> 南郭子綦(qí)隐机而坐,仰天而嘘,荅焉似丧其耦。颜成子游立侍乎前,曰:"何居乎? 形固可使如槁木,而心固可使如死灰乎? 今之隐机者,非昔之隐机者也。"子綦曰:"偃,不亦善乎,而(ěr)问之也! 今者吾丧我,汝知之乎? 女(rǔ)闻人籁而未闻地籁,女闻地籁而未闻天籁夫!"

《齐物论》从得道者南郭子綦隐几而坐、弟子颜成子游侍立在侧的日常开始。南郭子綦,字子綦,是楚昭王的庶弟,做过楚庄王的司马。古人淳朴,

---

① 王叔岷:《庄子校诠》,中华书局 2007 年版,第 39—40 页。
② 王叔岷:《庄子校诠》,中华书局 2007 年版,第 40 页。

常以居处为号,比如东郭先生、五柳先生、东坡居士。子綦居住于城南,即号南郭。颜成子游,子綦弟子,复姓颜成,名偃,字子游。

有一天南郭子綦倚靠矮桌而坐,仰天长长地吐了口气,瞬间像失去了自己。侍立在旁的颜成子游体察到了老师的这种细微变化,就问:"是什么缘故呢? 形体固然可以像槁木一样轻盈,心灵寂静可以像燃烧后的灰烬吗? 今日老师的神情与昔日不同。"成语"身如槁木,心如死灰"即出自这里。这里的"心如死灰",与现在的含义不同,不是指心灵死寂毫无生机,而是指不再心猿意马,从而让心灵保持虚静的澄明状态。"机",几,矮桌。"嘘",吐气。"荅焉",解体貌。"耦",作偶,身与神为耦;一作寓,即寄,神寄于身。"居",故。

南郭子綦先肯定了颜成子游的提问,然后说"今者吾丧我"。"丧我",即忘我,忘记了某个我,同上文"丧其耦"。类似于《大宗师》中所提到的"坐忘",即"堕肢体,黜聪明,离形去知,同于大通",忘记肢体,忘记聪明,舍去形体,离开心智,达到大通。大通即大道的境界。《天地》中所提到的"忘己"也与之类似:"有治在人,忘乎物,忘乎天,其名为忘己。忘己之人,是之谓入于天。"我们所能做的就是忘记外物、忘记自然,这就叫"忘己"。忘己之人,可以说进入了自然之境。"吾丧我",指永恒之我忘记了此在之我,忘记了在俗世流转浮沉之我,忘记了执着于世间之物、受困于各种言语情绪之我。对于"吾"与"我"的理解,海德格尔也有类似的认识。"我",即"常人自身"之我,"消散在日常状态的形形色色与所操劳的纷扰自逐"之我[1];"吾",指"本真"之我,那个"为着它所是的存在者的存在"的存在者,这便是此在的本真的能在。海德格尔认为,只有从本真的能在那里,自身才能显现,只有自身的常驻,才让人获得了驻足处[2]。

南郭子綦最后提出的三籁——"人籁""地籁""天籁",将在下文展开描述。

---

① [德]海德格尔:《存在与时间》,陈嘉映、王庆节合译,生活·读书·新知三联书店 2014 年版,第 366 页。

② [德]海德格尔:《存在与时间》,陈嘉映、王庆节合译,生活·读书·新知三联书店 2014 年版,第 367 页。

(二)地籁:自然之音

子游曰:"敢问其方。"子綦曰:"夫大块噫(yī)气,其名为风。是唯无作,作则万窍怒呺。而(ěr)独不闻之翏(liù)翏乎?山林之畏佳(cuī),大木百围之窍穴,似鼻,似口,似耳,似枅(jī),似圈,似臼,似洼者,似污者;激者,謞(xiào)者,叱者,吸者,叫者,譹(háo)者,宎(yǎo)者,咬者,前者唱于而随者唱喁。泠风则小和,飘风则大和,厉风济则众窍为虚。而(ěr)独不见之调调,之刁刁乎?"

子游问"三籁"是何意?子綦说:"大地的呼吸是风。除非不发作,一旦发作则众窍怒号。你听过那长风呼啸而过吗?""翏翏",长风之声。高下错综山上的树林,百围大木上的各种孔窍。"畏佳",畏崔,山势高下错综。"似鼻,似口,似耳,似枅,似圈,似臼,似洼者,似污者",这是对大木孔窍的摹状:有的像人的感官,似口,似耳;有的像器物,似柱上方木,似曲木杯圈,似凹下的石臼;有的像地形,似深池,似浅池。当吹过这些孔窍时,风就会发出声音,"激者,謞者,叱者,吸者,叫者,譹者,宎者,咬者",这些风声似水流湍急声,似箭去声,似斥责声,似呼吸声,似叫喊声,似号哭声,似深谷回声,似哀切声。"前者唱于而随者唱喁","于""喁"指音声相和。小风则小和,大风则大和。疾风吹过时,众窍充实;疾风停止,众窍为虚。"调调""刁刁",草木动摇之貌。有的版本,"刁刁"作"刁刁"。王叔岷曰:"刁乃俗字。调调、刁刁,草木实垂风济之状也。"[1]疾风停止之后,草木自然垂下,一切恢复平静。

大地的风声,也就是"地籁"。庄子写风,风如在耳边呼啸而过。王应麟《困学纪闻》卷十载:"初寮谓:'庄子之言风,其辞若与风俱鸣于众窍,掩卷而坐,犹觉寥寥之逼耳。'"[2]其实,地籁不仅仅指大地的风声,除了人籁之外的

---

[1] 王叔岷:《庄子校诠》,中华书局2007年版,第47页。

[2] 〔宋〕王应麟:《困学纪闻》,上海古籍出版社2015年版,第329页。

大地上的一切声音,包括各种流水声、雨声、鸟鸣、蛙鸣、虫鸣,皆是大地的美妙声音。

(三)天籁:"使其自己"

　　子游曰:"地籁则众窍是已,人籁则比竹是已。敢问天籁。"子綦曰:"夫吹万不同,而使其自己也,咸其自取,怒者其谁邪!"

　　子游听完后有所领会:"地籁是众窍之声,人籁是竹箫之声。请问天籁是什么?"子綦说:"风吹过,声音有万千不同,孔窍形状不同而自己使然。皆是不同孔窍决定了各自的声音,是谁造成的怒号呢?"

　　"天籁",即"使其自己""咸其自取",自己而然,出自天然,此外别无他物。王叔岷曰:"万窍怒号不同,此不齐也。而使万窍怒号乃由于己,即万窍各自成声,此齐也。"①乐器的材质、形状,决定了乐器的声响;树的孔窍形状,决定了风吹过的声音。"一切皆由自取,谁使之怒号邪? 地籁如此,人籁之声响亦然。自不齐观之,则有人籁、地籁、天籁之别;自其齐观之,则人籁、地籁皆天籁也。"②把人籁仅当作人籁,把地籁仅当作地籁,不去附加更多的目的和含义,那么在当时特定环境条件下发出的人籁、地籁,皆是天籁。

　　天籁,倾听时不用感官去听,也不用心去听,而是用"气"去听,即将万物之声只当作万物之声去倾听。所以能听到什么,关键在于听者。当达到"吾丧我"的状态时,听到的万籁皆是天籁。南郭子綦隐几而坐时,忘记自我,呈现真我,从而达到了与道为一的境界。

---

① 王叔岷:《庄子校诠》,中华书局 2007 年版,第 48 页。
② 王叔岷:《庄子校诠》,中华书局 2007 年版,第 48 页。

二、"莫知所萌"的各种情绪

(一)人间万籁与生出情绪

大知闲闲,小知间(jiàn)间;大言炎炎,小言詹(zhān)詹。其寐也魂交,其觉也形开,与接为构,日以心斗。缦(màn)者,窖者,密者。小恐惴惴,大恐缦缦。其发若机栝,其司是非之谓也;其留如诅盟,其守胜之谓也;其杀若秋冬,以言其日消也;其溺之所为之,不可使复之也;其厌也如缄,以言其老洫也;近死之心,莫使复阳也。喜怒哀乐,虑叹变慹(zhí),姚佚启态;乐(yuè)出虚,蒸成菌。日夜相代乎前,而莫知其所萌。已乎,已乎!旦暮得此,其所由以生乎!

齐物论(一)

人间的万籁是什么?该如何面对呢?

"大知闲闲",指大知广博宽泛。"小知间间",指小知琐碎细分。"闲闲",广博貌。"间间",细分貌。大知、小知虽有不同,却各有偏执,于是产生各种言论。"大言炎炎",指大言猛烈,气势逼人。"小言詹詹",指小言词费,言辩不休。"炎炎",猛烈。"詹詹",词费。大言、小言看似不同,实则无异。正如王夫之所说:"非知则言不足以繁,知有小大,而言亦随之。小者非独小也,以大形之而见为小;大者非能大也,临乎小而见大。然则闲闲者亦间间耳,炎炎者亦詹詹耳。以闲闲陵小知而讥其隘,以间间伺大知而摘其所略;以炎炎夺小言之未逮,以詹詹翘大言之无实;故言竞起以成论。万有不齐者,知之所自取,而知之所从发者又谁耶? 故下文广诘之。"①

"其寐也魂交,其觉也形开",睡着时心灵驰躁、神魂交接,醒来时形体不宁、外逐奔驰。"魂交",蒋锡昌《齐物论校释》曰:"盖即精神交错纷乱之谊。"②"与接为构,日以心斗",每天与外界环境人物周旋时,勾心斗角,精神日渐消磨。王叔岷曰:"自此以下,皆就用心而言。'为构'与'与接',复语也。"③"缦者,窖者,密者",在"心斗"中有人漫不经心,有人思虑深藏,有人思虑细密。"缦",宽心,《释文》引简文云:"宽心也。"④"小恐惴惴,大恐缦缦",小恐惴惴不安,大恐失魂落魄。这就是很多人的日常。海德格尔说:"无论在与他人合谋、赞成他人、反对他人的时候人手中掌握的是什么东西,反正操劳于这种东西之际总在为与他人的差别操心;哪怕只是为消除这种差别,也是为差别而操心——无论为自己的此在落在他人后面而要在对他人的关系上奋起直追,还是此在已经优越于他人而要压制住他人。为这种差距而操心使共处扰攘不宁。"⑤

他们发言迅速就像射出的飞箭,这就是伺察是非攻击对方;他们守口如瓶就像发过誓约,这就是守着胜利等待机会。他们的精神极度疲惫,就像肃杀的秋冬,日渐消沉。他们沉溺于所为之事,无法恢复其真性情。他们的心灵闭塞如被绳索束缚,这就是老朽枯竭。他们的心灵接近死亡,而无法让其恢复生机。"司",通"伺",窥伺人之是非。"诅盟",誓约。"杀",肃杀、衰败。"消",消磨,减损。"复",复真性,复如婴儿。"厌",闭藏之貌。"缄",绳索束缚。"洫",枯竭。"复阳",复生,指恢复生机。

"心斗"给人不仅带来精神损耗,而且带来种种情绪波动,"喜怒哀乐,虑叹变愁,姚佚启态"。成玄英疏曰:"凡品愚迷,喜则心生欢悦,乐则形于舞忭,怒则当时嗔恨,哀则举体悲号;虑则抑度未来,叹则咨嗟已往,变则改易

---

① 〔清〕王夫之:《庄子解》,中华书局 2009 年版,第 87 页。

② 蒋锡昌:《庄子哲学》,上海书店出版社 1999 年版,第 113 页。

③ 王叔岷:《庄子校诠》,中华书局 2007 年版,第 49 页。

④ 〔唐〕陆德明撰:《经典释文汇校》,黄焯汇校,黄延祖重辑,中华书局 2006 年版,第739 页。

⑤ [德]海德格尔:《存在与时间》,陈嘉映、王庆节合译,生活·读书·新知三联书店 2014 年版,第 146 页。

旧事,慹则屈服不伸;姚则轻浮躁动,佚则奢华纵放,启则情欲开张,态则娇淫妖冶。众生心识,转变无穷,略而言之,有此十二。"庄子对人的情绪把握如此细致,一气说出十二种困扰人的情绪。除"喜怒哀乐"外,"虑"是忧虑将来,即活在未来;"叹"是感叹过去,悔不当初,即活在过去;"变"指反复无常,常犹豫不决;"慹"指恐怖恐惧,活在忧惧之中;"姚"指轻浮躁动,整日浮躁难安;"佚"指奢华放纵,活在物欲的享乐中;"启"指开发,即放纵情欲,不知收敛;"态"指故作姿态,常骄傲自夸。

"乐出虚,蒸成菌",乐声出自虚空的乐器,菌因气蒸腾而生。庄子以此比喻人的情绪如乐如菌,无形无根。"日夜相代乎前,而莫知其所萌",种种情绪日夜更迭变化,而无从知晓萌生自哪里。"旦暮得此,其所由以生乎",整日有此反复无常的情绪,大概就是这些负面情绪的来源吧。

(二)奔驰人生与陷入迷茫

> 非彼无我,非我无所取。是亦近矣,而不知其所为使。若有真宰,而特不得其眹(zhèn)。可行已[1]信,而不见其形,有情而无形。百骸、九窍、六藏,赅而存焉,吾谁与为亲?汝皆说(yuè)之乎?其有私焉?如是皆有为臣妾乎?其臣妾不足以相治乎?其递相为君臣乎?其有真君存焉?如求得其情与不得,无益损乎其真。一受其成形,不忘以待尽。与物相刃相靡(mó),其行尽如驰,而莫之能止,不亦悲乎!终身役役而不见其成功,苶(niè)然疲役而不知其所归,可不哀邪!人谓之不死,奚益!其形化,其心与之然,可不谓大哀乎?人之生也,固若是芒乎?其我独芒,而人亦有不芒者乎?

"非彼无我,非我无所取",讲的是"彼"与"我"的关系。"彼"指上述各种情绪。刘武曰:"彼,即指情。谓非情则无我。"[2]若没有以上种种情绪就没有

---

① 郭庆藩《庄子集释》作"已",而宋人林希逸《南华真经口义》等本为"已"。方勇据《道藏》多种宋元本,以为"'己'为'已'字形误"(方勇《庄子纂要》,学苑出版社 2012 年版,第 196 页)。王叔岷《庄子校诠》、陈鼓应《庄子今注今译》等注本皆作"已",今从之。

② 刘武:《庄子集解内篇补正》,中华书局 2012 年版,第 409 页。

"我",没有"我"则各种情绪无法呈现。"情之所发,既由我之自取,则情之于我,可谓近矣。"①"我"与情相依而存,关系很近,但不知道被谁驱使。

"若有真宰,而特不得其朕",好像有一个"真宰",但找不到其迹象。"真宰",即道,是万物的真正主宰者。"特",乃。"朕",同"朕",兆,迹象。"可行已信,而不见其形,有情而无形",可以从它的运行来验证,而看不见其形,它确实存在而没有形象。"情",实。《大宗师》:"夫道,有情有信,无为无形。"道无迹象,只能用"若""恍""惚"。《老子》二十一章曰:"孔德之容,惟道是从。道之为物,惟恍惟惚。惚兮恍兮,其中有象;恍兮惚兮,其中有物。窈兮冥兮,其中有精;其精甚真,其中有信。自古及今,其名不去,以阅众甫。吾何以知众甫之状哉?以此。"②大德按其天性呈现容止,只顺从道。"道"作为物,只是恍恍惚惚。在恍惚中,似乎有某种象;在恍惚中,似乎有某种物。在幽昧中,好像有精微。这种精微很真实,其中确实可以验证。从古到今,它的名称从未离去,以观察万物的起源。如何观察万物的起源呢?就是靠道来认识。

庄子接着提出了一系列问题,让我们思考:身体的百骸、九窍、六脏都齐备,"我"与谁更亲密呢?都喜欢吗?有没有偏爱呢?如此看来它们都是臣妾吗?都是臣妾而不能互相管理吗?还是它们轮流做君臣呢?还是有个"真君"存在?无论对"真君"的真实情况求得与否,都不会增减它的天然本性。

这些问题引导出这样的结论,即主宰形体者不大可能是身体的某一器官,而是"真君"。此"真君"来自道,是与道冥合的本心,那可以映照万物的虚空之心。得此"真君",就可以达到"吾丧我",忘却世俗之"我"。"吾"即"真我"。

"真君"与"真宰"一样,虽然真实,却无形无迹,人世间有多少人能体会到它的存在呢?更多的人,还是处于常人之"我"的状态。人一旦形成形体,即"不忘以待尽",活着而等待消亡,所以人都是向死而生的。海德格尔也说:"死是一种此在刚一存在就承担起来的去存在的方式。"③

---

① 刘武:《庄子集解内篇补正》,中华书局 2012 年版,第 409 页。

② 〔三国魏〕王弼:《老子道德经注》,楼宇烈校释:《王弼集校释》,中华书局 1980 年版,第 52—53 页。

③ 〔德〕海德格尔:《存在与时间》,陈嘉映、王庆节合译,生活·读书·新知三联书店 2014 年版,第 282 页。

人在从生到死的过程中，常常在与外在世界的针锋相对中消磨了生命，这就是"与物相刃相靡"。"靡"，同"磨"，消磨。蒋锡昌《齐物论校释》曰："奚侗曰：'靡'借作'礳'。《说文》：'礳，石硙也。'今省作'磨'。引申之意为磋磨。"①阮籍《咏怀》其三十三写尽了人生在世精神的蹉跎与焦虑："一日复一夕，一夕复一朝。颜色改平常，精神自损消。胸中怀汤火，变化故相招。万事无穷极，知谋苦不饶。但恐须臾间，魂气随风飘。终身履薄冰，谁知我心焦！"②日子一天又一天重复，容颜日渐老去，精神日渐损消。人世的种种变化，常常招致胸中如热汤翻滚，如烈火焚烧。世间万事无穷无极，苦于智慧谋略不够多而难以应对。常常担心在某一瞬间，灵魂如气息般随风飘散。这一生战战兢兢、如履薄冰，有谁知道"我"内心的焦虑！

不仅与外在世界"相刃相靡"，而且时间还在"行尽如驰"，迅疾奔驰，一去不返。"尽"，借为"进"。人的一生停不下来，从小学、中学到大学再到工作，像一个一直转动的车轮，无法停下。庄子不禁感叹：人一生奔驰停不下来，"不亦悲乎"，这是多么可悲啊！"终身役役而不见其成功"，终身劳碌而不见所谓成功。"役役"，相当于"役于役"，为役使之物所役使，比如物质，比如他人。我们总被他人（即"常人"）摆布，海德格尔说："每个人都是他人，而没有一个人是他人本身。这个常人，就是日常此在是谁这一问题的答案。这个常人却是无此人，而一切此在在共处中又总已经听任这个无此人摆布了。"③"茶然"，疲倦困顿。"疲役"，疲于役，为役使所疲顿。倘若一生奔走，知道奔向哪里也好啊，可惜的是，"茶然疲役而不知其所归"，这么劳顿疲惫的一生，却不知何处是归宿。"归"，归宿。庄子再一次感叹："可不哀邪！"这是多么悲哀呀！人都是漫游者，人在此生的漫游中将归向哪里？ 即人的目的究竟是什么？ 这是庄子提醒我们思考的。

庄子一系列的提问，都是对生而为人的思考。既然人"终身役役"而奔驰不停，那么如何才能不被役使？ 言下之意，只有反其道而行之，才能不为

---

①　蒋锡昌：《庄子哲学》，上海书店出版社 1992 年版，第 123 页。

②　陈伯君校注：《阮籍集校注》，中华书局 1987 年版，第 312 页。

③　［德］海德格尔：《存在与时间》，陈嘉映、王庆节合译，生活·读书·新知三联书店 2014 年版，第 149 页。

形役,保持真我。陶渊明归隐即是如此。他选择归园田居,是为了"守拙",守着最初的自己。

庄子以为,像这样活着虽然不死,又有什么益处呢?人的形体改变,从婴儿变为少年,从少年到青年,从青年再到老年,最后死亡,而心灵也随着形体一起变化,逐渐僵化麻木。庄子不禁再一次感慨:"其形化,其心与之然,可不谓大哀乎?"这难道不是人最大的悲哀吗?《庄子·田子方》中也说:"夫哀莫大于心死,而人死亦次之。"

基于以上思考,庄子不禁疑惑:"人之生也,固若是芒乎?其我独芒,而人亦有不芒者乎?"人的生命,本来就这样茫昧吗?还是只有我一个人茫昧,而还有不茫昧的人吗?"芒",同"茫",茫然。这正是常人对自己的迷茫。

这段描写中,庄子细致入微地体察到人在世的处境。庄子和我们一样有过人生的迷茫,然后才开始思考反省,走向觉悟之路。那么我们又如何跟随着庄子走出迷茫呢?

三、"莫若以明"的解决途径

(一)成心是非与"莫若以明"

> 夫随其成心而师之,谁独且无师乎?奚必知代而心自取者有之?愚者与有焉。未成乎心而有是非,是今日适越而昔至也。是以无有为有。无有为有,虽有神禹,且不能知,吾独且奈何哉!

齐物论(三)

人做判断时常常以自己的"成心"为师,那么谁没有师呢?"成心",以自我为中心而执一家之偏见。成玄英疏曰:"夫域情滞著,执一家之偏见者,谓之成心。""师",取法,师心自用,自以为是。海德格尔说:"闲言与两可,一切都见过了,一切都懂得了,这些东西培养出自以为是……常人的自信与坚决传布着一种日益增长的无须乎本真地现身领会的情绪。"[1]闲言,指人云亦云。两可,指模棱两可。人常常会自以为是,有一定经历的人往往会说:"我走过的路比你走过的桥还多,我吃过的盐比你吃过的饭还多。"这就是日常生活中的师心自用。

"奚必知代而心自取者有之? 愚者与有焉。"何必一定要懂得事物变化之理而自己选择的人才有师呢? 愚人也有师啊。"知代",知变化。庄子认为,人人皆有成心。如果没有成心而有是非,就像今天到越地而昨天就已经到了一样不可能。"今日适越而昔至",据《庄子·天下》记载,这是惠子告诉辩者的言论,此处比喻没有成心,就已出现是非观念,这是不可能的。一定是先有成心,才有是非;没有成心,就没有是非。所以说世人总是把无当作有。"无有为有",理无是非,惑者以为有。世人把无当作有,执迷日久,即使像神明的禹都不能令其知晓,那我庄子又能有什么办法呢?"吾独且奈何哉",这句可见庄子悲悯世人,却又如此无奈。

庄子在这一段提出了"成心",他认为一切是非皆源于成心。

> 夫言非吹也,言者有言,其所言者特未定也。果有言邪? 其未尝有言邪? 其以为异于鷇(kòu)音,亦有辩乎,其无辩乎,道恶(wū)乎隐而有真伪? 言恶乎隐而有是非? 道恶乎往而不存? 言恶乎存而不可? 道隐于小成,言隐于荣华。故有儒墨之是非,以是其所非而非其所是。欲是其所非而非其所是,则莫若以明。

言语不是吹过的风。"吹",风吹。大风小风吹过,是自然的,是无目的的,但人的语言并非如此。蒋锡昌《齐物论校释》曰:"言出机心,吹发自然,二者不同。"[2]人需要用言语来表达观点与思想。因人皆有成见,故当言说者

---

① [德]海德格尔:《存在与时间》,陈嘉映、王庆节合译,生活·读书·新知三联书店 2014 年版,第 206 页。

② 蒋锡昌:《庄子哲学》,上海书店出版社 1999 年版,第 125 页。

发表言论时,其所言无从定论,正如《老子》一章:"道可道,非常道;名可名,非常名。"①那么,人果然说了吗? 还是未曾言说? 人们自以为己之所言,不同于雏鸟出壳时的叫声,有区别还是无区别呢? "道"是如何被遮蔽而产生真伪的? "言"是如何被遮蔽而产生是非的? "道"去往哪里而不存呢? "言"存于哪里而不可呢? "鷇",雏鸟出壳时的叫声。"辩",通"辨",区别。"恶",何。"隐",蔽,遮蔽。

这一连串疑问,是庄子一直在思考的。思考的结果是"道隐于小成,言隐于荣华"。"道"被有限的小成就遮蔽,"言"被浮华的辞藻遮蔽。"小成",指世俗以为的某方面的成就。蒋锡昌《齐物论校释》曰:"'小成'为'大成'之对。《山木》:'昔吾闻之大成之人曰:……功成者堕,名成者亏,孰能去功与名,而还于众人?'盖在庄子以无功无名为大成。……凡百家安于小成者,即不知道体之大。"②"荣华",指浮夸之辞,即《老子》八十一章所说的"信言不美,美言不信"③的"美言",也即《论语·学而》记载孔子所说的"巧言令色"④的"巧言"。

正是以上原因,才导致儒墨是非争辩。儒墨是当时显学,庄子特举出,应针对的是春秋战国各家争鸣,就是《庄子·天下》所说的"后世之学者,不幸不见天地之纯,古人之大体,道术将为天下裂"的局面。比如儒家讲爱有差等,就是《孟子·梁惠王上》中孟子所说的"老吾老,以及人之老;幼吾幼,以及人之幼。天下可运于掌"⑤,强调人际关系是建立在血缘之上的亲疏关系。墨家讲兼爱,《墨子·兼爱中》曰:"视人之国若视其国,视人之家若视其家,视人之身若视其身。是故诸侯相爱则不野战,家主相爱则不相篡,人与人相爱则不相贼,君臣相爱则惠忠,父子相爱则慈孝,兄弟相爱则和调。"⑥看

---

① 〔三国魏〕王弼:《老子道德经注》,楼宇烈校释:《王弼集校释》,中华书局 1980 年版,第 1 页。
② 蒋锡昌:《庄子哲学》,上海书店出版社 1999 年版,第 127 页。
③ 〔三国魏〕王弼:《老子道德经注》,楼宇烈校释:《王弼集校释》,中华书局 1980 年版,第 191—192 页。
④ 钱穆:《论语新解》,生活·读书·新知三联书店 2002 年版,第 7 页。
⑤ 〔宋〕朱熹:《四书章句集注》,中华书局 1983 年版,第 209 页。
⑥ 〔清〕孙诒让:《墨子间诂》,中华书局 2009 年版,第 103 页。

待其他国家,就像看待自己的国家;对待他人的家人,就像对待自己的家人;看待他人的身体,就像对待自己的身体。这是一种无差等的爱,完全不受国家、家族、自身的限制。此外,儒家重厚葬,墨家重节葬;儒家远鬼神,墨家明鬼;等等。庄子以为,儒墨各从自己的成见出发,自是而相非,实则各有所蔽。

与其想要肯定对方否定的,否定对方肯定的,则"莫若以明"。"莫若以明",王先谦的解释是"莫若即以本然之明照之"①,即不如用其本然的清明之心观照。庄子认为,儒墨各有主张就会各有遮蔽,与其判断彼此是非,不如超出是非,以清明之心看待一切,从全一整体去理解。《老子》中有多处对"明"的言说:"复命曰常,知常曰明"②(十六章)、"知和曰常,知常曰明"(五十五章)、"知人者智,自知者明"(三十四章)、"见小曰明,守柔曰强。用其光,复归其明"(五十二章)等。

"知常曰明"有两种表现:其一,不断回归本来,就是恒常,而知道恒常就是"明";其二,知道和谐是恒常,而通晓那恒常的和谐就是"明"。"自知者明",强调的是在日常生活的觉察中认知真正的自己。"见小曰明",河上公注曰"萌芽未动,祸乱未见为小,昭然独见为明"③,也就是说能够敏锐地体察到他人尚未注意到的细微之处,也是一种"明"。

"光"和"明"又不同。朱谦之曰:"而'明'皆就内在之智慧而言"④,"而'光'皆就外表之智慧而言"⑤。悟道所得的内在智慧就是"明"。"不自见故明"(二十二章),"见"是"现"之意,不刻意自我表现曰"明",相反"自见者不明"(二十四章)。所以老子主张要"和其光,同其尘"(五十六章),要常常收敛外在的耀眼光芒。"明"是内在智慧之光,是对道的整体领会。海德格尔也说:"只有当我们⋯⋯去询问此在的整体存在建构,去询问操心⋯⋯我们

① 王先谦:《庄子集解》,中华书局 2012 年版,第 24 页。
② 〔三国魏〕王弼:《老子道德经注》,楼宇烈校释:《王弼集校释》,中华书局 1980 年版,第 36 页。以下引老子原文皆出自此版本,下文不再标注。
③ 〔汉〕河上公:《老子道德经河上公章句》,王卡点校,中华书局 1993 年版,第 200 页。
④ 朱谦之:《老子校释》,中华书局 1984 年版,第 208 页。
⑤ 朱谦之:《老子校释》,中华书局 1984 年版,第 209 页。

才能领会这一明敞的光明。"①

如何才能"明"？老庄常以虚静之心观看万物,在万物的不断变化中体悟其本来的状态。《老子》十六章曰：

> 致虚极,守静笃。万物并作,吾以观其复。夫物芸芸,各复归其根。归根曰静,静曰复命。复命曰常,知常曰明。

这就是说,清空外在的一切纷扰,内心达到虚空的极致,坚定持守着内在的寂静。万物动息变化,"吾"静静地观看其循环往复。万物纷杂而富有生机,各自归返其本源。万物的本源即是寂静,寂静就是复归其本性。复归其本性即是恒常,知此恒常之道就是明。庄子继承了老子的思想,《庄子·天道》曰：

> 圣人之静也,非曰静也善,故静也;万物无足以铙心者,故静也。水静则明烛须眉,平中准,大匠取法焉。水静犹明,而况精神!圣人之心静乎!天地之鉴也,万物之镜也。虚静恬淡寂漠无为者,天地之平而道德之至。

圣人保持虚静之心,并非说虚静好所以要虚静;而是万物都不足以干扰其内心,所以他的心是寂静之心。水平静则明澈可以照亮须眉,可以作为水平面的基准,而为大匠所取法。水平静犹能如此明澈,更何况人的精神!圣人之心虚静若镜,则天地万物皆映照于其心。虚静恬淡寂漠无为,就是天地的本然、道德的极致。当我们的心虚静而达清明,则万物的样子皆会照鉴,天地万物就会在心中了了分明。

只有在心灵的极致寂静中才会照鉴万物的原初,觉察那万物虚静恬淡、寂漠无为的本原状态。徐复观《中国艺术精神》曰："从老子'致虚极,守静笃'起,发展到庄子的无己、丧我、心斋、坐忘,是以虚静作把握人生本质的工

---

① ［德］海德格尔:《存在与时间》,陈嘉映、王庆节合译,生活·读书·新知三联书店 2014 年版,第 399 页。

夫,同时即以此为人生的本质。并且宇宙万物,皆共此一本质,所以可称之为'大本大宗'。故当一个人把握到自己的本质时,同时即把握到了宇宙万物的本质。他此时即与宇宙万物为一体,所以便说:'天地与我并生,而万物与我为一。'"①诗人常常会对大自然凝神观照,而这种凝神来自诗人的虚静之心。

陶渊明正是这样一个把握到了人生本质、万物本质的人。而他恰巧又是一位诗人,便以诗歌的形式将那些瞬间体悟到的宇宙本质呈现出来。比如《饮酒二十首》其五:

> 结庐在人境,而无车马喧。问君何能尔?心远地自偏。采菊东篱下,悠然见南山。山气日夕佳,飞鸟相与还。此中有真意,欲辩已忘言。

诗人结庐在人境,而没有车马的喧嚣。为什么?因为"心远"。"心远"其实就是"虚室",就是心静。心静则万物不会扰乱心绪。正因为诗人"心远""心静",其明澈的心灵才能照鉴天地万物。"采菊东篱下"时悠然看见的南山,山气烟岚弥漫的日夕佳景,暮光中相与飞还的鸟,让诗人预感到了有什么正在降临:"此中有真意"。"真意"相对应的就是"假意","假"已经将"真"遮蔽。那么此中的"真意"是什么?是什么让曾经被遮蔽的"真意"此刻重新降临?《庄子·渔父》曰:"真者,所以受于天也,自然不可易也。故圣人法天贵真,不拘于俗。""真",就是受于自然的,是自然而然的,是不可改变的。圣人取法于自然,以真为贵。诗人当下身处菊花之中,看见南山、日夕、烟岚、归鸟,豁然领悟宇宙真意:一切万物如此自然适性,该悠然就悠然,该热闹就热闹,该消散就消散,该归去就归去。这就是《庄子·田子方》中所说的"目击而道存"。《庄子·天道》曰:"言以虚静推于天地,通于万物,此之谓天乐。"诗人正是以自己的虚静,相通于当下的万物。一切万物如此富有生机,而一切又是如此安详。这就是诗人体会到的"万物与我为一"的自然之乐趣。

以上讲到,若想破除是非、消除成见,则只有以"明"来观看万事万物。

---

① 徐复观:《中国艺术精神》,华东师范大学出版社2001年版,第49—50页。

(二)彼是方生与"道枢"无穷

> 物无非彼,物无非是。自彼则不见,自知则知之。故曰彼出于是,是亦因彼。彼是方生之说也,虽然,方生方死,方死方生;方可方不可,方不可方可;因是因非,因非因是。是以圣人不由,而照之于天,亦因是也。是亦彼也,彼亦是也。彼亦一是非,此亦一是非。果且有彼是乎哉? 果且无彼是乎哉? 彼是莫得其偶,谓之道枢。枢始得其环中,以应无穷。是亦一无穷,非亦一无穷也。故曰莫若以明。

万事万物皆有"彼"的一面,也有"是"的一面。"彼"是对立面、那一面、他者;"是"即"此"、这一面、自己。从"彼"的角度观察则看不到"此",从"此"即自身的角度来看则自以为知道真相。所以说"彼"产生于"此","此"亦依托着"彼"。"因",遵循,依托。

"彼是方生之说",彼与此相对待而产生。事物相对待而产生,老子有表达,《老子》二章曰:"天下皆知美之为美,斯恶已;皆知善之为善,斯不善已。故有无相生,难易相成,长短相较,高下相倾,音声相和,前后相随。"[1]

"方生方死,方死方生",生同时伴随着死,死同时伴随着生,比如我们的形体每天有大量细胞死亡,同时又有新细胞产生。"方",并船,指相对待。"方可方不可,方不可方可",可(是)同时伴随着不可(非),不可(非)同时伴随着可(是)。是非同时并生,相互伴随,相互转化。王先谦曰:"言可,即有以为不可;言不可,即有以为可者。可不可,即是非也。"[2]"因是因非,因非因是",顺着是与非,顺着非与是,是是非非,无穷无尽。所以"圣人不由,而照之于天",圣人不由是非之途,照鉴于自然,明照事物本然的样子,这也是顺应情况。"因",顺。"照",明。"天",自然,本然。

---

① 〔三国魏〕王弼:《老子道德经注》,楼宇烈校释:《王弼集校释》,中华书局1980年版,第6页。

② 〔清〕王先谦:《庄子集解》,中华书局2012年版,第24—25页。

"此"也是"彼","彼"也是"此"。"彼"同样有其是非,"此"同样有其是非。果真有彼此的分别吗?果真没有彼此的分别吗?"彼是莫得其偶,谓之道枢",庄子认为,"彼"和"是"是事物对立的两个方面,如果彼此不再出现其对立面,这就称为"道枢"。"偶",对,即对立面。"道枢",道的枢纽。日本汉学家福永光司说:"道之'枢'建立在超越了一切对立与矛盾的绝对的'一'之上,足以自由自在地应对千变万化的现象世界。"[①]这就如同门枢进入环的中心,可以顺应无穷的变化。"此"有无穷的变化,"彼"也有无穷的变化。"环中",环的中心,比喻道。王叔岷曰:"环中空虚,《人间世》篇云:'唯道集虚。'得空虚之道,以应无穷之是非,正枢要所在也。"[②]与其纠结于无穷变化的彼此是非,不如以清明之心观看一切。庄子再一次提出了"莫若以明",以强调其重要。

这段名词术语较多,"彼""是""道枢""环中""以明"等,有些抽象,不好理解。举例来说,盲人摸象,每个人摸到的只是"此",他人摸到的是"彼",彼此皆执一端不见全体。大象的整一全体是"道枢",只有心灵虚空,不被目前自以为真实的部分限制,才能领会到整体"一",此即以"明"。

(三)"恢诡谲怪,道通为一"

> 以指喻指之非指,不若以非指喻指之非指也;以马喻马之非马,不若以非马喻马之非马也。天地   指也,万物一马也。

齐物论(四)

"以指喻指之非指,不若以非指喻指之非指也",以抽象概念来说明具体物所指不是概念本身,不如用非此概念来说明具体物所指不是概念本身。

---

① [日]福永光司:《庄子内篇读本》,王梦蕾译,北京联合出版公司2019年版,第45页。

② 王叔岷:《庄子校诠》,中华书局2007年版,第60页。

杨国荣解释为:"通过运用概念来表示概念所指称的事物与概念本身并不一致,不如直接消除概念本身或不使用概念来表明以上关系。"①"指之非指",出自战国名家公孙龙子的命题。蒋锡昌《齐物论校释》曰:"《公孙龙子·指物论》'物莫非指,而指非指',即此所谓'以指喻指之非指'也。'指'者,物之所指也。"②万物莫不是由抽象的概念命名的,但具体事物本身并非抽象概念。"指之非指"中,第一个"指"是物指,即具体事物,第二个"指"是抽象概念。这一句就"名"与"实"的一般关系而言。

接着以"马"为例来具体说明。"以马喻马之非马,不若以非马喻马之非马也",以概念的马来说明白马不是马,不如不用马来说明白马不是马。"马之非马",是出自公孙龙子《白马论》的论题:"马者,所以命形也;白者,所以命色也。命色者非命形也。故曰:白马非马。"③"白马"是白色的马,不是共相的"马"。蒋锡昌《齐物论校释》曰:"'马'者为一切马之共相,不论黑白,皆可以马命之。'白马'者为白色之马,黑色之马不可以命之,故'白马'非'马'也。"④傅佩荣说:"用马(共相,普遍的马概念)来说明马(个体,如白马)不是马,不如用非马(如牛)来说明马(个体)不是马。因为后者一目了然,省去名词的纠缠与诡辩的嫌疑。"⑤庄子认为,名家的分析陷于名词的争论,扰乱了人的认知,使人迷失在文字中。

"天地一指也,万物一马也",从道的层面去看,天地就是一指,万物就是一马,同"天地与我并生,而万物与我为一"。这里强调的正是"一",是整一全体。张默生曰:"若就天地万物一体而言,天地虽大,可以当作一种现象来看,因为二仪肇造,正是太极的显现;万物虽众,也可以当作一匹马来看,因为假于异物,托于同体,正是物物无不如是啊。"⑥《庄子·德充符》也说:"自其同者观之,万物皆一也。"从其共同的层面来看,即从道的角度来看,天地万物皆为"一"。

---

① 杨国荣:《庄子内篇释义》,中华书局 2012 年版,第 62 页。
② 蒋锡昌:《庄子哲学》,上海书店出版社 1999 年版,第 132 页。
③ 黄克剑译注:《公孙龙子(外三种)》,中华书局 2012 年版,第 42 页。
④ 蒋锡昌:《庄子哲学》,上海书店出版社 1999 年版,第 133 页。
⑤ 傅佩荣:《逍遥之乐:傅佩荣谈庄子》,东方出版社 2013 年版,第 28 页。
⑥ 张默生:《庄子新释》,张翰勋校补,齐鲁书社 1993 年版,第 109 页。

可乎可，不可乎不可。道行之而成，物谓之而然。恶乎然？然于然。恶乎不然？不然于不然。物固有所然，物固有所可。无物不然，无物不可。故为是举莛与楹，厉（lài）与西施，恢恑憰怪，道通为一。其分也，成也；其成也，毁也。凡物无成与毁，复通为一。

针对名家辩者定要辩论出"然不然，可不可"，庄子予以破除，认为"可乎？自有其可之理；不可乎？自有其不可之理"①。

"道行之而成"，道路是人在行走中逐渐形成的。"物谓之而然"，万物是人称呼才如此的。王先谦曰："凡物称之而名立，非先固有此名也。"②这说的是"物"与"名"之间的关系。人类如果没有名，就无法思考。

接着继续讨论"然"与"不然"的问题。为什么"然"？然有然的理由。为什么"不然"？不然有不然的理由。"物固有所然，物固有所可"，事物本来都有其然的部分，事物本来都有其可的部分。"无物不然，无物不可"，无一物不然，无一物不可。我们在日常生活中看待事物时，不要执着于某一方面，因为各自皆有其然其可的道理。

从物的层面去看，有大小美丑的区别。但从道的层面去看，小草与屋柱、癞子与西施，各种奇变、权诈、怪异的行为，这些现象或评判都不复存在，这就是"恢恑憰怪，道通为一"。庄子认为，世上一切小与大、丑与美、千差万别的各种情态或各种事物，都相通而浑然一体。"莛"，草茎，代表小。"楹"，屋柱，代表大。"厉"，通"疠"，癞子，指丑人。"西施"，指美人。"憰"，同"谲"，权诈。

所谓"成"与"毁"，也是如此。"其分也，成也"，一个事物被分解了，意味着另一个新事物的生成，"成"与"分"相对立。"其成也，毁也"，一个新事物经过分解而生成，意味着原事物的本来状态毁灭，"毁"与"成"也相对立。"毁"，毁灭，失去了原有的状态。《庄子·庚桑楚》曰："道通，其分也，成也。其成也，毁也。"《庄子·山木》有"成则毁"。这些都反复表达了"分"与"成"、"成"与"毁"的关系。举例来说，《庄子·天地》形象地说明了三者的关系：

---

① 蒋锡昌：《庄子哲学》，上海书店出版社 1999 年版，第 134 页。
② 〔清〕王先谦：《庄子集解》，中华书局 2012 年版，第 26 页。

"百年之木,破为牺尊。青黄而文之,其断在沟中。比牺尊于沟中之断,则美恶有间矣,其于失性一也。"百年大木,被砍伐后,制作成牺尊。"牺尊",古代酒器。牺尊被涂上漂亮的青色黄色,而废掉的木材被丢弃在沟中。沟中的断木和牺尊相比,有美丑区别。但对于失去朴木的天性来说,两者是一样的。这里百年大木被"分"后,做"成"牺尊;"成"为牺尊之器的同时,就"毁"掉了大木的本性。

庄子的结论是:"凡物无成与毁,复通为一。"所谓成与毁,皆出于此而不见彼。所以说万物无所谓成与毁,无所谓是与非,相通为"一"。

(四)道之用在生活日常

唯达者知通为一,为是不用而寓诸庸。庸也者,用也;用也者,通也;通也者,得也;适得而几矣。因是已,已而不知其然,谓之道。劳神明为一而不知其同也,谓之朝三。何谓朝三?狙(jū)公赋芧(xù),曰:"朝三而暮四。"众狙皆怒。曰:"然则朝四而暮三。"众狙皆悦。名实未亏而喜怒为用,亦因是也。是以圣人和之以是非而休乎天钧,是之谓两行。

只有那通达的人,才能懂得相通为"一"。"为是不用而寓诸庸",所以不追求所谓"用",而只是将自己寄托于日常中。"用",就是指世俗的成功,即财富、权势、名声等外在的成就;"不用",即不以财富、权势、名声等为自己的人生目标。

"庸",应该怎么理解呢?《尔雅》:"庸,常也。""庸也者,用也","用"即日常之用。道"无所可用","不可知","不可说",而寄托在日常生活的可知可说中。什么是日常?海德格尔说:"此在首先与通常处身其中的那一存在方式称为日常状态。"①日常,即生存的某种如何。"'首先'意味着:此在借以在公众的共处中'公开地'存在的方式,即使此在'其实'恰恰在生存上'克服'

---

① [德]海德格尔:《存在与时间》,陈嘉映、王庆节合译,生活·读书·新知三联书店 2014 年版,第 419 页。

了日常状态。'通常'意味着:此在借以虽非永远地、然而却'常规地'向人人显现的方式。"[1]

《庄子》其他篇章也说到"道在日常"。《庄子·知北游》曰:

> 东郭子问于庄子曰:"所谓道,恶乎在?"庄子曰:"无所不在。"东郭子曰:"期而后可。"庄子曰:"在蝼蚁。"曰:"何其下邪?"曰:"在稊稗。"曰:"何其愈下邪?"曰:"在瓦甓(pì)。"曰:"何其愈甚邪?"曰:"在屎溺。"东郭子不应。

有一次东郭子问庄子:"你所说的道,究竟在哪里?"庄子说:"无所不在。"东郭子说:"一定要说出所在才可以。"庄子分别以蝼蚁、稊稗、瓦甓、屎溺来回答。道并非如东郭子以为的那样高高在上,恰恰相反,道在微小处,在无用处,在不起眼处,甚至在废物处。

"用也者,通也"中的"通",就是流通。人是社会的人,与他人要沟通流通。人人各司其职,社会才能稳定发展。人若能寄托在平常的工作中,做自己感兴趣的事,这样我们的生命就能与他人的生命流通往来。人通过所从事之事来领会自身。"适得而几矣"中的"适",即恰当、适中;"得",合乎常理,自得;"几",近,庶几。意思是,适中自得而庶几接近道了。刘武曰:"适得一而近于道已。"[2]王叔岷曰:"庶几于道也。"[3]"几"的这个用法和《老子》八章"上善若水。水善利万物而不争,处众人之所恶,故几于道"[4]中的"几"一样。"因是已,已而不知其然,谓之道",顺应去做,做了也不知为何要做,这就是道。

"劳神明为一"中的"劳"是耗费,"神明"即精神。王叔岷曰:"神明,精神也。《天下篇》:'澹然独与神明居。'成疏:'清廉虚淡,绝待独立而精神。'释

---

① 〔德〕海德格尔:《存在与时间》,陈嘉映、王庆节合译,生活·读书·新知三联书店 2014 年版,第 420 页。

② 刘武:《庄子集解内篇补正》,中华书局 2012 年版,第 422 页。

③ 王叔岷:《庄子校诠》,中华书局 2007 年版,第 64 页。

④ 〔三国魏〕王弼:《老子道德经注》,楼宇烈校释:《王弼集校释》,中华书局 1980 年版,第 20 页。

'神明'为'精神'。"①"劳神明为一而不知其同也",耗费精神去追求一致,却不知万物本来就是浑然一体的。德国诺贝尔文学奖获得者黑塞的小说《悉达多》里,当乔达文说他没有停止过寻求且永远不会停止寻求时,悉达多说:"可敬的阁下,我该对你说什么呢? 也许该对你说你寻求的太多? 说你埋头于孜孜寻求而一无所获?"②"一"与"同",指具有同一的性状和特点,此就道的层面而言。言外之意,万物本来就是浑然一体的,并不需要刻意将表面不同、实质一样的现象强行区分。那些劳精费神想要达到"一"的人,就像"朝三"。

这里庄子又开始讲寓言故事了,就是"狙公赋芧"。一个养猴的老人,某天对他养的猴子说:"早晨给你们吃三升橡子,晚上给你们吃四升橡子。"众猴很生气。狙公说:"那么早上四升,晚上三升。"众猴很开心。这个故事在《列子·黄帝篇》中亦有记载。"三"和"四"表示数量,即三升、四升。不管是"朝四暮三",还是"朝三暮四",总和都是七。庄子以此比喻"名"虽各异,"实"却无损,也就是"名实未亏"。但是众猴只能看到眼前的利益,眼前是"四"就开心,眼前是"三"就生气,喜与怒的变化皆因其"不知其同"。而狙公是把握了"同"的人,也就是下文的"圣人"。

"是以圣人和之以是非而休乎天钧",所以了解了"同"的得道者(即圣人)可以调和是非,休止于自然之分。"钧",《释文》:"本又作均。"成玄英疏曰:"天钧者,自然均平之理也。"《庄子·寓言》曰:"万物皆种也,以不同形相禅,始卒若环,莫得其伦,是谓天均。天均者,天倪也。""天钧""天均""天倪",皆是自然之分。

圣人能做到这样,就叫"两行"。"两行",指人的各种是非观点并存。郭象曰:"任天下之是非。"王先谦曰:"言圣人和通是非,共休息于自然均平之地,物与我各得其所,是两行也。"③刘武曰:"圣人和通是非,视之如一,然于世情之是非,则任其两行无穷,惟执道枢以应之而已。"④蒋锡昌曰:"是之谓

---

① 王叔岷:《庄子校诠》,中华书局2007年版,第64页。

② 〔德〕赫尔曼·黑塞:《悉达多》,李双志译,河南文艺出版社2022年版,第173页。

③ 〔清〕王先谦:《庄子集解》,中华书局2012年版,第28页。

④ 刘武:《庄子集解内篇补正》,中华书局2012年版,第423页。

任是非之两行也。"①这进一步强调彼此都有各自的是非,不要互相排斥。彼此是非并行而不冲突,世间各种文化、多种声音也能并行而不冲突。

(五)人的四种认知层次

> 古之人,其知有所至矣。恶乎至? 有以为未始有物者,至矣,尽矣,不可以加矣。其次以为有物矣,而未始有封也。其次以为有封焉,而未始有是非也。是非之彰也,道之所以亏也。道之所以亏,爱之所以成。果且有成与亏乎哉? 果且无成与亏乎哉?

齐物论(五)

庄子认为,"古之人,其知有所至矣",古代人的认知达到了极致,是最高的认知。"至",造极,到达最高境界。那么怎么算是达到极致呢?"有以为未始有物者,至矣,尽矣,不可以加矣",有人认为未曾有万物,这就是极致,就是究竟,不会比这种认知更高的了。成玄英疏曰:"未始,犹未曾。"为什么说"未始有物"就是最高的认知呢? 郭象曰:"此忘天地,遗万物,外不察乎宇宙,内不觉其一身,故能旷然无累,与物俱往,而无所不应也。"这是就得道者的感觉而言,忘天地、忘万物、忘自己,是一种与道冥一而不自知的状态。傅佩荣说:"万物的本质是虚幻的,充满变化。从结果来看,什么都没有;从开始来看,什么都还没出现,所以说根本不曾存在过。"②这是从道的存在来看万物。只要永恒之道存在,那么万物的存在都是暂时的、有限的。道家在这一点上与佛教相通。佛教认为:"凡所有相,皆是虚妄。"③《金刚经》曰:"不取于相,如如不动。何以故? 一切有为法,如梦幻泡影,如露亦如电,

---

① 蒋锡昌:《庄子哲学》,上海书店出版社 1999 年版,第 138 页。

② 傅佩荣:《逍遥之乐:傅佩荣谈庄子》,东方出版社 2013 年版,第 31 页。

③ 〔后秦〕鸠摩罗什译,丁福保笺注:《金刚经》,上海古籍出版社 2020 年版,第 36 页。

应作如是观。"①丁福保笺注《坛经》引《六祖金刚经注》曰:"如者,万物一如,不起分别。犹如一月当空,千波现影。影有现灭,月实自如。"②"影"比喻万境,"月"比喻自性。世间一切万相,皆因缘和合而生:如梦境,如幻象,如影像,虚幻不实;又如泡沫,如露水,如闪电,瞬息即灭。

苏轼《定风波》中的"也无风雨也无晴",就是对"未始有物"的领会:

莫听穿林打叶声,何妨吟啸且徐行。竹杖芒鞋轻胜马,谁怕?一蓑烟雨任平生。　　料峭春风吹酒醒,微冷,山头斜照却相迎。回首向来萧瑟处,归去,也无风雨也无晴。③

当大雨来临时,是慌慌张张地奔走在雨里,还是如苏轼那般吟啸着慢慢行走,而不管那穿林打叶的雨声?竹杖草鞋如此轻便胜过了宝马,还怕什么呢?一件蓑衣就足以应对烟雨,纵意平生。当春寒料峭的风吹过,微冷时,那山头的斜阳迎面照来,是如此温暖。回头看那走过的萧瑟风雨,等归去时,既无风雨也无晴。全词一直在说风雨,也一直在说人生。

"其次以为有物矣,而未始有封也",其次认为有万物存在,此时万物是一个整体,处于混沌未分的状态,还未曾有区分。"封",封界。

"其次以为有封焉,而未始有是非也",再次认为万物有界限,但还未曾有是非之争。"一变为多,绝对体现为相对的诸多形式。道原本的'一'分裂成万象的'多'。"④此种认知认为万物不同,有彼此之分,但此时尚未做是非的价值判断。

第四种认知层次,"是非之彰也,道之所以亏也"。这种认知一定要区分是非。当是非彰显,道就会亏损。因为道是"一",是整体。而道一旦亏损,就会产生偏私之爱好。

庄子让我们思考这样一个问题:"果且有成与亏乎哉?果且无成与亏乎

① 〔后秦〕鸠摩罗什译,丁福保笺注:《金刚经》,上海古籍出版社2020年版,第128页。
② 〔唐〕惠能:《坛经》,丁福保笺注,上海古籍出版社2016年版,第23页。
③ 邹同庆、王宗堂:《苏轼词编年校注》,中华书局2002年版,第356页。
④ 〔日〕福永光司:《庄子内篇读本》,王梦蕾译,北京联合出版公司2019年版,第55页。

哉?"果然有绝对的成就与亏损吗? 果然无绝对的成就与亏损吗? 什么才是人生的成败呢?

(六)昭氏不鼓琴与陶渊明抚无弦琴

有成与亏,故昭氏之鼓琴也;无成与亏,故昭氏之不鼓琴也。昭文之鼓琴也,师旷之枝策也,惠子之据梧也,三子之知(zhì)几乎,皆其盛者也,故载之末年。唯其好之也,以异于彼,其好之也,欲以明之。彼非所明而明之,故以坚白之昧终。而其子又以文之纶终,终身无成。若是而可谓成乎? 虽我亦成也。若是而不可谓成乎? 物与我无成也。是故滑(gǔ)疑之耀,圣人之所图(bǐ)也。为是不用而寓诸庸,此之谓以明。

庄子认为,偏好可能会带来某些成就,但这也是道之亏损,并举了三个例子来说明。

第一个是"有成与亏,故昭氏之鼓琴也"。"昭氏",即昭文,以善于弹琴著称。郭象曰:"夫声不可胜举也。故吹管操弦,虽有繁手,遗声多矣。"庄子认为,音本是一个整体,如果没有高低长短之分就无法演奏,但是任何高明的琴师都不可能同时演奏各种声音。因为要分出声音的高低长短,才能在琴弦上演奏,但一演奏,势必会有遗漏的声音。所以说"无成与亏,故昭氏之不鼓琴也",要想不遗失声音,就最好不要鼓琴。正如成玄英所说:"昭氏鼓琴,虽云巧妙,而鼓商则丧角,挥宫则失徵,未若置而不鼓,则五音自全。"

陶渊明抚弄无弦琴,即深谙此道。《宋书·隐逸·陶渊明传》载:

潜不解音声,而畜素琴一张,无弦,每有酒适,辄抚弄以寄其意。①

---

① 〔南朝梁〕沈约:《宋书》卷九三《隐逸·陶渊明传》,中华书局 1974 年版,第 2288 页。

此处记载陶渊明不懂音乐,于是很多人便认为陶渊明不会弹琴。但是我们只要读过《陶渊明集》,便会看到其诗中常常提到自己学琴、弹琴的经历①:

淙淙悬溜,暧暧荒林。晨采上药,夕闲素琴。(《祭从弟敬远文》)
弱龄寄事外,委怀在琴书。被褐欣自得,屡空常晏如。(《始作镇军参军经曲阿》)
悦亲戚之情话,乐琴书以消忧。(《归去来兮辞》)
花药分列,林竹翳如。清琴横床,浊酒半壶。(《时运》)
衡门之下,有琴有书,载弹载咏,爰得我娱。(《答庞参军》)
凯风因时来,回飙开我襟。息交游闲业,卧起弄书琴。(《和郭主簿二首》其一)

陶渊明喜好读书,"好读书,不求甚解,每有会意,便欣然忘食"。在以上所列诗文中,陶渊明多将"琴""书"并列,可见这是他日常的最爱。所以陶渊明肯定是会弹琴的,而且颇享受弹琴的乐趣。试想如果一个人完全不懂音乐,弹一把无弦琴来寄托心意,那就太过于刻意了。陶渊明有一把"素琴""清琴",有可能是时间久了琴弦断了,也有可能是家贫就没再换琴弦了。正因为陶渊明熟悉曲谱,又深谙庄子所说不弹琴之妙,才会在那把无弦琴上寄托心意。20世纪美国有一位音乐家约翰·凯奇,他创作了一首无声乐曲《4分33秒》。在这4分33秒中,乐器没有演奏,与昭氏不鼓琴、陶渊明弹无弦琴所传达的意境相似。

和昭文一样著名的还有另外两位,"师旷之枝策也,惠子之据梧也"。师旷是晋平公时的音乐家,擅长打击乐。"枝策",用枝或策叩击拍节,一说举杖击节。惠子,前文已述,是名家学派的著名人物,擅长言辩,是庄子的朋友。"据梧",靠着梧桐树高谈阔论。《庄子·德充符》曰:"倚树而吟,据枯梧而瞑。"《庄子·天运》曰:"倚于枯梧而吟。"另一说"梧",作桐木几案,"据梧"则是靠着几案。他们三人的才智几乎达到了顶点,所以会被记于晚世,流传

---

① 本节中的陶渊明诗文均引自逯钦立校注《陶渊明集》,中华书局1979年版。下文不再标注。

到后世。"知",通"智"。"几",庶几。"盛",顶点。"末年",后世。

昭文、师旷、惠子,是各专业领域的大家。只是他们三人都各好其专长,和众人喜好不同。刘武曰:"好之异于彼,乃偏私之好,非众所共好也。"[1]"其好之也,欲以明之",正是因为他们喜好自己的专长,就想明示于人,正如蒋锡昌所说:"此言三子好自己之术也,欲以眩异于其他诸子,且使彼等能明自己之术也。"[2]

"彼非所明而明之,故以坚白之昧终",这句针对惠子而言。王先谦曰:"非人所必明,而强欲其明之"[3],他人无法明白而强欲让他人明白,最终以坚白之论让人更不明白。"彼",指众人、他人。"坚白",《庄子·德充符》谓惠子"以坚白鸣"。"坚白"是战国名家的辩题之一。《庄子·德充符》谓惠子"以坚白鸣",可见坚白之论,除公孙龙《坚白论》之外,惠子也有谈论。庄子对名家的概念辨析不大认同,所以在此指出:惠子尽力希望众人明白,结果却以坚白之论使得众人更不明白。"昧",不明。

"而其子又以文之纶终,终身无成",这句针对昭文而言。郭象曰:"昭文之子又乃终文之绪,亦卒不成。"昭文希望其子能承绪父业,强欲让其在音乐方面有所成就,结果其子终身不及其父而无成。刘武曰:"终身无成,谓其技不及其父之有成也。"[4]"纶",绪,指其子继承昭文的事业。

"若是而可谓成乎?虽我亦成也。若是而不可谓成乎?物与我无成也",这几句语意有所隐含。郭象曰:"若三子而可谓成,虽我之不成,亦可谓成也。"即如上述情况,以上三人如果都叫有所成就的话,即使是"我"(泛指众人),也可以说有成就了;像他们这样不算有成的话,则皆无成,即刘武所说的"当知以我逐物,皆是无成也"[5]。

这也是前文所说的"道隐于小成",蒋锡昌曰:"自庄子观之,此皆技之小成,不足道也。凡人成于小术者,即不能成大道,以有成必有亏也。"[6]也就是

---

① 刘武:《庄子集解内篇补正》,中华书局 2012 年版,第 426 页。

② 蒋锡昌:《庄子哲学》,上海书店出版社 1999 年版,第 141 页。

③ 〔清〕王先谦:《庄子集解》,中华书局 2012 年版,第 29 页。

④ 刘武:《庄子集解内篇补正》,中华书局 2012 年版,第 427 页。

⑤ 刘武:《庄子集解内篇补正》,中华书局 2012 年版,第 427 页。

⑥ 蒋锡昌:《庄子哲学》,上海书店出版社 1999 年版,第 143 页。

说，如果他们算有成就的话，也只是小成。曹础基这样解释："他们守着一种技能而花费了毕生精力也可以算是有成就，那么谁都在某一方面有点本事，这样我们大家都可算是有成就了；如果他们那么专业也不算有成就，又怎么才算有成就呢？这样就谁也算不上有成就了。言下之意是：根本不存在有成就与没有成就的问题。"①

究竟何为成？何为不成？这些纷乱的炫耀，为圣人所摒弃。"滑疑"，纷乱。"图"，借"啚"，同"鄙"，鄙吝，摒弃。最后庄子的结论是："为是不用而寓诸庸，此之谓以明。"因此圣人不用才智而寄托于日常，这就是以清明之心观照一切。

四、"言"与"道"的关系

（一）天地与我并生，而万物与我为一

> 今且有言于此，不知其与是类乎？其与是不类乎？类与不类，相与为类，则与彼无以异矣。虽然，请尝言之。有始也者，有未始有始也者，有未始有夫未始有始也者。有有也者，有无也者，有未始有无也者，有未始有夫未始有无也者。俄而有无矣，而未知有无之果孰有孰无也。今我则已有谓矣，而未知吾所谓之其果有谓乎，其果无谓乎？

齐物论（六）

庄子知道自己正在言说，"今且有言于此"，可能也会被他人认为陷入了自己之前所批判的是与非、彼与此的局面。在前文，庄子批评了那些言辩者

---

① 曹础基：《庄子浅注》，中华书局 2018 年版，第 34 页。

如儒墨的争论,皆是此非彼,而自己现在也已然言说了这么多,那么和其他言辩者的言说是不是相类似? 或是不相类似?"类",相类。但无论"类"或"不类",都是言说,就这一点而言,目前的这番言说已与其他言说一样了。王夫之曰:"自谓今所言者,未知合乎无言之道否,则亦儒墨之类而已。虽然,姑试言之。防人摘己而先自破之。"[1]这是庄子对自己言说的警觉。

道无法言说,但人类要认知,不得不言说,这是悖论,也是无奈。庄子还是决定尝试着说一说自己的观点,让我们尝试着听一听。"尝言之",即尝试着言说自己领会到的道的世界,而并非强欲使人明白,这可以看出庄子的谦和态度。

庄子以为,宇宙万物的产生有三个阶段:宇宙有"始"的阶段,此时天地万物显现;往前推,宇宙有"未始有始"的阶段,天地尚未有开始之前的阶段,此时天地万物未曾显现;再往前推,宇宙有"未始有夫未始有始"的阶段,此时宇宙是极端混沌虚寂的状态。"始"与"未始",都与时间有关。"《庄子》此处意在推论一个无限前置的起点。这一意图不仅仅是追寻宇宙诞生的起点,而且是寻找建立知识的基础。"[2]

宇宙万物的存在有四种状态。有"有"的状态,万物有了一个形体;有"无"的状态,万物未有形体之前。这种观点与老子一致。《老子》四十章曰:"天下万物生于有,有生于无。"[3]庄子继续向前推。有"还没有无"的状态,万物产生之前虚无的状态;有"还没有没有无"的状态,在未有虚无之前的状态。"有"与"无",都与空间相关。比如有些科学家解释宇宙的起源,认为现在的宇宙源自大爆炸,大爆炸之后才有了恒星,有了行星,有了万物。那么大爆炸之前是什么呢? 无人经历。

庄子思考:是什么导致了物质世界的开始,导致了"有"?"俄而有无矣,而未知有无之果孰有孰无也",不久生发"有""无",但不知"有""无"究竟谁是"有"、谁是"无"。"今我则已有谓矣,而未知吾所谓之其果有谓乎,其果无

---

① 〔清〕王夫之:《庄子解》,中华书局 2009 年版,第 95—96 页。

② 章启群:《庄子新注》,中华书局 2018 年版,第 58 页。

③ 〔三国魏〕王弼:《老子道德经注》,楼宇烈校释:《王弼集校释》,中华书局 1980 年版,第 110 页。

谓乎"中,"谓"指说话。此句意为:现在"我"已经说话了,不知道"我"所说的果然说了吗? 还是果然没有说?

> 天下莫大于秋豪之末,而大(tài)山为小;莫寿于殇子,而彭祖
> 为夭。天地与我并生,而万物与我为一。既已为一矣,且得有言
> 乎? 既已谓之一矣,且得无言乎? 一与言为二,二与一为三。自此
> 以往,巧历不能得,而况其凡乎! 故自无适有以至于三,而况自有
> 适有乎! 无适焉,因是已。

庄子接下来的话,如此惊世骇俗。为什么? 常理认为泰山为大,秋毫为小,庄子却说"天下莫大于秋豪之末,而大山为小"。"豪",通"毫",细毛。"大山",即泰山。这完全超出了世俗判断,而世俗的判断皆来自人对万物的衡量。庄子跳出了人的判断,站在万物的角度来看待万物,看到的则是全然不同的景象。比如从太空俯瞰,地球只是一个圆点,更不用说泰山了;站在病毒的角度来看,秋毫自然是庞然大物。《庄子·秋水》曰:"以差观之,因其所大而大之,则万物莫不大;因其所小而小之,则万物莫不小。知天地之为稊米也,知豪末之为丘山也,则差数睹矣。"以差别来看,顺着万物大的一面来观看其大,则万物莫不大;顺着万物小的一面来观看其小,则万物莫不小。这样就可以推知天地是一粒米,毫毛是一座山丘,如此则万物的差别就可以看到了。庄子认为,所谓大与小,没有绝对,立场不同,空间有异,观看的结果自然就不同。

同样的道理,世俗认为殇子短命,彭祖长寿,庄子却说"莫寿于殇子,而彭祖为夭"。这句话可以从两方面来理解。一方面庄子以为,人的寿夭并非以时间长短来衡量。比如三国曹魏天才哲学家王弼(226—249),只活了二十四岁。王弼注《易》注《老》,提出的"得意忘言"对魏晋南北朝哲学、美学思潮有引领意义。陶渊明《五柳先生传》中的"好读书,不求甚解;每有会意,便欣然忘食",就是受这种哲学的影响。哲学靠的是形而上的领会,从文化史的角度来看没有比王弼更长寿的了。而彭祖,只是活了八百岁的时间而已。庄子以为,人生追求的不是长寿,而是存在的价值。另一方面,正如《庄子·知北游》所说"虽有寿夭,相去几何? 须臾之说也",从永恒之道来看,活二十年或八百年,都是一瞬间。从道的层面来看,"天地与我并生,而万物与我为

一",天地与"我"一起存在,万物与"我"成为一个整体,这就是"吾丧我"的境界。以上两句表达的正是《齐物论》的核心观点。正如王叔岷所说:"二句一篇主旨,写足齐物之义。忘生则无时而非生,故天地与我并生。忘我则无往而非我,故万物与我为一。"①

庄子接着又回到"言"与"道"的关系上。"既已为一矣,且得有言乎"中的"一"指物我一体,既然已经物我一体了,还需要言说吗?"既已谓之一矣,且得无言乎",既然已经称其为"一"了,还能是无言吗?"一与言为二,二与一为三",一体的境界经过庄子的言说,即为二。"一"是道,是本来,是本质,是原初,无有无名。"二"是庄子对"一"的表述。一旦有言说即为"二",再加上原初的道"一",就会变为"三"。"三"就是他人对言说的理解,分歧就此产生。"自此以往,巧历不能得,而况其凡乎",即使善巧计算之人都难以计算,更何况凡人呢。如历代对《庄子》的阐释,也是越来越多。从无到有,已经推论到三,更何况是从有到有。庄子说"无适焉,因是已",不要去追逐推算了,就顺其自然吧。因为越论述越分析,距离本质越远,故不必辩,也就是下文所讲的不辩而"圣人怀之"。

(二)"圣人怀之"与"众人辩之"

夫道未始有封,言未始有常,为是而有畛也,请言其畛:有左有右,有伦,有义,有分,有辩,有竞,有争,此之谓八德。六合之外,圣人存而不论;六合之内,圣人论而不议。春秋经世先王之志,圣人议而不辩。故分也者,有不分也;辩也者,有不辩也。曰:何也?圣人怀之,众人辩之以相示也。故曰辩也者有不见也。

齐物论(七)

---

① 王叔岷:《庄子校诠》,中华书局 2007 年版,第 72 页。

"道"，混沌未分，未曾有界限；但"言"与"道"不同，只要表达就不一定有定论，因此就会产生分界。"畛"，田里的界路，此处泛指事物间的界限。

请说说这些分界。"有左有右"，《老子》三十四章曰："大道泛兮，其可左右。"①王叔岷曰："虽可左可右，已有左、右之别矣。"②"有伦有义"，指有次序，有等别。"义"，通"仪"，指仪则。"有分有辩"，就是有分析，有辨别。"辩"，通"辨"。"有竞有争"，有竞逐，有争辩。王叔岷曰："德者得也，各得一端耳。"③以上"八德"，就是指八种各有所得的表现。

"六合之外，圣人存而不论"，六合之外，圣人内心有所体察，而不加议论。"六合"，指天地与四方。"六合之内，圣人论而不议"，六合之内，圣人虽然谈论，但不妄加评议。"春秋经世先王之志，圣人议而不辩"，对于历史上先王事迹的记载，圣人只略做评议，而不辩别是非。"春秋"，年，指历史。"志"，记载。

只要有分别，就会有未分别者；只要有论辩，就会有未论辩处。为什么这么说呢？因为分与辩，皆是各执一端、各抒己见而已。得道者明白这个道理，即"圣人怀之"，圣人胸中可以包容一切物我与是非。而众人却不明白，只是"辩之以相示也"，众人不断争辩是非而互相彰显。王先谦曰："不见道之大，而后辩起。"④所以说，只要有论辩，就有未看见处。

　　夫大道不称，大辩不言，大仁不仁，大廉不嗛（qiān），大勇不忮（zhì）。道昭而不道，言辩而不及，仁常而不成，廉清而不信，勇忮而不成。五者园而几向方矣，故知止其所不知，至矣。孰知不言之辩，不道之道？若有能知，此之谓天府。注焉而不满，酌焉而不竭，而不知其所由来，此之谓葆光。

"大道不称"，大道不可言说。《庄子·知北游》也说："道不可言，言而非

---

①　〔三国魏〕王弼：《老子道德经注》，楼宇烈校释：《王弼集校释》，中华书局 1980 年版，第 86 页。

②　王叔岷：《庄子校诠》，中华书局 2017 年版，第 73—74 页。

③　王叔岷：《庄子校诠》，中华书局 2017 年版，第 74 页。

④　〔清〕王先谦：《庄子集解》，中华书局 2012 年版，第 33 页。

也。"道不可言说，一旦言说就不是道。"大辩不言"，大辩不善言辞。《老子》四十五章曰："大辩若讷。"[1]《庄子·知北游》曰："故知者不言，言者不知，故圣人行不言之教。"智者不言语，圣人施行不言之教。此皆类似表达。

"大仁不仁"，大仁无所偏爱。《老子》五章曰："天地不仁，以万物为刍狗；圣人不仁，以百姓为刍狗。"[2]天地无所偏爱，把万物当作草扎成的狗一样任其自生自灭；圣人无所偏爱，对待百姓如刍狗一样任其自然。"大廉不嗛"，大廉不刻意谦让。"嗛"，同"谦"，谦让。"大勇不忮"，大勇不必逞强斗狠。"忮"，很，俗作"狠"。

以上从正面来说"大道""大辩""大仁""大廉""大勇"，接着从反面来看，"道昭而不道"，道明确言说，就不是道。《老子》一章曰："道可道，非常道。"[3]道一旦言说，就不是那个永恒之道。"言辩而不及"，言语明辨有所不及，不如沉默。《庄子·知北游》曰："彼至则不论，论则不至；明见无值，辩不若默。"这就是说：得道者不谈论，谈论者未得道；明白看见的亦无所见，言辩不如沉默。"仁常而不成"，仁一旦有固定偏爱，就不能周全；"廉清而不信"，廉过分清，就无法让人相信；"勇忮而不成"，勇若要斗狠，就不能成就大勇。以上五者"园而几向方"，本来求圆却几乎转向了方。林希逸曰："言此以上五者皆是个圆物，谓其本混成也，若稍有迹，则近于四方之物矣，谓其有圭角也。几，近也。"[4]"园"，通"圆"，指大道、大辩、大仁、大廉、大勇；"方"，即圆的反面，指道昭、言辩、仁常、廉清、勇忮。

庄子接着转到人的认知层面上，"故知止其所不知，至矣"。庄子强调人类认知的有限性，在自己所不知处停下，是到了认知的顶点。在物质世界，有谁知道那"不言之辩，不道之道"呢？如果有人能知道，那就可以称为"天府"了。

"天府"，即合乎自然的府藏，也就是圣人的心灵。心灵是感性的，而认

---

① 〔三国魏〕王弼：《老子道德经注》，楼宇烈校释：《王弼集校释》，中华书局 1980 年版，第 123 页。

② 〔三国魏〕王弼：《老子道德经注》，楼宇烈校释：《王弼集校释》，中华书局 1980 年版，第 13—14 页。

③ 〔三国魏〕王弼：《老子道德经注》，楼宇烈校释：《王弼集校释》，中华书局 1980 年版，第 1 页。

④ 〔宋〕林希逸：《庄子鬳斋口义校注》，周启成校注，中华书局 1997 年版，第 36 页。

知是理性的。庄子认为,人的心灵有最原初的状态,是最辽阔的存在,可以像大海一样虚空,能包容一切,注入很多水也不会满出来,舀出去很多水也不会枯竭。比喻心灵之海不自满、不枯竭,甚至不知其从哪里来,一切都自然而然,这就是"葆光"。"葆光",指潜隐光亮而不露。成玄英疏曰:"葆,蔽也。"钱穆引赵以夫言:"葆光,言自晦其明也。"[①]王叔岷曰:"葆光,盖《老子》'光而不耀'(五十八章)之意。"[②]圣人保有光亮,但不会发出耀眼的光芒。《老子》五十六章"和其光"[③]也是这个意思。张默生解释"天府""葆光":"以其包罗万有言,谓之'天府';以其充实光辉言,谓之'葆光'。"[④]

(三)尧不释然与"万物皆照"

> 故昔者尧问于舜曰:"我欲伐宗、脍(kuài)、胥敖,南面而不释(yì)然。其故何也?"舜曰:"夫三子者,犹存乎蓬艾之间。若不释然,何哉?昔者十日并出,万物皆照,而况德之进乎日者乎!"

葆光者的心胸是宽大的,能兼容一切大小是非。庄子接着讲了一个寓言故事。

昔日尧问舜曰:"我将要讨伐宗、脍、胥敖这三个小国,南面临朝时总觉得内心不能怡悦。这是什么原因呢?""宗、脍、胥敖",三个小国国名。"释",通"怿",怡悦。蒋锡昌《齐物论校释》引马叙伦曰:"'释'读为'怿'。《说文》无'怿'字,古书多以'释'为之,后文随义别之。"[⑤]

舜回答:"这三个小国的国君,就像生存在蓬草艾草之间。你不能怡悦,是为什么呢? 从前十日一起出现,万物都被普照,何况是像你这样德性超过了太阳的人呢?""进",超过。

---

① 钱穆:《庄子纂笺》,生活·读书·新知三联书店2021年版,第28页。
② 王叔岷:《庄子校诠》,中华书局2007年版,第77页。
③ 〔三国魏〕王弼:《老子道德经注》,楼宇烈校释:《王弼集校释》,中华书局1980年版,第148页。
④ 张默生:《庄子新释》,张翰勋校补,齐鲁书社1993年版,第120页。
⑤ 蒋锡昌:《庄子哲学》,上海书店出版社1999年版,第158页。

舜言下之意,此三小国在蓬草艾草间自然生存,可能与大国不同,但这是它本来的状态。尧要攻打小国而无法怡悦,因为打仗涉及是非利害,不合于至道。郭象曰:"而今欲夺蓬艾之愿而伐使从己,于至道岂弘哉!""十日并出,万物皆照",比喻阳光普照到每一个地方,万物都得到了阳光的温暖。这与《山海经》"十日并出,焦禾稼,杀草木"的描写不同。王叔岷曰:"日,有形。德,无形。此谓有形之十日出,万物自无不得其所矣。"[①]"德之进乎日者",比喻尧的德性当超过太阳,包蕴万物,兼容异己。舜其实建议尧应当以德化人,不主张战争,"重德化而不重讨伐之义"[②]。

庄子借寓言中的舜,说出了像尧这样的大国国君,在对待其他国家、对待异域文化时,应当有包容不同的胸襟。

五、齧缺与王倪的问答

(一)三问三不知的王倪

齧(niè)缺问乎王倪曰:"子知物之所同是乎?"曰:"吾恶(wū)乎知之!""子知子之所不知邪?"曰:"吾恶乎知之!""然则物无知邪?"曰:"吾恶乎知之! 虽然,尝试言之。庸讵知吾所谓知之非不知邪? 庸讵知吾所谓不知之非知邪?"

齐物论(八)

齧缺向自己的老师王倪提问。根据《庄子·天地》的记载,许由是尧的老师,齧缺是许由的老师,王倪是齧缺的老师,被衣是王倪的老师。

---

① 王叔岷:《庄子校诠》,中华书局 2007 年版,第 79 页。
② 王叔岷:《庄子校诠》,中华书局 2007 年版,第 79 页。

齧缺的第一个问题:"您知道万物有共同的标准吗?""同是",即"同一之是"①。"物"的世界有共同认可的准则吗?王倪答:"我怎么知道呢!"

齧缺的第二个问题:"您知道您不知道什么吗?"王倪答:"我怎么知道呢!"

齧缺的第三个问题:"那么万物无法认知吗?"王倪答:"我怎么知道呢!虽然如此,我尝试着说一下。怎么知道我所说的'知'不是'不知'呢?怎么知道我所说的'不知'不是'知'呢?"

此处王倪不回答,源于道无法言说。一旦言说,就会涉及"知"的问题。而"知"与"不知",其实无从认定。如果说"知",只能就某一角度而言,难免偏颇,而这可能就是"无知";如果说"无知",则道本"无知",而这其实可能是真正的"知"。所以《庄子·知北游》中泰清仰天而叹曰:"弗知乃知乎,知乃不知乎!孰知不知之知?"泰清叹曰:"不知就是知,知就是不知!谁知道'不知之知'?"苏格拉底说:"我知道,我是所谓的什么也不知道。"②王倪、泰清和苏格拉底的识见是一样的。

(二)毛嫱西施与鱼沉鸟飞

"且吾尝试问乎女(rǔ):民湿寝则腰疾偏死,鳅然乎哉?木处则惴慄恂(xún)惧,猨猴然乎哉?三者孰知正处?民食刍豢,麋鹿食荐,蝍(jí)蛆(qū)甘带,鸱(chī)鸦耆(shì)鼠,四者孰知正味?猨猵(piàn)狙以为雌,麋与鹿交,鳅与鱼游。毛嫱西施③,人之所美也;鱼见之深入,鸟见之高飞,麋鹿见之决骤。四者孰知天下之正色哉?自我观之,仁义之端,是非之涂,樊然殽乱,吾恶能知其辩!"

道虽无法言说,但是人只有在言说中才可能表达观点与思想,这是无奈,也是悖论。王倪不得不说下去。

王倪继续说:"我来尝试着问问你:人在潮湿处寝卧,就会偏瘫得半身不

---

① 蒋锡昌:《庄子哲学》,上海书店出版社1999年版,第159页。

② [古希腊]柏拉图:《苏格拉底的申辩》,吴飞译疏,华夏出版社2007年版,第83页。

③ 今本作"丽姬",崔本作"西施"。依朱桂曜、王叔岷、陈鼓应、方勇等说,从崔本。

遂,而泥鳅会这样吗? 人在树上居住,就会战战兢兢心生恐惧,而猿猴会这样吗? 那么这三者谁知道'正处'(舒适的居处)呢?"

人吃牛羊猪肉,麋鹿吃草,蜈蚣以小蛇为美食,猫头鹰、乌鸦以鼠为美食。以上四者谁知道什么才是"正味",即真正的美味呢?"刍豢",指牛羊猪等。"荐",草。"蝍蛆",蜈蚣。"带",小蛇。"鸱",猫头鹰。"耆",同"嗜",嗜好。

猿以猵狙为配偶,麋和鹿交往,泥鳅与鱼游戏。毛嫱、西施,人皆以为美,但鱼见之则深潜水底,鸟见之则飞向高空,麋鹿见之则迅速跑走。以上四者谁知道天下的"正色",即真正的美呢?"猵狙",一种似猿的兽。此处用了"沉鱼落雁"的典故"沉鱼",现在通常认为其形容美人之美使鱼儿惊叹而自惭沉入水底,但是从《庄子》原文来看,其用意相反。此处庄子的用意是说鱼即使看见毛嫱、西施这样的美人,也会惊恐得沉入水底,强调鱼与人的审美不同。

王倪反问:"正处"由谁的标准来判断? 人、泥鳅,还是猿猴?"正味"由谁的口味来断定? 人、麋鹿、蜈蚣,还是猫头鹰和乌鸦?"正色"由谁的审美来判定? 人、鱼、鸟,还是麋鹿? 王夫之曰:"居之所安,食之所甘,色之所悦,皆切于身而为自然之觉,非与仁义是非后起之分辨等。然且物各有适而无定论,皆滑疑也。而况后起之知,随成心而以无有为有也? 惟葆光而为天府,则兼怀万物,而任运以寓庸;则无正无不正,听物论自取自已,而恶知其辩?"[1]

"正处""正味""正色",只是不同的感觉,不含价值判断,都尚且难以判定,那么在人类世界有了价值判断之后呢? 自"我"观看,仁义的头绪,是非的途径,更是樊然淆乱,"我"又怎么能够知道其分别呢?"樊然",乱貌。"辩",同"辨",分别。

庄子提醒我们:人不要自以为是,若一切都站在人类的立场来看待万物,最终会陷入以人类为中心的狭隘世界。其实世界是由万物组成的,这是更真实的世界。庄子要我们站在万物的立场看待世界,关注更广阔的空间,这样心胸才能像天府一样,兼怀万物。

---

[1] 〔清〕王夫之:《庄子解》,中华书局 2009 年版,第 99 页。

（三）"死生无变于己"的至人

  啮缺曰："子不知利害，则至人固不知利害乎？"王倪曰："至人神矣！大泽焚而不能热，河汉冱（hù）而不能寒，疾雷破山飘风振海而不能惊。若然者，乘云气，骑日月，而游乎四海之外。死生无变于己，而况利害之端乎！"

  啮缺听完后，第四次发问："您不知何为利、何为害，难道至人也不知何为利、何为害吗？"

  王倪回答："至人神妙莫测啊！大泽焚烧而不会让他烦热，河水冻结而不会让他寒冷，疾雷劈破山、旋风振荡海而不会使他受到惊吓。""冱"，冻。这里描述的至人，同于《逍遥游》中的姑射山的"神人"："之人也，物莫之伤。大浸稽天而不溺，大旱金石流、土山焦而不热。""至人""神人"是达到忘我境界、物我为一的人。

  "像这样的人，他乘着云气，骑着日月，精神遨游于四海之外。""至人"精神自由而独立，游于世俗尘垢之外，即达到《庄子·天下》所说的"上与造物者游""独与天地精神往来"的境界。

  对于至人来说，"死生无变于己"，死生对于他来说全无影响。至人可以乘变化以遨游，这就是《逍遥游》所描述的："若夫乘天地之正，而御六气之辩，以游无穷者，彼且恶乎待哉？"何况世俗价值的各种利害，与死生相比，更不足以介怀。

  庄子认为，人生就是在不断变化，有利有害，有穷有通。《庄子·让王》曰："古之得道者，穷亦乐，通亦乐，所乐非穷通也；道德于此，则穷通为寒暑风雨之序矣。"众人只乐通，不喜穷，其实穷通一直在变。至人死生之变都能顺应，何况利害、穷通呢？庄子提醒我们：要不计利害，不必过于注重得失成败，要像至人那样不被外在环境影响，将注意力转向内在精神的修养，从而达到与物为一的逍遥之境。

六、瞿鹊子与长梧子的问答

(一)"参万岁而一成纯"的圣人

> 瞿鹊子问乎长梧子曰:"吾闻诸夫子,圣人不从事于务,不就利,不违害,不喜求,不缘道;无谓有谓,有谓无谓,而游乎尘垢之外。夫子以为孟浪之言,而我以为妙道之行也。吾子以为奚若?"

齐物论(九)

以上这段是瞿鹊子对长梧子的询问。瞿鹊子、长梧子,可能是庄子杜撰的人名。王叔岷曰:"瞿鹊子与长梧子,当是假托人名,不必实有其人,盖庄子见瞿鹊栖于高梧上,因假托二人之问答欤?"[1]

瞿鹊子问长梧子:"我听孔夫子说过,圣人不从事世俗事务,不接近利,也不逃避害;既不热衷于追求富贵名利,也不刻意追求道。看似什么都没说却已经说了,看似什么都说了却什么都没说,虽身处尘世而精神遨游于世俗尘垢之外。"

庄子在此处刻画了一个"圣人"形象,他与众人全然不同。众人皆是趋利避害;而圣人"不就利,不违害",以利害为一体。众人皆热衷追求,或刻意求名利,或刻意求道;而圣人随顺自然。"不喜求",蒋锡昌解释为:"圣人认一切遭遇,皆为命之流行,非祈求所可变更,故不喜求也。"[2]"不缘道",不以

---

① 王叔岷:《庄子校诠》,中华书局 2007 年版,第 85 页。

② 蒋锡昌:《庄子哲学》,上海书店出版社 1999 年版,第 166 页。

攀缘之心来求道。成玄英曰:"夫圣智凝湛,照物无情,不将不迎,无生无灭,固不以攀缘之心行乎虚通至道者。"蒋锡昌也说:"道者,当以无心合之,非攀援可得,故不缘道也。"①

瞿鹊子征询长梧子的意见:"以上对'圣人'的描述,孔夫子以为是轻率不当的言论,而我以为是领悟了道的精妙才有的表现。请问您怎么看待?"

长梧子曰:"是黄帝之所听荧也,而丘也何足以知之!且女(rǔ)亦大(tài)早计,见卵而求时夜,见弹而求鸮炙。予尝为女(rǔ)妄言之,女以妄听之。奚旁(bàng)日月,挟宇宙?为其吻合,置其滑(gǔ)涽(hūn),以隶相尊。众人役役,圣人愚芚(chūn),参万岁而一成纯。万物尽然,而以是相蕴。"

长梧子回答道:"刚才所描述的圣人的境界,在黄帝听来也会疑惑不明,而孔丘又怎么能够明白呢!况且你也想得太早了,刚看到鸡蛋就想求得司夜的公鸡,刚看到弹弓就想吃烤熟的斑鸠。""听荧",疑惑。"时夜",司夜,指公鸡。"鸮",一种似斑鸠的鸟。

"圣人的境界很难言说,我姑妄说说,你姑且听听吧,如何?圣人依傍日月的变化,怀藏宇宙,与万物吻合为一,弃置世间的纷乱是非,没有贵贱尊卑的差别。""以隶相尊",化解尊卑差异。王叔岷曰:"旁日月,喻顺变化;挟宇宙,喻怀万物。""为其吻合,谓去分别。置其滑涽,谓弃纷乱。以隶相尊,谓忘贵贱。"②"旁",依傍。"挟",怀藏。"滑",通"汩",淆乱。"涽",乱。"隶",奴仆,地位卑贱,与"尊"相对。庄子要我们思考:世间外在的纷乱与是非重要吗?人有所谓尊贵与低贱吗?

圣人是如何做到顺应变化,兼怀万物,不顾纷乱,忘记贵贱的呢?长梧子继续说道:"众人役役",众人向外追逐驰骛,一生劳碌,也就是前文所说的"终身役役而不见其成功";与众人不同,"圣人愚芚",圣人看起来总是混沌

---

① 蒋锡昌:《庄子哲学》,上海书店出版社1999年版,第167页。
② 王叔岷:《庄子校诠》,中华书局2007年版,第88页。

无所知的样子。《老子》二十章曰:"我愚人之心也哉!沌沌兮!"①为什么圣
人"愚芚"? 因为圣人"参万岁而一成纯",糅合了万岁的历史变异,才成就其
浑然一体、纯粹不杂之心,正如王先谦所说:"参糅万岁,千殊万异,浑然汨
然,不以介怀,抱一而成精纯也。"②圣人突破了时间的限制,不为眼前的人生
百年所束缚,而能够遥望万世的历史变迁。班固《汉书·艺文志》曰:"道家
者流,盖出于史官。历记成败存亡祸福古今之道。"③观看古代各种典籍,仿
佛历经了成千上万人的人生,见惯了各种存亡祸福,与只困在自己身体中的
一生自是不同,故道家常常是通脱的。

圣人能有如此长远的目光,来源于圣人视界开阔、齐同万物。"万物尽
然,而以是相蕴",万物皆是如此,蕴含着道的浑沌纯粹。"蕴",积。王叔
岷曰:"一代有一代之胜,参万岁而一成纯,谓通古今之变也。一物有一物
之胜,万物尽然,谓齐是非之理也。"④圣人不仅在人事方面参糅万岁,而且
在空间方面视通万物。历史的车轮不断向前,而比人更长久的是天地日月
山川。庄子希望我们打开胸襟,不要只盯着眼前的人事利害,而要将目光
投向那天地万物,因为那万物中蕴含有圣人达到的浑然纯粹。《庄子·知
北游》曰:

> 天地有大美而不言,四时有明法而不议,万物有成理而不说。
> 圣人者,原天地之美而达万物之理,是故至人无为,大圣不作,观于
> 天地之谓也。

天地有大美,那是一种超越了物类的不同的美的标准,是绝对之美,但
它不言说,我们只能领会;四季有明法,那是不以人的意志为转移的规律,是
绝对的法则,但它不议论,我们只能顺应;万物有成理,那是既定的道理,是
绝对真理,但万物不说明,我们只能自行观看。圣人推原于天地的大美,通

---

① 〔三国魏〕王弼:《老子道德经注》,楼宇烈校释:《王弼集校释》,中华书局 1980 年
版,第 47—48 页。
② 〔清〕王先谦:《庄子集解》,中华书局 2012 年版,第 37 页。
③ 〔汉〕班固:《汉书·艺文志》卷三十,中华书局 1962 年版,第 1732 页。
④ 王叔岷:《庄子校诠》,中华书局 2007 年版,第 88 页。

达于万物的成理,因此至人无为而顺应,大圣不妄作,这正是观照于天地万物的缘故。

(二)生死之惑与髑髅之问

"予恶乎知说(yuè)生之非惑邪!予恶乎知恶死之非弱丧而不知归者邪!丽之姬,艾封人之子也。晋国之始得之也,涕泣沾襟;及其至于王所,与王同筐床,食刍豢,而后悔其泣也。予恶乎知夫死者不悔其始之蕲(qí)生乎!"

对于生死,世人的态度通常是悦生恶死,但庄子对此提出疑问:"我怎么知道悦生不是迷惑呢?我怎么知道恶死不是少年离乡而不知归乡呢?""弱",弱龄。"弱丧",指年少离乡的人。郭象曰:"少而失其故居,名为弱丧。""归",归乡,指死亡。《列子·天瑞》篇曰:"吾又安知营营而求生[之]非惑乎?亦又安知吾今之死不愈昔之生乎?"① 又曰:"古者谓死人为归人。夫言死人为归人,则生人为行人矣。行而不知归,失家者也。"②

长梧子接着讲了关于丽姬的故事。丽姬是丽戎国艾地守疆人的女儿,刚到晋国的时候,她每天哭泣,涕泪沾衣;等到了公所,与晋献公同住方正舒适的床,吃牛羊肉等美味,而后悔之前的哭泣。"我又怎么知道死者不后悔之前的求生呢?""丽之姬",丽姬,即骊姬,晋献公夫人。成玄英曰:"昔秦穆公与晋献公共伐丽戎之国,得美女一、玉环二。秦取环而晋取女,即丽戎国艾地守封疆人之女也。""蕲",同"祈",求。

庄子在这里试图提醒世人无须悦生而恶死。关于生死问题,尤其是死亡的问题,《大宗师》《至乐》《知北游》多次提到。庄子对死生的领悟,可能来源于他对亲人逝去的反思。《庄子·至乐》中"鼓盆而歌"的故事,可以让我们看到庄子的思考过程。

---

① 杨伯峻:《列子集释》,中华书局 2012 年版,第 24 页。
② 杨伯峻:《列子集释》,中华书局 2012 年版,第 26 页。

庄子妻死,惠子吊之,庄子则方箕踞鼓盆而歌。惠子曰:"与人居,长子老身,死不哭亦足矣,又鼓盆而歌,不亦甚乎!"庄子曰:"不然。是其始死也,我独何能无概(kǎi)然!察其始而本无生,非徒无生也而本无形,非徒无形也而本无气。杂乎芒芴(hū)之间,变而有气,气变而有形,形变而有生,今又变而之死,是相与为春秋冬夏四时行也。人且偃然寝于巨室,而我噭噭然随而哭之,自以为不通乎命,故止也。"

庄子妻子去世,好友惠子去吊唁,却看到庄子正叉开双腿鼓盆而歌。这是违反丧葬常规礼仪的一幕,惠子不禁质问:"你与她共同生活,养大了孩子,一起老去,现在她去世了,你不哭也就算了,还箕踞鼓盆而歌,是不是太过分了!"庄子回答:"不是你看到的这样。她刚死去的时候,我怎么能没有感慨? 后来觉察到,她一开始时本来没有出生,不仅没有出生而且本来没有形体,不仅没有形体而且本来没有气息。不过是在偶然之间发生变化而有了气息,气息变化而有了形体,形体变化而出生,现在又变化而死亡,这就像春夏秋冬四季的运行一样,是一个自然过程。人现在安然寝卧于天地之间,而我却噭噭然大哭,我认为这与生命的变化过程不符合,所以停止哭泣了。"

对庄子而言,生死是气的变化,《庄子·知北游》曰:"人之生,气之聚也。聚则为生,散则为死。"死亡就是气散的过程,无须为之哭泣,更无须害怕。《庄子·至乐》中"髑髅见梦"的故事以梦的形式讲到了庄子与死者的对话。

庄子之楚,见空髑(dú)髅,髐(xiáo)然有形。撽(qiào)以马捶,因而问之,曰:"将子贪生失理而为此乎? 将子有亡国之事、斧钺之诛而为此乎? 将子有不善之行,愧遗父母妻子之丑而为此乎? 将子有冻馁之患而为此乎? 将子之春秋故及此乎?"于是语卒,援髑髅,枕而卧。夜半,髑髅见梦曰:"子之谈者似辩士,诸子所言,皆生人之累也,死则无此矣。子欲闻死之说乎?"庄子曰:"然。"髑髅曰:"死,无君于上,无臣于下,亦无四时之事,从然以天地为春秋,虽南面王乐,不能过也。"庄子不信,曰:"吾使司命复生子形,为子骨肉肌肤,反子父母、妻子、闾里、知识,子欲之乎?"髑髅深矉蹙额曰:"吾安能弃南面王乐而复为人间之劳乎!"

庄子去楚国的路上,看到了一个空空的髑髅,枯骨有形状。庄子用马鞭敲打它问道:"请问你是贪恋活着,失去常理而如此的吗? 请问你遇到了亡国之事,惨遭杀害而如此的吗? 请问你是做了恶事,惭愧留给父母妻子以耻辱而如此的吗? 请问你是冻死饿死而如此的吗? 请问你是寿终正寝而如此的吗?"庄子询问髑髅死亡的原因。

半夜,庄子梦到髑髅对自己说:"你以上所说的种种都是活着的负累,死后没有这些。你想听一听死后的快乐吗? 死后,没有上下君臣,没有四季变化,从容自在与天地并生,即使南面称王的快乐,都不能超越。"庄子站在人间的立场不相信,说:"我让司命复你形体,还你骨肉肌肤,返你父母、妻子、邻居、朋友,你想要吗?"髑髅皱着眉头说:"我怎么能放弃南面称王般的快乐,恢复人间的劳苦呢?""知识",王先谦释为"朋友"[1]。

关于这则寓言,需要澄清一个问题。寓言中提到了死后之乐超越了"南面王乐",于是就有人认为庄子乐死恶生,是悲观厌世者,比如曹础基指出这则寓言"说明死了比活着还要快乐,因为死了可以摆脱人生的忧患劳苦。这充分体现出作者极端的厌世思想"[2]。但其实从郭象开始,就不认同这种观点。郭象曰:"旧说云庄子乐死恶生,斯说谬矣! 若然,何谓齐乎? 所谓齐者,生时安生,死时安死,生死之情既齐,则无为当生而忧死耳。此庄子之旨。"清代学者刘凤苞讲得更为细致:"接连五问,错落有致。死不同而累则同,白杨青枫之侧,万古同悲。然而悲其死不如悲其生,生者可悲,转觉死者可乐。不言死之乐,不足以见生之忧,毕竟生死一致,有何悲乐之不同? 能自适于清虚而不为形骸所累,则至乐存焉矣。前幅层层诘问,感慨无端,如有悲风起于毫末。后幅说得生之劳转不如死之快,正为贪生者唤醒痴迷也。"[3]此则寓言先以庄子之质问言说生之累,转以梦中髑髅言说死之乐,正为唤醒乐生恶死者。

---

[1] 〔清〕王先谦:《庄子集解》,中华书局 2012 年版,第 186 页。

[2] 曹础基:《庄子浅注》,中华书局 2018 年版,第 313 页。

[3] 〔清〕刘凤苞:《南华雪心编》,方勇点校,中华书局 2013 年版,第 404—405 页。

(三)陶渊明对形影神的思考

陶渊明深受庄子思想影响,对生死有积极的思考。其诗《形影神》就是对生命的思考。其序曰:"贵贱贤愚,莫不营营以惜生,斯甚惑焉。故极陈形影之苦,言神辨自然以释之。好事君子,共取其心焉。"[①]诗人指出,因为世人为了贪生而奔走劳碌,故他作诗以陈述"形""影"之苦,而以"神"明察自然之理来解释生命的过程。

其中《形赠影》曰:

> 天地长不没,山川无改时。草木得常理,霜露荣悴之。谓人最灵智,独复不如兹!适见在世中,奄去靡归期。奚觉无一人,亲识岂相思?但余平生物,举目情凄洏。我无腾化术,必尔不复疑。愿君取吾言,得酒莫苟辞。

天地长久而不灭,山川无改变之时。草木也得此恒常之理,霜悴露荣,生机无限。那么最灵智的人呢?不如天地、山川,甚至不如草木。刚才还在人间见到,忽然就离去再无归期。谁会觉得少了一人呢?只有亲戚和旧识或许会追思。只留下平生所用之物,不禁睹物思人。"我"即"形","我"无腾化成仙之术,定会走向死亡。"君"指下文的影,愿你能听取"我"的话,得酒莫要推辞。此处的"酒"指世间的一切享乐。"形"意识到生命倏忽而逝时,提出好好饮酒,也就是及时行乐的人生态度。

"影"怎么回答呢?《影答形》曰:

> 存生不可言,卫生每苦拙。诚愿游昆华,邈然兹道绝。与子相遇来,未尝异悲悦。憩荫若暂乖,止日终不别。此同既难常,黯尔俱时灭。身没名亦尽,念之五情热。立善有遗爱,胡为不自竭。酒云能消忧,方此讵不劣!

---

① 逯钦立校注:《陶渊明集》,中华书局 1979 年版,第 35 页。

"存生"出自《庄子·达生》,其曰:"生之来不能却,其去不能止。悲夫!世之人以为养形足以存生,而养形果不足以存生,则世奚足为哉?"庄子悲叹:世人以为养形足以存生,却不知养形不足以存生。那么人生在世,什么才是值得去做的?庄子以为"夫形全精复,与天为一",形体保全,精神复原,就会与自然合为一体。"卫生"出自《庄子·庚桑楚》,篇中记载南荣趎向老子请教"卫生之经",即如何护养生命的道理。老子曰:"卫生之经,能抱一乎?能勿失乎?能无卜筮而知吉凶乎?能止乎?能已乎?能舍诸人而求诸己乎?能翛然乎?能侗然乎?能儿子乎?"庄子借老子之口反问:能身心合一?能不失去本性吗?能不占卜便知吉凶吗?能止于内吗?能适可而止吗?能舍却要求他人而反求自身吗?能自由自在吗?能懵然无知吗?能像婴儿吗?

"影"的回答以对"存生""卫生"的思考开始。存生不可言说,生命无法长存,养护生命常常苦于无计可施。虽然想要游昆仑、华山学神仙之术,但这条道路如此邈远终无法行通。与你相遇以来,和你一起快乐、一起悲伤。"子"就是上文的"形"。"憩荫若暂乖,止日终不别",出自《庄子·寓言》影答罔两的"火与日,吾屯也,阴与夜,吾代也",我们在树荫下时暂时乖别,在阳光下时则始终在一起。我们在一起的悲喜无法常在,到时会黯然一起消失。身体消亡,名声也走向尽头,想到此就内心烦热。"遗爱"指死后之名,只有"立善"才会有身后之名。我们此生难道不应为了此目标而竭尽全力吗?饮酒虽然可以暂时忘记忧虑,但与此相比岂不低劣!"影"所代表的是身后之名,是对"形"所代表的享乐人生的超越。

那么,"神"又会怎么回应呢?《神释》曰:

> 大钧无私力,万物自森著。人为三才中,岂不以我故。与君虽异物,生而相依附。结托善恶同,安得不相语!三皇大圣人,今复在何处?彭祖爱永年,欲留不得住。老少同一死,贤愚无复数。日醉或能忘,将非促龄具?立善常所欣,谁当为汝誉?甚念伤吾生,正宜委运去。纵浪大化中,不喜亦不惧。应尽便须尽,无复独多虑。

"大钧",指造化。造化无偏私,万物各有特色。《庄子·大宗师》曰:"天无私覆,地无私载。"《易系辞》曰:"有天道焉,有人道焉,有地道焉。兼三才而两之,故六。六者非它也,三才之道也。"[①]"三才"指天、地、人。人与天、地同为三才,岂不是"我"的缘故?"我"即神,精神。"我"与你们形、影虽不同,但生而互相依附。"善恶同",指美丑同。无论美丑,我们结交依托于同一体。"善恶同"一作"既喜同",即喜欢与形影共寄寓于一体。以上二说皆通。那些三皇大圣人,如今又在哪里呢?彭祖虽爱长寿,但依然不得留住。无论老者少者皆有一死,无论贤人愚人皆无法复生。"日醉或能忘,将非促龄具"针对形而言,日醉或能忘,但酒岂非短寿的工具?"立善常所欣,谁当为汝誉"针对影而言,立善常会开心,但谁会为你延誉?"甚念伤吾生,正宜委运去",多虑则会灼伤生命,只当委运而去。"委运",即随顺自然。"纵浪大化中,不喜亦不惧",在大化即生死之变中,放浪自在,不因生而喜悦,不因死而恐惧。"应尽便须尽,无复独多虑",直面死亡,不回避死亡,会让我们做想做之事,不违心地去活。

《形影神》三首诗从形、影、神的不同立场展开一场关于生命的对话,引人深思。"神"对生命的理解,最终直达庄子认为生死乃自然而化的境界。对此,王叔岷有精彩的解说:"陶公富于诗人之情趣,兼有儒者之抱负;而归宿于道家之超脱。三诗分陈行乐、立善、顺化之旨,为陶公人生观三种境界。顺化之境,与庄子思想冥合,此最难达至者也。行乐,为李白一生所追求者,然李白终叹'人生在世不称意!'(《宣州谢朓楼饯别校书叔云》)立善,为杜甫一生所追求者,然杜甫终叹'儒生老无成!'(《客居》)陶公一生,虽亦多感慨忧虑,而质性自然,终能达顺化之境,所以为高也!此为陶公思想最成熟时之境界,三诗盖陶公晚年之作也。"[②]

(四)人生如梦与旦暮相遇

"梦饮酒者,旦而哭泣;梦哭泣者,旦而田猎。方其梦也,不知其梦也。梦之中又占其梦焉,觉而后知其梦也。且有大觉而后知

---

① 陈鼓应、赵建伟:《周易今注今译》,商务印书馆 2005 年版,第 689—690 页。
② 王叔岷:《陶渊明诗笺证稿》,中华书局 2007 年版,第 91—92 页。

此其大梦也，而愚者自以为觉，窃窃然知之。君乎，牧乎，固哉！丘也与女（rǔ），皆梦也；予谓女（rǔ）梦，亦梦也。是其言也，其名为吊诡。万世之后而一遇大圣，知其解者，是旦暮遇之也。"

齐物论（十）

梦是有象征意味的，同时又是复杂而神秘的。《周礼·春官·占梦》记载："以日、月、星辰占六梦之吉凶。一曰正梦，二曰噩梦，三曰思梦，四曰寤梦，五曰喜梦，六曰惧梦。"[1]郑玄解释曰：正梦，谓"无所感动，平安而梦"；噩梦，"噩当为惊愕之愕，谓惊愕而梦"；思梦，谓"觉时所思念之而梦"；寤梦，谓"觉时道之而梦"；喜梦，谓"喜说而梦"；惧梦，谓"恐惧而梦"。中国古代民间流传有《周公解梦》，《左传》中也记载了好几个预示梦。

奥地利著名心理学家弗洛伊德在《梦的解析》中，指出了个人潜意识与意识的关系。而弗洛伊德的学生、瑞士著名心理学家荣格，在此基础上提出了集体潜意识。潜意识常常出现在梦中或幻觉中，那里是一个比意识世界更为辽阔的世界。荣格通过对自己的两个梦境的分析，意识到："我们的潜意识的存在是真正的，而我们的意识世界则是一种幻觉，一种为专门目的而设计的表面的现实，就像梦一样，只要我们还在其中，它就是一种现实。显然，这种状况很近似于东方的'虚妄'的观点。因此，潜意识的完整性在我看来是全部生物事件和精神事件的真正精神导师。"[2]英国科学家、闻名世界的睡眠专家马修·沃克撰写了《我们为什么要睡觉？》，该书认为日有所思、夜有所梦。白日苦思冥想不得的，可能会在梦中得到解决，得到灵感。

人人都做过梦，庄子以此为喻，借长梧子之口继续讲述人在梦中与醒后的不同遭遇和情感变化。晚上梦见饮酒的快乐，白天则会哭泣；晚上梦见哭

---

① 〔汉〕郑玄注，〔唐〕贾公彦疏：《周礼注疏》，北京大学出版社1999年版，第652—654页。

② 〔瑞士〕荣格：《荣格自传：回忆·梦·思考》，刘国彬、杨德友译，译林出版社2014年版，第350页。

泣,白天会有打猎的乐趣。做梦时,不知道自己在做梦,在梦中还努力占问梦的意义,醒来后才知那是在做梦。

庄子在这里不是要讨论梦究竟象征了什么,他想说的是那种"梦"与"觉"的感觉、梦幻与现实的区分。"且有大觉而后知此其大梦也",只有"大觉"者才知人生是一场大梦。李白《春日醉起言志》:"处世若大梦,胡为劳其生。"①苏轼《念奴娇·赤壁怀古》:"人生如梦,一樽还酹江月。"②又《西江月·中秋和子由》:"世事一场大梦,人生几度秋凉。"③皆用此意。"愚者自以为觉,窃窃然知之。君乎,牧乎,固哉!"凡愚之人不知自己身在大梦中,自以为清醒,以为能明察一切,整日注重君臣贵贱,是多么浅陋!郭象曰:"夫愚者大梦而自以为寤,窃窃然以所好为君上,而所恶为牧圉,欣然信一家之偏见,可谓固陋矣。"王先谦曰:"其孰真为君上之贵乎?孰真为牧圉之贱乎?可谓固陋哉!"④"窃窃",察察,明察。"君",君王,喻指高贵。"牧",牧圉,为君王养牛马的人,喻指卑贱。

长梧子进一步说:"孔丘与你,皆在梦中。我现在说你做梦,也在梦中。这话听起来像吊诡之言。""吊诡",至诡,最诡异处;也有解释同"诙诡",即怪异。"万世之后而一遇大圣,知其解者,是旦暮遇之也",万世之后,遇到大圣人,能理解这番道理的就像旦暮相遇,非常不容易。"大圣"即前文的"大觉"者,也就是那真正的觉悟者。"一世",三十年;"万世",三十万年。"旦暮",极短之时,偶然遇见。庄子的话指向将来,是说给未来的人听的。庄子终其一生是孤独的,即使好友惠子也无法理解他。《逍遥游》道:"大而无当,往而不返,众所同去也。"但其实不用万世,几百年后就有人能理解此言。白居易《和微之诗二十三首·和送刘道士游天台》曰:"人生同大梦,梦与觉谁分?况此梦中梦,悠哉何足云!"⑤人生如梦,那么在此生所做之梦,便是梦中梦了。"大觉"者注定是孤独的,庄子如此,陶渊明也如此。

---

① 〔清〕王琦注:《李太白全集》,中华书局1977年版,第1074页。
② 邹同庆、王宗堂:《苏轼词编年校注》,中华书局2002年版,第399页。
③ 邹同庆、王宗堂:《苏轼词编年校注》,中华书局2002年版,第798页。
④ 〔清〕王先谦:《庄子集解》,中华书局2012年版,第37页。
⑤ 朱金城笺校:《白居易集笺校》,上海古籍出版社1988年版,第1467页。

（五）化声相待与和以天倪

　　"既使我与若辩矣，若胜我，我不若胜，若果是也，我果非也邪？我胜若，若不吾胜，我果是也，而果非也邪？其或是也，其或非也邪？其俱是也，其俱非也邪？我与若不能相知也，则人固受其黮（dǎn）暗。吾谁使正之？使同乎若者正之？既与若同矣，恶能正之！使同乎我者正之？既同乎我矣，恶能正之！使异乎我与若者正之？既异乎我与若矣，恶能正之！使同乎我与若者正之？既同乎我与若矣，恶能正之！然则我与若与人俱不能相知也，而待彼也邪？"

　　既然所言为吊诡之言，那么有谁能理解？又有谁能判断此言之是非？长梧子接着讲到论辩的是非无从判断，并举出了几种情形来论证此观点。

　　"假如我和你辩论，你胜过了我，我没胜过你。你果然对吗？我果然不对吗？假如我胜过了你，你没胜过我。我果然对吗？你果然不对呢？还是有人对，有人不对呢？我们都对，还是我们都不对呢？我与你无法相知。人都会受到自身的遮蔽，我们能让谁来评判呢？""若"，你。"而"，你。"黮暗"，昏暗不明，遮蔽。"正"，评判。

　　找来找去，结果发现无法找到评判者。"假如请与你观点相同的人来评判，既然已经与你观点相同，又怎么能评判？假如请与我观点相同的人来评判，既然已经与我观点相同，又怎么能评判？假如请不同于我和你观点的人来评判，既然已经与我和你的观点不同，又怎么能评判？假如请与我和你观点相同的人来评判，既然已经与我和你的观点相同，又怎么能评判？那么，我和你和他都无法互相了解，我们还能等待谁呢？"

　　"化声之相待，若其不相待，和之以天倪，因之以曼衍，所以穷年也①。何谓和之以天倪？曰：是不是，然不然。是若果是也，则是

---

　　①　这句原文在"忘年忘义"之前。但是历代诸多学者比如吕惠卿、宣颖、王先谦、蒋锡昌、王叔岷、陈鼓应等皆以为是错简，应该提前，这样上下文语意更连贯。今从之。

之异乎不是也亦无辩;然若果然也,则然之异乎不然也亦无辩。忘年忘义,振于无竟,故寓诸无竟。"

"化声之相待"承接上文"然则我与若与人俱不能相知也,而待彼也邪",指出各种是非变化的声音,皆互相对待而成。"化声",指我与你与他的各种是非之辩。郭象曰:"是非之辩为化声。"若想要化解这种是非相对待的情形,则需要"和之以天倪,因之以曼衍"。"天倪",自然之分。"曼衍",自然的变化。调和自然之分,则无是无非;顺应自然变化,则不强分是非。如此则可以尽享天年。

那么,什么是"和之以天倪"? 论辩中总是要明辨"是"与"不是"、"然"与"不然",论辩者总是各执一端,难以穷尽,但其实它们所处的位置是一样的。"是"如果果真是"是",则其异于"不是",那么就无须辩论;"然"如果果真是"然",则其异于"不然",也无须辩论。从物的层面来看,有是非彼此之分;但从道的层面来看,实则无是非、无然否,自然就会"忘年忘义"。"年",年岁,指时间。"忘年",忘记年岁,忘记时间。"义",代表一切言说。"忘义",忘记一切是非。郭象曰:"忘年故玄同生死,忘义故弥贯是非。是非死生荡而为一,斯至理也。至理畅于无极,故寄之者不得有穷也。""忘年忘义",绝不是逃避。庄子的"忘",是超越,是化解。无论生死,还是是非,皆属于一个整体,属于道。如此则可以"振于无竟,故寓诸无竟",忘年忘义,则畅游于无穷之境,寄托于无穷之境。"振",畅。"寓",寄。

以上是瞿鹊子与长梧子的对话。长梧子口中的"圣人"是一位得道者,他与众人不同,能忘却生死,忘却是非,畅游于无穷之境。

七、罔两问影与庄周梦蝶

(一)如影随形与行止自然

罔两问景曰:"曩子行,今子止;曩子坐,今子起;何其无特操

与?"景曰:"吾有待而然者邪?吾所待又有待而然者邪?吾待蛇蚹
(fù)蜩翼邪?恶识所以然!恶识所以不然!"

庄子在《齐物论》的末尾又讲了两个寓言。第一个是"罔两问影"的故事。

罔两有一天问影:"刚才你行走,现在你停止;刚才你坐着,现在你站起。怎么如此没有独立意志呢?""罔两",即影子之影,《经典释文》曰:"郭云:影外之微阴也。向云:景之景也。"①"景",古"影"字。"特操",独立志操,独立操守。

"影"面对"罔两"质疑自己缺乏独立的自由意志,这样回答:"我有所待才会这样吗?我所待又有待才这样的吗?"成玄英曰:"影之所待,即是形也。若使影待于形,形待造物,请问造物复何待乎?斯则待待无穷,卒乎无待也。"王先谦曰:"影不能自立,须待形;形不自主,又待真宰。"②影待于形,而形又有所待;形所待为真宰,则真宰无待。"吾待蛇蚹蜩翼邪",我之所待就像蛇蜕皮蜩出甲吗?"影"就像蛇会蜕皮,蜩会出甲,皆是自然独化。"蚹",蛇蜕皮。"蜩翼",蜩甲,即蝉壳。成玄英曰:"言蛇蜕旧皮,蜩出新甲,不知所以,莫辩其然,独化而生,盖无待也。"

"影"继续说:"我怎么知道为什么会这样呢?又怎么知道为什么不这样呢?"成玄英曰:"待与不待,然与不然,天机自张,莫知其载。""影"的行止坐起,是自然而然,不知其然,合于道,正如王叔岷所说:"此答罔两如何行止、坐起之问,盖不知其然而自然,无所待而然也。"③

"如影随形",比喻如影子跟随形体一般,依顺道之流转而不自觉。无论是实体的形,还是虚幻的影和罔两,皆是自然变化。郭象曰:"故明众形之自物而后始可言造物耳。是以涉有物之域,虽复罔两,未有不独化于玄冥者也。""今罔两之因景,犹云俱生而非待也,则万物虽聚而共成于天,而皆历然莫不独见矣。"

《庄子·寓言》中也有"罔两"与"影"的问答:

① 〔唐〕陆德明撰:《经典释文汇校》,黄焯汇校,黄延祖重辑,中华书局2006年版,第744页。
② 〔清〕王先谦:《庄子集解》,中华书局2012年版,第39页。
③ 王叔岷:《庄子校诠》,中华书局2007年版,第95页。

众罔两问于景曰:"若向也俯而今也仰,向也括撮^①而今也被发,向也坐而今也起,向也行而今也止,何也?"景曰:"搜搜也,奚稍问也? 予有而不知其所以。予蜩甲也,蛇蜕也,似之而非也。火与日,吾屯也;阴与夜,吾代也。彼吾所以有待邪? 而况乎以无有待者乎! 彼来则我与之来,彼往则我与之往,彼强阳则我与之强阳。强阳者,又何以有问乎?"

"影"面对"罔两"对自己俯仰坐起行止的质疑,这样回答:"这只是一个小小的问题,哪里值得问? 我确实有这些行动,却不知为何如此行动。"郭象曰:"自尔,故不知所以。""撮",束发。"搜搜",叟叟,区区,小貌。

"影"继续说:"我就像蝉壳蛇皮,但又和蝉壳蛇皮不同。""蜩甲",蝉壳。"蛇蜕",蛇皮。王先谦曰:"宣云:甲、蜕犹有一定之形,故似之而非,案:以上与《齐物论》同而繁简异。"^②

在火与日下,"影"就显现;在阴与夜中,"影"就隐藏。那么,火与日是"我"所待吗? 何况那无所待之物呢? 倘若没有火与日,形亦不能生影,故影不待形。王叔岷曰:"物各自然,各不相待,虽影亦不待形。"^③它们来,则"我"也就与它们一起来;它们去,"我"也就与它们一起去;它们活动,"我"也与它们一起活动。不过就是活动,有什么好问呢?"彼",指形、火与日。"强阳",运动貌。

这两则寓言中的"影",表达的都是自己随着情形自然变化而不知所以,正是《齐物论》前文所说:"因是已,已而不知其然谓之道。"也如福永光司所说:"所谓自然,便是自发为然,也就是超出人类认识以外之物。因此,所谓世间万物由造物主创造,实际上指的是一切万物作为自然存在,也就是作为超越了因果性的观念而存在。"^④

---

① "撮"字通行本缺,郭庆藩依郭注成疏及《阙误》引张君房本补。
② 〔清〕王先谦:《庄子集解》,中华书局 2012 年版,第 300 页。
③ 王叔岷:《庄子校诠》,中华书局 2007 年版,第 95 页。
④ [日]福永光司:《庄子内篇读本》,王梦蕾译,北京联合出版公司 2019 年版,第 95 页。

(二)蝶梦庄周的疑惑与物化

　　昔者庄周梦为胡蝶,栩栩然胡蝶也,自喻适志与! 不知周也。俄然觉,则蘧蘧(qú)然周也。不知周之梦为胡蝶与,胡蝶之梦为周与? 周与胡蝶,则必有分矣。此之谓物化。

　　《齐物论》的结尾就是"庄周梦蝶"的故事。

　　有个晚上,庄周梦见自己是一只蝴蝶,一只欢畅自在的蝴蝶,愉快又惬意。不知自己是庄周。一会儿忽然醒了,惊讶地发现自己是庄周。"昔",借为"夕",夜。"栩栩",欣畅的样子。"喻",通"愉",愉快。"蘧蘧",惊视貌。

　　如果你做美梦忽然醒来,梦中的场景消失不见,那内心不免有些怅然。李白《梦游天姥吟留别》中"忽魂悸以魄动,恍惊起而长嗟"[1],写的也是这种梦醒后的恍惚。我们普通人可能怅然若失,甚至遗憾不能继续停留在梦中。但庄子不是普通人,他说出了"不知周之梦为胡蝶与,胡蝶之梦为周与"的疑惑:不晓得是庄周梦为蝴蝶呢,还是庄周是蝴蝶的梦呢? 这句话意味颇深。庄子让我们思考:庄周与蝴蝶究竟谁是谁的梦境? 有梦境和现实的区别吗? 庄周与蝴蝶究竟谁是梦的主体? 有主体和客体的区分吗?

　　庄周与蝴蝶从存在形式来看,自然有分别,庄周是人类,蝴蝶是昆虫。这可以称为"物化"。什么是"物化"? 该如何理解呢?

　　"物化"通常可以从两方面来理解,指事物自身的变化,也指物我同化为一。一方面,万物之间的融合变化有无限的可能。梦境可变为现实,现实可变为梦境;庄周可变为蝴蝶,蝴蝶可变为庄周;生可变为死,死可变为生。在变化中安于此时,是蝴蝶就享受蝴蝶的自由,是庄周就享受庄周的快乐,不必一定要区分现实与梦境、主体与客体、彼与此、生与死等等。《庄子·天道》曰:"知天乐者,其生也天行,其死也物化",以为"物化"是生死之变。成玄英曰:"故知死生往来,物理之变化也。"[2]王叔岷曰:"此庄子由梦觉体

---

①　〔清〕王琦注:《李太白全集》,中华书局1977年版,第707页。
②　〔清〕郭庆藩:《庄子集释》,中华书局1961年版,第114页。

悟'物化'之理,即死生变化之理也。……在觉适于觉,在梦适于梦,则无所谓觉梦;然则在生适于生,在死适于死,则无所谓生死。破觉梦犹外生死矣。……破觉梦之执,以明外生死之理。齐物之义,尽于此矣。"①

另一方面,"物化"指万物浑然一体的境界,在此境界中不再有万物的分别。释德清曰:"物化者,万物化而为一也,所谓大而化之谓圣。言齐物之极,必是大而化之之圣人。万物混化而为一,则了无人我、是非之辩,则物论不齐而自齐也。"②陈鼓应解释为:"物我界限消解,万物融化为一。"③

"物化"消解了特定立场,正回应《齐物论》开头的"吾丧我"。因为"丧我",从而消解了人的立场,消除了我执,从而能把物当作物,则一切万物之声皆是"天籁"。徐复观曰:"当一个人因忘己而随物而化时,物化之物,也即是存在的一切。""惟有物化后的孤立的知觉,把自己与对象,都从时间与空间中切断了,自己与对象,自然会冥合而成为主客合一。既然是一,则此外再无所有,所以一即是一切。一即是一切,则一即是圆满具足,便会'自喻适志'。主客冥合为一而自喻适志,此时与环境、与世界,得到大融合,得到大自由,此即庄子之所谓'和',所谓'游'。"④我们看待世界,尤其是看待万物,通常是以人的视角来看,而并非从物的角度来看。如果理解"物化",那么万物各有其美,万物各有所成,从而呈现出一个"天地与我并生,而万物与我为一"的和谐世界。

思考题

1. 生活中是否有令你印象深刻的声音,如风声、水声、鸟鸣声等?试着回想或在此刻聆听,体会当下的感受。

2. 有学者认为庄子"乐死恶生",你如何理解此观点?

① 王叔岷:《庄子校诠》,中华书局 2007 年版,第 96—97 页。
② 〔明〕释德清:《庄子内篇注》,华东师范大学出版社 2009 年版,第 60 页。
③ 陈鼓应:《庄子今注今译》,中华书局 1983 年版,第 92 页。
④ 徐复观:《中国艺术精神》,华东师范出版社 2001 年版,第 58 页。

拓展阅读

［1］王叔岷.庄子校诠［M］.北京:中华书局,2007.

［2］蒋锡昌.庄子哲学［M］.上海:上海书店出版社,1999.

［3］陈鼓应.庄子今注今译［M］.北京:中华书局,1983.

［4］曹础基.庄子浅注［M］.北京:中华书局,2018.

［5］荣格.荣格自传:回忆·梦·思考［M］.刘国彬,杨德友,译.南京:译林出版社,2014.

第三章 养生主

本章要点：

1."缘督以为经"的养生方法。

2.庖丁解牛与由技入道的过程。

3.如何对待伤残的生命与亲友的死亡？

关键词：

养生；庖丁解牛；安时处顺；薪尽火传

《逍遥游》提出了人生的理想状态——逍遥自在。《齐物论》颠覆常人的认知，启发人的思想观念有所改变。人是万物之一，个别的人又是人类之一。只有破除偏见我执，人与物才能和谐一体。破是非，则无争执，有包容之心；破贵贱，则生而平等，不执着于名利；破生死，则知道如何活着；齐万物，则可与万物和谐共处。中国的学人，无论儒家还是道家，都讲知行合一。那么，当我们在观念上理解了"道"的境界，在人生中又如何实践呢？这就是《养生主》所要回答的问题。养生主，即养生以此为主。

养生主（一）

一、"缘督以为经"的养生

（一）有涯之生与无涯之知

> 吾生也有涯，而知也无涯。以有涯随无涯，殆已；已而为知者，殆而已矣。为善无近名，为恶无近刑。

《养生主》开头讲的是"生命"与"知识"的关系。我们的生命是自然赋予的，是有限的历程；而知识，即我们需要认知的外部世界是无限的，是无穷尽的。如果在有限的生命过程中索求无限的知识，不知道适可而止，那这种毫无节制的欲望就非常危险了。而那些依然执着于汲汲求索知识的人，就更加危险了。"知"，知识。"随"，索求。"殆"，危险。

《庄子·秋水》中有类似的表达：

> 计人之所知，不若其所不知；其生之时，不若未生之时。以其至小求穷其至大之域，是故迷乱而不能自得也。

考虑到人所知道的，比不上其所不知道的；人拥有生命的时间，比不上其无生命的时间。如果以其至小的短暂生命，去追求至大的无涯知识，就会陷入迷乱，而终身无法自得自在。最终"迷乱而不能自得"，就是庄子所说的"已而为知者"的危险。成玄英曰："至小，智也；至大，境也。夫以有限之小智，求无穷之大境，而无穷之境未周，有限之智已丧。是故终身迷乱，返本无由，丧己企物而不自得也。"

那么，庄子是不让人去认知吗？并非如此。知识所代表的外部世界是无限的，不可能完全认知。而人的生命有限、认知有限，人应懂得"知止"。《老子》三十二章曰："始制有名，名亦既有，夫亦将知止。知止可以不殆。"①人类创造了有名世界之后,要懂得自身认知的有限性,知道认知要适可而止,知道适可而止就不会有危险。庄子继承了老子此思想,认识到这是人认知的关键所在,所以反复提到认知的有限。《齐物论》曰:"故知止其所不知,至矣。"一个人知道在自己所不知之处停下,认知就达到顶点了。《大宗师》曰:"以其知之所知,以养其知之所不知,终其天年而不中道夭者,是知之盛也。"这是一种谦卑的、柔弱的姿态,是面对有限人生与无限知识时的自知之明。

"为善无近名,为恶无近刑",这句该如何理解呢?

第一种观点认为,忘世俗之善恶,则善恶皆不可为。不少学者持此论。郭象曰:"忘善恶而居中,任万物之自为,闷然与至当为一,故刑名远己而全理在身也。"成玄英曰:"为善也无不近乎名誉,为恶也无不邻乎刑戮。"刘凤苞曰:"有为善之迹,则近名。有为恶之实,则近刑。善恶俱泯,两忘而化其道,所谓游于至虚也。"②张默生从句法上解释:"以上二句,当系倒句,当解作'无为善近名,无为恶近刑'也。即言善恶皆不当为,始合于'缘督以为经'之理。"③

第二种观点认为,善恶针对养生而言。刘武曰:"所谓恶者,非仅伤人之谓也,伤己之生,损己之性,即恶也。刑非仅官刑之谓也,伤生损性,即刑也。如喜怒哀乐发而不中节,即足以伤生损性,即恶,即刑也。"④王叔岷也持此观点:"所谓善、恶,乃就养生言之。'为善',谓'善养生'。'为恶',谓'不善养生'。'为善无近名',谓'善养生无近于浮虚'。益生、长寿之类,所谓浮虚也。'为恶无近刑',谓'不善养生无近于伤残'。劳形、亏精之类,所谓伤残也。"⑤

以上两种观点虽都解释得通,但第二种观点针对养生而言,似乎更加贴近庄子原意。善养生的人,不要去靠近名声。名声会带来负累,对生命是一种伤害。不善养生的人,也不要去走近伤残,比如熬夜。"日出而作,日入而息",与日月同步的作息才是符合自然的。

---

① 〔三国魏〕王弼:《老子道德经注》,楼宇烈校释:《王弼集校释》,中华书局 1980 年版,第 82 页。

② 〔清〕刘凤苞:《南华雪心编》,中华书局 2013 年版,第 69 页。

③ 张默生:《庄子新释》,张翰勋校补,齐鲁书社 1993 年版,第 134 页。

④ 刘武:《庄子集解内篇补正》,中华书局 2012 年版,第 452—453 页。

⑤ 王叔岷:《庄子校诠》,中华书局 2007 年版,第 100 页。

（二）日常生活与顺中为常

> 缘督以为经，可以保身，可以全生，可以养亲，可以尽年。

"缘督以为经"，是《养生主》的核心观点，主要可以从两个层面来理解。

第一，随顺中道以为常。郭象注："顺中以为常。""缘"，顺。"督"，中。"经"，常。成玄英曰："夫善恶两忘，刑名双遣，故能顺一中之道，处真常之德，虚夷任物，与世推迁。养生之妙，在乎兹矣。"《庄子·达生》有类似表达："善养生者，若牧羊然，视其后者而鞭之。"成玄英曰："养生譬之牧羊，鞭其后者，令其折中。""中道"，即自然之道。释德清曰："但安心顺天理之自然以为常，而无过求驰逐之心也。"①福永光司曰："'督'指'中'，即善与恶的正中间，也就是不偏善也不偏恶，非善非恶的无心之境。在忘却了善恶的无心之境中，不知不觉与自然万物合为一体，这一过程，被称为'经'——生活的根本原理。"②

第二，气息循督脉之虚而行。王夫之曰："奇经八脉，以任督主呼吸之息。背脊贯顶，为督为阳。身前之中脉曰任，身后之中脉曰督。督者居静，而不倚于左右，有脉之位而无形质者也。缘督者，以清微纤妙之气循虚而行，止于所不可行，而行自顺以适得其中。"③

以上两种解释都有道理。一方面，我们在日常行事中，可以随顺中道以为常。正如张默生所说："督既有中空之义，则缘督以为经，即是凡事当处之以虚，作为养生的常法。"④另一方面，就身体而言，气息要循虚而行。平时无论站着坐着都要挺直脊柱，这就是"站如松、坐如钟"，否则气息就会不通畅。气息不畅就会影响情绪，长此以往脊柱变形，会导致更多身体疾病。

倘若能做到"缘督以为经"，会有何功效？"可以保身"，即可以保护身体。"可以全生"，可以保全生命，也可以理解为保全天性，"生"通"性"。"可

---

① 〔明〕释德清：《庄子内篇注》，华东师范大学出版社 2009 年版，第 62 页。
② 〔日〕福永光司：《庄子内篇读本》，王梦蕾译，北京联合出版公司 2019 年版，第 102 页。
③ 〔清〕王夫之：《庄子解》，中华书局 2009 年版，第 104—105 页。
④ 张默生：《庄子新释》，齐鲁书社 1993 年版，第 135 页。

以养亲"的"养亲",有不同解释。其一,指奉养双亲。郭象曰:"养亲以适。"历代多解为此义。王先谦曰:"以受于亲者归之于亲,养之至也。"[1]刘武曰:"此承上文来,言既能保身全生,则不先父母中道夭阨,而可尽父母之年以为养也。"[2]其二,指"养新",培养新生的活力。王叔岷曰:"亲当借为新……下文庖丁解牛十九年,而刀刃若新发于硎。正所谓'养新'也。《达生篇》'正平则与彼更生',郭注:'更生者,日新之谓也。付之日新,则性命尽矣。'亦可证此'养新'之义。"[3]这两种解释都能通。"可以尽年",终享天年,不使夭折。成玄英曰:"夫惟妙舍二偏,而处于中一者,故能保守身形,全其生道。外可以孝养父母,大顺人伦;内可以摄生卫灵,尽其天命。"

在庄子看来,养生之道重要的就是遵循自然之道。下面的几则寓言故事皆就此展开。

二、文惠君与庖丁的问答

(一)庖丁解牛与依乎天理

庖丁为文惠君解牛,手之所触,肩之所倚,足之所履,膝之所踦(yǐ),砉(huā)然向(xiǎng)然,奏刀騞(huō)然,莫不中音。合于《桑林》之舞,乃中《经首》之会。文惠君曰:"嘻,善哉! 技盖(hé)至此乎?"

养生主(二)

---

① 〔清〕王先谦:《庄子集解》,中华书局 2012 年版,第 41 页。
② 刘武:《庄子集解内篇补正》,中华书局 2012 年版,第 454 页。
③ 王叔岷:《庄子校诠》,中华书局 2007 年版,第 101 页。

这是"庖丁解牛"的故事。

一日庖丁为文惠君分解牛。"手之所触,肩之所倚,足之所履,膝之所踦",指庖丁的手、肩、足、膝的一系列动作,配合流畅。在整个过程中,刀如乐器,演奏时"砉然""向然""騞然",进刀的各种破裂声莫不合乎音乐节奏。动作合于《桑林》的舞蹈,声响符合《经首》的节律。《桑林》,殷天子之乐。"《桑林》之舞",用《桑林》乐曲伴奏的舞蹈。《经首》,尧时乐曲名。"会",乐律。

在旁观看的文惠君不禁惊叹这若行云流水的舞蹈动作、符合音乐节律的声响,赞叹道:"啊,太妙了! 你的技术是如何达到此境界的呢?""盖",通"盍",何。

　　庖丁释刀对曰:"臣之所好者道也,进乎技矣。始臣之解牛之时,所见无非全牛者。三年之后,未尝见全牛也。方今之时,臣以神遇而不以目视,官知止而神欲行。依乎天理,批大郤,导大窾,因其固然。技(zhī)经肯綮之未尝,而况大軱(gū)乎! 良庖岁更刀,割也;族庖月更刀,折也。今臣之刀十九年矣,所解数千牛矣,而刀刃若新发于硎。彼节者有间,而刀刃者无厚;以无厚入有间,恢恢乎其于游刃必有余地矣,是以十九年而刀刃若新发于硎。虽然,每至于族,吾见其难为,怵然为戒,视为止,行为迟。动刀甚微,謋(huò)然已解,如土委地。提刀而立,为之四顾,为之踌躇满志,善(shì)刀而藏之。"文惠君曰:"善哉! 吾闻庖丁之言,得养生焉。"

庖丁放下刀回答道:"我所好的是'道',早就超过'技'的层面了。"接着庖丁讲述了自己解牛所经历的三个层次:第一个层次是开始解牛时,此时和众人一样"所见无非全牛"。这意味着庖丁面对庞大的牛感到茫然无从下手。第二个层次是三年之后,此时眼中"未尝见全牛"。庖丁已充分了解牛,熟知牛的构架,知识储备充分。第三个层次,就是解牛的当下,此时的庖丁"以神遇而不以目视,官知止而神欲行"。当向外观看的眼睛即"官知"停止运作,内在的"神"才会自然活动。"神",即心神的本然状态。此时的庖丁"依乎天理",依照牛的构造的自然规律,劈开间隙、导向空隙,"因其固然",

顺着牛的本然构造;就连那经络相连之处都未曾用刀,更何况大骨架处呢!此时的庖丁已然在自然规则的基础上得到了自由。

庖丁继续说:"好厨师每年更换刀,因为他在割;一般厨师每月更换刀,因为他在砍。我的这把刀已经用了十九年,解牛数千,而刀刃就像刚从磨刀石上磨出来一样。牛的骨骼间有缝隙,而刀刃没有厚度,运刀娴熟就能达到游刃有余,这就是为什么用了十九年的刀刃就像刚从磨刀石上磨出来一样。虽然如此,每次遇到骨节筋腱交错处,我都会非常谨慎小心,目光集中,行动缓慢,动刀细微,直到听到謋然解牛、如土落地的声音。此时的我提刀而立,环顾四周,从容自得,仔细擦拭刀,小心收藏起来。""委",落。"踌躇",从容。"善",同"拭"。

文惠君听后说:"真好! 我听庖丁之言,懂得养生之道了。"

(二)由技入道与以天合天

文惠君听庖丁之言后,明白的是什么养生之道呢?

庖丁所说的"所好者道也,进乎技矣",指出了"技"与"道"的关系。技是某种技能或专业。庖丁由"技"的层面达到了"道"的层面,这就是在"技"中体"道"。

庖丁解牛寓意与庄子所追求的道,在何处相合呢? 其一,心与物的对立消解。徐复观曰:"由于他'未尝见全牛',因而他与牛的对立解消了。"[1]其二,手与心的距离消解。徐复观曰:"由于他的'以神遇而不以目视,官知止而神欲行',因而他的手与心的距离解消了,技术对心的制约性解消了。"[2]

《庄子》中,除庖丁解牛外,还有不少由技入道的故事。比如《庄子·达生》中的"佝偻承蜩":

> 仲尼适楚,出于林中,见佝偻者承蜩,犹掇之也。仲尼曰:"子巧乎! 有道邪?"曰:"我有道也。五六月累丸二而不坠,则失者锱

---

[1] 徐复观:《中国艺术精神》,华东师范大学出版社 2001 年版,第 32 页。

[2] 徐复观:《中国艺术精神》,华东师范大学出版社 2001 年版,第 32 页。

铢；累三而不坠，则失者十一；累五而不坠，犹掇之也。吾处身也，若厥株拘；吾执臂也，若槁木之枝；虽天地之大，万物之多，而唯蜩翼之知。吾不反不侧，不以万物易蜩之翼，何为而不得！"孔子顾谓弟子曰："用志不分，乃凝于神，其佝偻丈人之谓乎！"

孔子去楚国，经过一片树林中，见到有佝偻者在树上取蝉，就像拾取一样轻松。孔子问，如此巧妙，是有什么方法吗？佝偻者回答：确实有方法。主要在于平时不断地练习，"累丸二而不坠""累三而不坠""累五而不坠"。此时的身体状态，如竖着的枯树根，手臂如枯木之枝；此时的心灵状态，虽天地之大、万物之众，"唯蜩翼之知"，只专注于蜩翼。孔子评价其"用志不分，乃凝于神"，以虚静之心观照物，则可与物冥一，即物化的状态。

《庄子·达生》曰：

> 工倕旋而盖规矩。指与物化，而不以心稽，故其灵台一而不桎。忘足，屦之适也；忘要，带之适也；知忘是非，心之适；不内变，不外从，事会之适也；始乎适而未尝不适者，忘适之适也。

工倕的手指旋转就能画出一个圆。"指与物化"，手指随着所画之物而变化；"不以心稽"，不需要用心智去思索；"其灵台一而不桎"，他的心灵专一而不受任何阻碍。忘记了身体，忘记了是非，心神合一，一切事情恰到好处。

还有《庄子·天道》中"轮扁斫轮"的寓言：

> 桓公读书于堂上。轮扁斫轮于堂下，释椎凿而上，问桓公曰："敢问，公之所读者何言邪？"公曰："圣人之言也。"曰："圣人在乎？"公曰："已死矣。"曰："然则君之所读者，古人之糟魄已夫！"桓公曰："寡人读书，轮人安得议乎！有说则可，无说则死。"轮扁曰："臣也以臣之事观之。斫轮，徐则甘而不固，疾则苦而不入。不徐不疾，得之于手而应于心，口不能言，有数存焉于其间。臣不能以喻臣之

子,臣之子亦不能受之于臣,是以行年七十而老斫轮。古之人与其不可传也死矣,然则君之所读者,古人之糟魄已夫!"

"轮扁斫轮"的经验之谈是"不徐不疾,得之于手而应于心",即经过手的不断练习之后,心神才可以发挥作用,这正如庖丁解牛中的"官知止而神欲行"。而其中的尺度与心得却无法言说,甚至无法传给子弟,只能自己了然于胸。

从以上这些由技入道的故事可以得到如下启发:第一,技艺或专业需要不断练习,才有可能超越"技"而达到"道"。第二,只专注所做之事,不要受任何外在环境的影响。第三,道的奥妙无法言传,只可意会,故只能在学技的具体过程中自行领会。

庄子认为,日常的技术或专业是修养身心的重要途径。无论是作为厨师的庖丁,还是作为木匠的工倕,在专业或技艺中不但没有损耗身心,而且随着专业或技艺的精进,身心与之一起成长,最终达到了"以天合天"的化境。庄子借此来提醒我们:任何一种专业或技艺,都有可能提升到此化境,体会"道"的境界。正如徐复观所说:"于是他的解牛,成为他的无所系缚的精神游戏。他的精神由此而得到了由技术的解放而来的自由感与充实感;这正是庄子把道实于精神之上的逍遥游的一个实例……上述的情境,是道在人生中实现的情境,也正是艺术精神在人生中呈现时的情境。"①

对于庖丁解牛的故事,还要注意的就是庖丁在解牛之后"踌躇满志"的精神状态。"踌躇满志"是一种从容自得、心满意足的充实与自适。当一个人能从自己的职业或专业中得到乐趣与满足时,那时就不仅仅是工作,而是"与道合一"在人生中的实践。正如海德格尔引约克的话:"从事哲学就是去生活","把哲学理解为生命的表达,而不是理解为某种无根基的思维的宣泄"。②

---

① 徐复观:《中国艺术精神》,华东师范大学出版社 2001 年版,第 32 页。
② [德]海德格尔:《存在与时间》,陈嘉映、王庆节合译,生活·读书·新知三联书店 2014 年版,第 454 页。

三、公文轩与右师的对话

（一）如何对待伤残的生命

公文轩见右师而惊曰："是何人也？恶乎介也？天与，其人与？"曰："天也，非人也。天之生是使独也，人之貌有与也。以是知其天也，非人也。"

养生主（三）

公文轩，相传为宋人，姓公文，名轩。右师，官名。古人有借某人之官名称谓其人的习惯。

公文轩见到右师非常惊讶："你是什么样的人啊？为什么会只有一只脚？这是自然的，还是人为造成的呢？""介"，独。"天"，自然，这里指生而只有一足。"人"，人为，这里指遭遇不测或者遭受刑刑所致。

右师说："是自然的，不是人为的。自然使我只有一只脚，人的外形都是自然的赋予。因此这是自然的，不是人为的。""与"，赋予。刘武曰："《周礼春官》太卜注：'与，谓予人物也。《德充符篇》：'道与之貌，天与之形。'此句言人之貌有赋与之者，即天与之，非人为也。"①

右师言下之意，无论是公文轩所说的"天"或"人"，其实都是人生经历，天命如此，即是自然的。庄子之意，养生不在全形。在春秋战国时期不知有多少人要面对残缺的身体，比如《韩非子·何氏》记载的关于和氏璧的故事。和氏两次献玉于楚厉王、楚武王，都被误以为是欺骗而被处以刑刑，从而失

---

① 刘武：《庄子集解内篇补正》，中华书局 2012 年版，第 459 页。

去了两足。楚文王即位,和氏抱着璞玉在楚山下哭了三天三夜。楚王派来的使者询问道:"天下被处以刖刑而失去足的人很多,你为什么哭得如此悲伤?"从这个故事可以看到,春秋战国时确实有很多人会因各种缘由失去双足。和氏所悲并不在遭受刖刑,而在于世人不识宝玉而以为是石头,不识贞士而以为是骗子。他不甘被世人误解而哭泣,最终被证实而得到清白,但失去的双足无法再装回来。他也许不在乎或早已接受了失去双足的人生吧。

(二)史铁生的生命之思

通过二人的问答,庄子让我们思考:面对人生中可能出现的身体伤残或坎坷,我们该如何对待?

当代作家史铁生在二十一岁时失去双腿,其散文《我与地坛》道出了那段时间他对生命的思考,在"最狂妄的年龄上忽地残废了双腿……十五年前的一个下午,我摇着轮椅进入园中,它为一个失魂落魄的人把一切都准备好了。那时,太阳循着亘古不变的路途正越来越大,也越红。在满园弥漫的沉静光芒中,一个人更容易看到时间,并看见自己的身影"[1]。

该如何面对人生中骤然降临的伤痛?是从此放弃一蹶不振,还是坦然面对活出另外一条路呢?右师想得很明白,而史铁生为我们呈现了他的心路历程:

> 我一连几小时专心致志地想关于死的事,也以同样的耐心和方式想过我为什么要出生。这样想了好几年,最后事情终于弄明白了:一个人,出生了,这就不再是一个可以辩论的问题,而只是上帝交给他的一个事实;上帝在交给我们这件事实的时候,已经顺便保证了它的结果,所以死是一件不必急于求成的事,死是一个必然会降临的节日。这样想过之后我安心多了,眼前的一切不再那么可怕。比如你起早熬夜准备考试的时候,忽然想起有一个长长的假期在前面等待你,你会不会觉得轻松一点儿?并且庆幸并且感

---

[1] 史铁生:《我与地坛》,人民文学出版社 2011 年版,第 1—2 页。

激这样的安排？

　　剩下的就是怎样活的问题了。这却不是在某一个瞬间就能完全想透的，不是能够一次性解决的事，怕是活多久就要想它多久了，就像是伴你终生的魔鬼或恋人。所以，十五年了，我还是总得到那古园里去，去它的老树下或荒草边或颓墙旁，去默坐，去呆想，去推开耳边的嘈杂理一理纷乱的思绪，去窥看自己的心魂。①

　　人生的伤残与困境，让右师和史铁生真正面对生命本身，开始思考人的意义，或许这正是他们体道的契机。

四、泽雉啄饮与樊笼中鸟

(一)泽雉啄饮与心神常旺

　　泽雉(zhì)十步一啄，百步一饮，不蕲(qí)畜乎樊中。神虽王(wàng)，不善也。

　　草泽中的野鸡，走十步才能吃一口食物，走百步才能喝到一口水，但它不会祈求被养在笼中。"雉"，雉鸟，俗称野鸡。"蕲"，祈求，希望。"樊"，笼。

　　这则寓言很简单，以鸟喻人。鸟在泽中，虽然饮食艰难，但并不希望被养在笼中。而人就像被关在笼中的鸟儿，完全不自由，甚至不自觉。庄子通过寓言让我们思考：人活着是只关注啄饮等物质的享受，还是更关注心神的自由？

　　对"神虽王，不善也"句的解释，历来有争议。"王"，通"旺"，旺盛。主要争议在于"神虽王"的鸟，是在泽中，还是在笼中？

---

　　①　史铁生：《我与地坛》，人民文学出版社2011年版，第3页。

第一种观点,鸟在泽中,心神常旺。晋郭象曰:"夫始乎适而未尝不适者,忘适也。雉心神常王,志气盈豫,而自放于清旷之地,忽然不觉善之善也。"唐成玄英曰:"雉居山泽,饮啄自在,心神长王,志气盈豫。当此时也,忽然不觉善之为善。既遭樊笼,性情不适,方思昔日,甚为清畅。鸟既如此,人亦宜然。欲明至适忘适,至善忘善。"刘武曰:"食饮虽艰,而身则适,身适而神自王也。然神虽王矣,在雉固依乎天理,因而固然而已,心固不自知其善也。"[1]

第二种观点,鸟在笼中,神态旺盛。宋吕惠卿曰:"泽雉饮啄自如,心与天游,而适其性命之譬也。不祈畜樊,神王不善,制乎人间,而不得逍遥之譬也。樊中之养,虽至于神王,非其所善,不若泽中饮啄之希而自得也。"[2]今人多持此观点。王叔岷曰:"泽雉养于樊笼之中,神态虽然旺盛,不善也。"[3]陈鼓应曰:"泽雉一小段,写水泽里的野鸡,逍遥自在,若关在笼中,则神虽旺,却不自遂。"[4]

本书认为第一种郭象等人的观点更有道理。鸟儿天生在野外生存,那种自如是身处其中而不自觉的自在,这是依乎天理而不知其善。通过此寓言,庄子指出养生重在养心神。

(二)笼中之鸟与复返自然

《庄子·至乐》中写到了一只关在笼中的鸟:

> 昔者海鸟止于鲁郊,鲁侯御而觞之于庙,奏《九韶》以为乐,具太牢以为膳。鸟乃眩视忧悲,不敢食一脔,不敢饮一杯,三日而死。此以己养养鸟也,非以鸟养养鸟也。夫以鸟养养鸟者,宜栖之深林,游之坛陆,浮之江湖,食之鳅鲦,随行列而止,委蛇而处。

[1] 刘武:《庄子集解内篇补正》,中华书局2012年版,第460页。
[2] 〔宋〕吕惠卿:《庄子义集校》,汤君集校,中华书局2009年版,第59页。
[3] 王叔岷:《庄子校诠》,中华书局2007年版,第111页。
[4] 陈鼓应:《庄子今注今译》,中华书局1983年版,第93页。

海鸟的本性是自由飞翔,一旦被关,即使鲁君用最高的礼遇对待它,用车子迎接,于宗庙敬酒,演奏《九韶》,准备三牲,海鸟也视而不见、听而不闻,只是目光迷离,忧愁悲伤,不吃不喝而死亡。这是"以己养养鸟",不是"以鸟养养鸟"。如果按鸟的习性来养鸟,应当让鸟栖息于茂密树林,游戏于沙洲,浮游于江湖,啄食泥鳅小鱼,随鸟群止息,自由自在地生活。

如果海鸟可以选择,一定会和泽雉一样"不蕲畜乎樊中"。江湖与樊笼,象征自得其性和追求物质利益的不同人生选择,而逃离樊笼是对个性自由的追求。陶渊明辞彭泽令归隐田园,即是选择更符合自己本性的人生,其《归园田居五首》其一:

> 少无适俗韵,性本爱丘山。误落尘网中,一去三十年。羁鸟恋旧林,池鱼思故渊。开荒南野际,守拙归园田。方宅十余亩,草屋八九间。榆柳荫后檐,桃李罗堂前。暧暧远人村,依依墟里烟。狗吠深巷中,鸡鸣桑树巅。户庭无尘杂,虚室有余闲。久在樊笼里,复得返自然。[①]

"少无适俗韵,性本爱丘山",诗人说自己从小就不太适应世俗的价值和标准,本性爱好丘林。结果"误落尘网中,一去三十年",此处"尘网"指世俗名利,"三十年"指很多年,或者是"十三"之倒误,诗人从任州祭酒到辞彭泽令,刚好十三年。就像被关在笼中的鸟儿眷恋昔日的树林,池中的鱼儿思念原来的江湖一样,诗人决定听从来自少年的遥远呼唤,"守拙归园田"。"爱丘山"是爱丘山中某种隐藏的东西;"守拙"是守住此在自身如其所是的质朴。那种在屋后带来阴凉的榆树柳树,罗列在堂前的桃树李树,依稀可见的远处小村落,袅袅升起的墟里炊烟,深巷中的狗吠,桑树顶上的鸡鸣,诗人笔下的田园意象,似乎是从人类的古老历史中采撷而来,却清新生动。"户庭无尘杂",户庭无人来往,清静而居。"虚室有余闲"的"虚室"指排除一切干扰的虚空之心。《庄子·人间世》曰:"瞻彼阕者,虚室生白。吉祥止止。""复得返自然"的"自然"指自然而然,也即《老子》二十五章"人法地,地法天,天

---

① 逯钦立校注:《陶渊明集》,中华书局1979年版,第40页。

法道,道法自然"①中的自然。诗人"质性自然"(《归去来兮辞》),此刻终于松了一口气,从此可以复返那自然适性的生活。这首诗写出了诗人返归园田的无限喜悦。诗中的田园场景,那种安适与自在,正与诗人自然的天性相应。

陶渊明将曾经的自己比作关在笼中的鸟,最终遵循"爱丘山"的本性,从樊笼里挣脱出来,返回了自然的状态。

五、秦失与老子弟子的对答

(一)秦失吊丧与安时处顺

老聃死,秦失(yì)吊之,三号而出。弟子曰:"非夫子之友邪?"曰:"然。""然则吊焉若此,可乎?"曰:"然。始也吾以为其人也,而今非也。向吾入而吊焉,有老者哭之,如哭其子,少者哭之,如哭其母。彼其所以会之,必有不蕲(qí)言而言,不蕲哭而哭者。是遁天倍情,忘其所受,古者谓之遁天之刑。适来,夫子时也;适去,夫子顺也。安时而处顺,哀乐不能入也,古者谓是帝之县(xuán)解。"

养生必然要面对生死。如何对待生死? 如何面对亲人朋友的死亡呢?

老聃去世,他的朋友秦失去吊丧,大号三声就出来了。老聃的弟子大惑不解,问道:"您难道不是老师的朋友吗?"秦失回答:"当然是的。""那为什么吊丧像这个样子,可以吗?""失",同"佚",古今字。

言下之意,秦失只号了三声,不够悲伤,不像老子的朋友。吕惠卿曰:"吊之为礼,哭死而吊生也。三号则哭死为不哀,无所言而出则吊生为不足,

① 〔三国魏〕王弼:《老子道德经注》,楼宇烈校释:《王弼集校释》,中华书局 1980 年版,第 65 页。

此弟子所以疑其非友,而吊焉若此为不可也。"①林希逸曰:"弟子之问,谓老子于秦失,本朋友也,何其吊之如此不用情乎。"②

秦失说:"当然可以。我开始以为你们也是这样的人,现在看来并非如此。刚才我进去吊唁时,看到有老人哭得就像失去了自己的孩子,有少年哭得就像失去了自己的母亲。众人聚集在这里,一定是想来吊唁,忍不住哭泣。""吾以为其人"的"其人",指与秦失对话的哭泣者,即老聃弟子。唐成玄英曰:"秦失初始入吊,谓哭者是方外门人,及见哀痛过,知非老君弟子也。"老聃和秦失都已看轻生死,在秦失看来老聃的弟子也应能超脱物外,但如此哀哭过甚,有失老聃遗风。"彼",众人。"言",通"唁"。

秦失以为,过分哀哭,是"遁天倍情,忘其所受",即逃避自然、违背情实,忘掉了受命于天的道理。"遁",逃避。"倍",通"背",违背。"情",实。庄子认为,人体秉承于天理,自然会有生有死,倘若悦生而恶死,就是忘记了受命于天的道理。过度哀伤的情感,会对身体造成伤害,古人认为这是"遁天之刑"。王叔岷曰:"哀哭太过,无异刑戮也。"③

难道庄子不是性情中人,要我们没有情感吗?不是这样的。恰恰相反,庄子有一颗敏感的心,有很强的共情能力。他深知过度的情绪会对人的身体造成伤害,这应该是他自己的切身体会。《红楼梦》中的林黛玉常常哭泣,绝对不可能有个好身体;而太过快乐也不好,比如范进中举发疯。我们如果遇到引起情绪波动的事情,可以自行体会身体与情绪的关系,也就会明白庄子的良苦用心。《庄子·德充符》曰:"吾所谓无情者,言人之不以好恶内伤其身。"

那么应该如何面对死亡,而不至于有过度的哀伤呢?《庄子·达生》曰:"生之来不能却,其去不能止。"恰好来了,是老聃应时机而出生;恰好离去,是老聃顺变化而死亡。"安时而处顺,哀乐不能入也",安于时机,顺应变化,过度的哀乐之情就无从进入心中。林希逸曰:"盖欲人知其自然而然者,于

---

① 〔宋〕吕惠卿:《庄子义集校》,汤君集校,中华书局 2009 年版,第 59 页。
② 〔宋〕林希逸:《庄子鬳斋口义校注》,周启成校注,中华书局 1997 年版,第 54 页。
③ 王叔岷:《庄子校诠》,中华书局 2007 年版,第 113 页。

死生无所动其心,而后可以养生也。"①知道生死是一个自然过程,坦然面对生与死,就不会过分哀伤,这也是养生。

这就是古人所说的"帝之县解"。"帝之县解",上天解除了人的倒悬之苦。"帝",天,万物的主宰。"县",同"悬",倒悬。"解",解除,解脱。唐成玄英疏:"帝者,天也。为生死所系者为悬,无死无生者悬解也。夫死生不能系,忧乐不能入者,而远古圣人谓是天然之解脱也。"宣颖《南华经解》曰:"人为生死所苦,犹如倒悬,忘生死,则悬解矣。"②

在庄子看来,做到"安时而处顺",则死生不系怀,忧乐不入心,就自然解除了人生的困缚,犹如从倒悬的痛苦中解脱出来。

(二)薪燃有尽与火传无限

> 指穷于为薪,火传也,不知其尽也。

对于"指"的解释有多种。

第一种认为,"指"为手指。晋郭象注曰:"为薪,犹前薪也。前薪以指,指尽前薪之理,故火传而不灭;心得纳养之中,故命续而不绝;明夫养生乃生之所以生也。"传统多持此观点。福永光司在此基础上有进一步的解释:"'指'可解为'用于指指向某处'或是'指示''指明'之意。"③

第二种认为,"指"通"脂",脂膏。朱桂曜曰:"'指'为'脂'之误,或假。……脂膏可以为燃烧之薪,故《人间世》篇云:'膏火自煎也。'此言脂膏有穷,而火之传延无尽;以喻人之形体有死,而精神不灭,正不必以死为悲。"④闻一多、陈鼓应、方勇、陈引驰等皆持此说。

第三种认为,"指"为所指。钟泰曰:"'指'者,'物莫非指'之指,名家之

---

① 〔宋〕林希逸:《庄子鬳斋口义校注》,周启成校注,中华书局 1997 年版,第 54 页。

② 〔清〕宣颖:《南华经解》,广东人民出版社 2008 年版,第 28 页。

③ 〔日〕福永光司:《庄子内篇读本》,王梦蕾译,北京联合出版公司 2019 年版,第 114 页。

④ 朱桂曜:《庄子内篇证补》,商务印书馆 1935 年版,第 100 页。

恒言也。"①章启群曰:"'指穷于为薪',意谓称作薪之物是能够穷尽的。"②杨国荣曰:"薪(木柴)有燃尽之时,以薪为'所指'的对象,则薪之燃尽也意味着'所指'的终结('指穷于为薪')。"③

本书认同第二种解释,即"指"通"脂",脂膏之义。那么,死亡是真的死亡吗?庄子提出了"薪尽火传"。关于"薪"与"火"的比喻,可以从两方面来理解。

一方面,人之"形"像薪一样会燃烧尽,会有死亡,但人之"神"像火一样会无穷流传。宣颖曰:"夫形萎而神存,薪尽而火传。火之传无尽,而神之存岂有涯哉!"④王先谦曰:"形虽往,而神常存,养生之究竟。薪有穷,火无尽。"⑤王叔岷曰:"薪喻形,火喻心或神。'指穷于为薪',喻养形有尽。'火传也,不知其尽',喻心或神则永存。"⑥张默生曰:"人的躯壳有生死,人与宇宙同体的生命是不会死的。"⑦我们读庄子的书,他的薪早就燃烧尽了,但他的精神之火却永存下来。

另一方面,火指自然的变化趋势,是所有生命形态的必然,是道的隐喻。王夫之曰:"盖人之生也,形成而神因附之。形蔽而不足以居神,则神舍之而去;舍之以去,而神者非神也。寓于形而谓之神,不寓于形,天而已矣。寓于形,不寓于形,岂有别哉?养此至常不易、万岁成纯、相传不熄之生主,则来去适然,任薪之多寡,数尽而止。其不可知者,或游于虚,或寓于他,鼠肝虫臂,无所不可,而何肯听帝之悬以役役于善恶哉?传者主也,尽者宾也,役也。"⑧福永光司曰:"无穷尽的生灭变化本身便是道——实在的真相。一切个体都是在这变化之中如同浪涛一般诞生又消逝、消逝又诞生。不灭之物乃是这变化的趋势本身,而非变化之中的个体。文中的火代表了这变化的

---

①　钟泰:《庄子发微》,上海古籍出版社2002年版,第73页。

②　章启群:《庄子新注》,中华书局2019年版,第90页。

③　杨国荣:《庄子内篇释义》,中华书局2021年版,第132页。

④　〔清〕宣颖:《南华经解》,广东人民出版社2008年版,第28页。

⑤　〔清〕王先谦:《庄子集解》,中华书局2012年版,第45页。

⑥　王叔岷:《庄子校诠》,中华书局2007年版,第114页。

⑦　张默生:《庄子新释》,齐鲁书社1993年版,第142页。

⑧　〔清〕王夫之:《庄子解》,中华书局2009年版,第107页。

趋势本身,象征着道不断流动的特征。当人类能够遵循这道的无限流动时,便能够真正超越生死。"①

养生重在"缘督以为经",不在全形,而在心神自在。当生存时,像庖丁那样寄寓于日常职业,做到依乎天理、游刃有余、踌躇满志;遭遇伤残时,能够坦然面对;虽啄饮艰难,但像野雉一样选择自在的旷野;面对死亡,像秦失那样安时处顺、哀乐不入。倘若能做到这些,则个体的生命就会在全一之道的无穷运行中自在流转。

 思考题

1.何为养生?"缘督以为经"是何意?
2.如何面对身体的伤残或人生的困境?

拓展阅读

[1] 吕惠卿.庄子义集校[M].汤君,集校.北京:中华书局,2009.

[2] 俞樾.诸子平议[M].上海:上海书店,1998.

[3] 刘凤苞.南华雪心编[M].方勇,点校.北京:中华书局,2013.

[4] 章启群.庄子新注[M].北京:中华书局,2019.

[5] 徐复观.中国艺术精神[M].上海:华东师范大学出版社,2001.

---

① [日]福永光司:《庄子内篇读本》,王梦蕾译,北京联合出版公司 2019 年版,第114 页。

第四章　人间世

本章要点：

　　1.如何劝谏上位者？

　　2.如何在两难处境中传言？

　　3.如何教导天性刻薄之人？

　　4.如何理解"材"与"不材"？

关键词：

　　人间世;心斋;养中;不材之木

　　"人间世"就是人世间。人除非隐居山林与鸟兽同群,则不免始终处于人群之中,处于人间。晋郭象曰:"与人群者,不得离人。然人间之变故,世世异宜,唯无心而不自用者,为能随变所适而不荷其累也。"如果说《养生主》主要关注的是个体生命如何养生,着重的是如何面对自我,那么庄子在《人间世》中所要传达的就是如何处世、如何在人间行走。身处人间并不易,我们会遇到不得不相处的人,遇到各种两难的处境,那么该如何应对呢? 看看庄子怎么对我们言说。

人间世(一)

一、如何劝谏上位者

（一）颜回向孔子请行

颜回见仲尼，请行。曰："奚之？"曰："将之卫。"曰："奚为焉？"曰："回闻卫君，其年壮，其行独；轻用其国，而不见其过；轻用民死，死者以国量乎泽若蕉，民其无如矣。回尝闻之夫子曰：'治国去之，乱国就之，医门多疾。'愿以所闻思其则，庶几其国有瘳（chōu）乎！"

第一个故事是颜回与孔子的问答。颜回是孔子的三大弟子之一，《论语》中记载了不少二人的对话。这里庄子假托孔子与颜回的谈话，皆是寓言。一定要注意，此处孔子的观点是庄子虚构的，不能看成是孔子的思想。

颜回要去卫国，去和老师孔子辞行。孔子问他为什么要去卫国。颜回回答："听说卫君年轻力壮，但行为独断。卫君轻率使用国家权力，却不知自己的过错。轻易让百姓死亡，因国事而死的人布满山泽若乱麻，百姓都无处可处。"卫君，指卫庄公蒯聩，也有人认为是指卫出公姬辄。"量"，满。"若蕉"，解为若草芥，或如麻，皆通。

"死者以国量乎泽若蕉"，类似《孟子·梁惠王上》中的"庖有肥肉，厩有肥马，民有饥色，野有饿莩，此率兽而食人也"[1]。率领野兽吃人，比喻虐政害民。唐成玄英曰："或征战屡兴，或赋税繁重，而死者其数极多。""民其无如矣"，指百姓无所归依，走投无路。成玄英曰："君上无道，臣子饥荒，非但无可奈何，亦乃无所归往也。"

颜回举出孔子所说的"治国去之，乱国就之，医门多疾"，与《论语》中孔子原话相反。《论语·泰伯》曰："笃信好学，守死善道。危邦不入，乱邦不

---

① 〔宋〕朱熹：《四书章句集注》，中华书局1983年版，第205页。

居。天下有道则见，无道则隐。"①孔子说"危邦不入，乱邦不居"，这里却说"治国要离开，乱国要趋赴，医生门前多病人"，显然是庄子假托孔子之言，可以看出庄子与孔子的主张不同。颜回希望能用孔子的教诲，想出适当的办法，说不准卫国会得到挽救。

(二)孔子的疑问与担忧

> 仲尼曰："嘻！若殆往而刑耳！夫道不欲杂，杂则多，多则扰，扰则忧，忧而不救。古之至人，先存诸己而后存诸人。所存于己者未定，何暇至于暴人之所行！且若亦知夫德之所荡而知(zhì)之所为出乎哉？德荡乎名，知出乎争。名也者，相轧也；知也者，争之器也。二者凶器，非所以尽行也。"

孔子听后，叹口气说："你前往恐怕只会遭受刑戮。道纯粹不杂，一旦纷杂就会繁多，繁多就会困扰，困扰就有忧患，忧患就无法救治。""若"，你。"殆"，恐怕，将要。"道不欲杂"，意思就是"道"纯粹而不纷杂。成玄英疏曰："夫灵通之道，唯在纯粹。"修养心神，要简单纯粹，只专注于目前之事，毫无杂念。

"古之至人，先存诸己而后存诸人"，古代的至人，先安顿自己，再去安顿他人。倘若自己都无法安顿，如何有能力应对卫君的残暴行为？"先存诸己而后存诸人"，成玄英解释为："必先安立己道，然后拯救他人。""何暇至于暴人之所行"，王叔岷曰："何暇对质于残暴卫君之所行。"②"存"，立。"至"，借为"质"，对质。"暴人"，施政暴虐之人，指卫君。

"而且你知道'德'是如何丧失，'知'是如何产生的吗？'德'丧于好名，'知'出于好争。'名'，会让人相互倾轧；'知'，是争夺的工具。这两者是凶祸之器，不能完全推行于世。""若"，你。"荡"，丧失。"所为"，所以。"轧"，伤。

---

① 钱穆：《论语新解》，生活·读书·新知三联书店 2002 年版，第 210—211 页。
② 王叔岷：《庄子校诠》，中华书局 2007 年版，第 120 页。

这里孔子主要提到了"德"与"知"、"德"与"名"、"名"与"知"之间的关系。"德",指得之于道的天性禀赋。"知",同"智",即智巧。成玄英疏曰："德之所以流荡丧真,为矜名故也;智之所以横出逾分者,争善故也。"天赋的德性之所以会流荡丧失,是因为世人皆好名;智巧之所以外显,是由于世人互相争斗。

> "且德厚信矼(kòng),未达人气,名闻不争,未达人心。而强以仁义绳墨之言术暴人之前者,是以人恶有其美也,命之曰菑(zāi)人。菑人者,人必反菑之。若殆为人菑夫!且苟为悦贤而恶(wù)不肖,恶(wū)用而求有以异?若唯无诏,王公必将乘人而斗其捷。而目将荧之,而色将平之,口将营之,容将形之,心且成之。是以火救火,以水救水,名之曰益多。顺始无穷,若殆以不信厚言,必死于暴人之前矣!"

孔子继续说:"且德厚信矼,未达人气;名闻不争,未达人心。"一个人德行淳厚、诚恳老实,却还未取得他人的认同;一个人不和他人争名声,却还未得到他人的了解。"矼",诚恳。言下之意就是说,劝谏他人之前,取得对方的信任非常重要。《论语·子张》中有类似的观点,子夏曰:"君子信而后劳其民。未信,则以为厉己也。信而后谏。未信,则以为谤己也。"[1]君子取得信任,而后可以役使百姓。未取得信任就役使,百姓则会以为是虐待自己。君子取得信任,而后可以劝谏他人。未取得信任就劝谏,他人则会以为是毁谤自己。

"如果你在暴君面前坚持谈论仁义规范,这就是用他的过错来炫耀自己的美德,这就会被当作是害人。害人之人,人一定会反过来害他。你恐怕要为人所害了。而且他如果喜欢贤才、讨厌不肖的话,哪里用得上你提出不同意见呢?除非你没有谏言,一旦言说,卫君一定会抓住你说话的漏洞,展开他的辩才。"晋郭象曰:"汝唯有寂然不言耳,言则王公必乘人以君人之势而角其捷辩,以距谏饰非也。""术",通"述"。"有",当作"育",通"鬻",炫。

① 钱穆:《论语新解》,生活·读书·新知三联书店 2002 年版,第 487 页。

"菑",同"灾",害。"而",你。"捷",巧辩。

"这个时候你的目光变得疑惑,你的脸色变得和缓,口舌只顾得自救,容貌不觉会顺从他,内心将会迁就他。这就叫用火救火,用水救水,越救越多。开始顺从他,以后就都是这样了。你如果还未取得信任就直接劝谏,一定会死在暴君面前。""荧",眩惑。"营",揆度。"成",迁就。"不信厚言",王叔岷曰:"犹言'交浅言深'耳。"①

"且昔者桀杀关龙逢(páng),纣杀王子比干,是皆修其身以下伛(yǔ)拊(fǔ)人之民,以下拂其上者也,故其君因其修以挤之。是好名者也。昔者尧攻丛枝、胥敖,禹攻有扈。国为虚厉,身为刑戮,其用兵不止,其求实无已。是皆求名实者也,而独不闻之乎?名实者,圣人之所不能胜也,而况若乎!虽然,若必有以也,尝以语我来。"

孔子继续说:"从前夏桀杀掉直谏的贤臣关龙逢,纣王杀掉忠谏的王子比干。他们都是修养自身以下位怜爱人君的百姓,也是以下位拂逆上位的人,所以他们的君主因其修养而陷害他们。这就是好名的结果。""下",下位,居于臣下之位。"伛拊",怜爱。"人",人君。"上",居于上位者。"拂",违背。"修",美好,指道德修养。"挤",排斥。

"从前尧攻打丛、枝、胥敖三个小国,禹攻打有扈国。这些小国变为废墟,百姓灭绝,国君被杀。这都是因为他们不停用兵,不停贪图利益。这都是追求名与利的人。你没有听说过吗?贪图名与利的人,圣人都很难感化他们,更何况你呢!""丛枝、胥敖",《齐物论》中作"宗、脍、胥敖"。"虚",废墟。"厉",厉鬼。"实",实利。"圣人之所不能胜也",郭象注曰:"惜名贪欲之君,虽复尧、禹,不能胜化也。"

孔子讲完自己的担忧之后,回到颜回要辞行前往卫国的原因,道:"你必定有你的办法,试着说给我听听吧。"

---

① 王叔岷:《庄子校诠》,中华书局 2007 年版,第 124 页。

(三)颜回的三个应对之法

颜回曰:"端而虚,勉而一,则可乎?"曰:"恶!恶可!夫以阳为充孔扬,采色不定,常人之所不违。因案人之所感,以求容与其心。名之曰日渐之德不成,而况大德乎!将执而不化,外合而内不訾(zī),其庸讵可乎!"

人间世(二)

颜回说:"我外表端庄而内心谦虚,做事努力而意志专一,这样可以吗?"

孔子回答:"不行!怎么可以呢!卫君的刚猛盛气充斥于心、显露于外,常常喜怒无常,常人都不敢违逆。他压抑别人的规箴感化,只求自己内心的畅快。这种人每天用小德慢慢感化熏陶都不能成,更何况一下子要用大德来劝谏!他一定固执不变,表面附和而内心不愿反省自己的行为。这怎么可以呢?""案",压抑。"容与",畅快。"日渐之德",小德,成玄英疏曰:"日将渐渍之德,尚不能成。""訾",同"赀",量,反省。王先谦《集解》引姚鼐云:"訾,量也。闻君子之言,外若不违,而内不度量其义。"[1]

孔子为什么要否定颜回呢?颜回之言,可见其犹有所待,尚未通达。正如王叔岷所言:"虚与一,为得道之应变之要。端与勉,是存有待之心,尚未通达。"[2]

"然则我内直而外曲,成而上比。内直者,与天为徒。与天为徒者,知天子之与己皆天之所子,而独以己言蕲乎而人善之,蕲乎而人不善之邪?若然者,人谓之童子,是之谓与天为徒。外曲者,与人之为徒也。擎跽曲拳,人臣之礼也,人皆为之,吾敢不为邪!

---

[1] 〔清〕王先谦:《庄子集解》,中华书局 2012 年版,第 49 页。

[2] 王叔岷:《庄子校诠》,中华书局 2007 年版,第 127 页。

为人之所为者,人亦无疵(cī)焉,是之谓与人为徒。成而上比者,与
古为徒。其言虽教,谪(zhé)之实也。古之有也,非吾有也。若然
者,虽直而不病,是之谓与古为徒。若是则可乎?"

听了孔子的话,颜回提出了具体的应对措施:"那么我内心端正,外在随
顺,引用古人之言。"

颜回进一步解释说:"'内直',即与自然做伴。与自然做伴的人,知道天
子与自己都是自然的孩子,又哪里会只在乎自己的言论而祈求他人的喜欢
或不喜欢呢? 如果这样做了,人会说我有如婴儿,这就是与自然做伴。""童
子",天真的孩子。成玄英曰:"童子,婴儿也。若如向说,推理直前,行比婴
儿,故人谓之童子。"王先谦曰:"依乎天理,纯一无私,若婴儿也。"①

"'外曲',即与人相伴。拱手、长跪、鞠躬、屈膝,这都是人臣的礼仪。人人
都这么做,我又哪里敢不做? 只做他人所做的,他人也挑不出毛病,这就是与
人相伴。""外曲",就是指外在的行为和光同尘。"内直外曲",也就是《庄子·知
北游》中的"外化而内不化"。这是在人间与人相处的方式,即使外表行为与
他人同化,内心仍然明白自己的原则,因而不会受到外在成败得失的影响。

"'成而上比',即与古人相伴。这些言论虽然是教导之言,有谴责之意,
但这些都是古人说的,不是我编造的。如果这样做了,虽然直接,但不至于
招致祸害。这样做,可以吗?""上比",跟古代比较,引古证今。"教",教导。
"谪",谴责。"病",怨恨、祸害。

仲尼曰:"恶! 恶可! 大(tài)多政,法而不谍(xié),虽固亦无
罪。虽然,止是耳矣,夫胡可以及化! 犹师心者也。"

颜回提出了三个应对方法,那么孔子又是怎么看待的呢?

孔子说:"不行! 怎么可以!"为什么又遭到孔子的否定呢? 孔子认为:
颜回的方法太多,虽然有法度,但是不亲昵;虽然拘泥,但也无罪。仅做到这
样,无法感化卫君。孔子指出,颜回还是自是其心、执有偏见。""大",通

---

① 〔清〕王先谦:《庄子集解》,中华书局 2012 年版,第 49 页。

"太"。"大多政",郭象曰:"当理无二,而张三条以政之,与事不冥也。""政",同正。"谍",王叔岷以为"借为媒",亲狎之义。因此,"法而不谍",王叔岷解释为:"犹'正而不媒'。盖太多正,固不当。但当正而且媒耳。""[1]"师心",王叔岷曰:"自是其心[2],尚有偏见。

(四)孔子以"心斋"启发

> 颜回曰:"吾无以进矣,敢问其方。"仲尼曰:"斋,吾将语若!有心而为之,其易邪?易之者,皞(hào)天不宜。"颜回曰:"回之家贫,唯不饮酒不茹荤者数月矣。如此,则可以为斋乎?"曰:"是祭祀之斋,非心斋也。"回曰:"敢问心斋。"

颜回说:"我没有其他办法了,请问老师有什么方法?"

孔子说:"你要先斋戒,我再告诉你。你有心去做,哪有那么容易做成?容易做成的,就不符合自然之理了。""皞天",自然之理。《释文》引向秀云:"皞天,自然也。"[3]王叔岷曰:"庄子此'皞天',乃天之泛称,无关春、夏,向释为'自然',是也。"[4]

颜回说:"我家贫,不饮酒不吃荤已经几个月了。这样算得上斋戒吗?"颜回自述家贫,符合《论语·雍也》记载的孔子称赞颜回的话:"贤哉,回也!一箪食,一瓢饮,在陋巷,人不堪其忧,回也不改其乐。贤哉,回也!"[5]孔子说:"这只是祭祀的斋戒,不是'心斋'。"颜回问:"请问什么是'心斋'?"

> 仲尼曰:"若一志,无听之以耳而听之以心,无听之以心而听之以气!听止于耳,心止于符。气也者,虚而待物者也。唯道集虚。虚者,心斋也。"

① 王叔岷:《庄子校诠》,中华书局2007年版,第130页。
② 王叔岷:《庄子校诠》,中华书局2007年版,第130页。
③ 〔清〕郭庆藩:《庄子集释》,中华书局1961年版,第146页。
④ 王叔岷:《庄子校诠》,中华书局2007年版,第131页。
⑤ 钱穆:《论语新解》,生活·读书·新知三联书店2002年版,第149页。

孔子说:"你要心志专一。不要用耳去听,而要用心去听;不要用心去听,而要用气去听。耳只能听到表面,心只能了解现象。至于气,是空虚而接纳万物的。道只在空虚澄明的心灵中呈现。空虚澄明的心灵,就是心斋。""听止于耳"一句,俞樾曰:"当作耳止于听,传写误倒也。"[①]"符",现象。"虚",指空虚澄明的心境。"虚而待物",只有虚空澄明之心,才能与万物相应。王叔岷曰:"如明镜无不照,止水无不鉴也。"[②]"唯道集虚",道只在虚空澄明中显现。郭象曰:"虚其心则至道集于怀也。"只有保持虚空澄明的心境,才能发现万物在自然状态中所呈现的道。

庄子借孔子之口讲到三种听:第一种是用耳听。用耳听只能听到表面。第二种是用心听。我们常常说要用心听、用心看,因为这比用耳听、用眼看更接近真实现象。比如法国圣埃克絮佩里《小王子》中的小王子,他在自己的星球上每天被一朵娇气的玫瑰花折磨得心烦意乱,他决定走出星球看看其他星球上的人。他来到地球时,驯养了一只狐狸。临别时,狐狸告诉他一个秘密:"只有用心,才能看见。本质的东西用眼是看不见的。"[③]我们同样可以这样说:"只有用心,才能听见。本质的东西用耳朵是听不见的。"第三种是用气听。什么是"听之以气"?成玄英曰:"如气柔弱虚空,其心寂泊忘怀,方能应物。"心斋之后心灵处于虚空的状态,不将不迎,如此去倾听,能感受万物发出的一切声音之美。

(五)游世俗而心"寓于不得已"

颜回曰:"回之未始得使,实自回也;得使之也,未始有回也;可谓虚乎?"夫子曰:"尽矣。吾语若!若能入游其樊而无感其名,入则鸣,不入则止。无门无毒(dǎo),一宅而寓于不得已,则几矣。"

---

① 〔清〕俞樾:《诸子平议》,上海书店 1988 年版,第 332 页。
② 王叔岷:《庄子校诠》,中华书局 2007 年版,第 132 页。
③ [法]圣埃克絮佩里:《小王子》,周克希译,华东师范大学出版社 2015 年版,第69 页。

人间世（三）

颜回说："我在未得夫子心斋之教时，确实有颜回存在。""自"，有。此时还是"有我"。颜回悟性极高，《论语·公冶长》中子贡评价他是"闻一以知十"①。此处他在听到孔子的心斋之论后，马上领悟"未始有回"，即从来没有颜回存在。颜回问："这可以说是空虚的心境吗？"

孔子肯定了颜回，说："已尽得心斋之妙！我告诉你：如果你能以游戏的状态进入卫国的樊笼，不为名利地位所动。如果君主接受进谏，你就发言；如果不接受进谏，你就缄默。"

"无门无毒"，没有门径，没有标的。"毒"，通"墙"，土台，引申为标的。王先谦曰："门者，可以沿为行路；毒者，可以望为标的。无门无毒，使人无可窥寻指目之意。"②真正的得道者，没有一个法门。"一宅而寓于不得已，则几矣"，心灵安于专一，寄寓于不得不如此，则庶几可以了。成玄英疏曰："处心至一之道，不得已而应之，非预谋也，则庶几矣。"释德清曰："一宅者，谓安心于一，了无二念。即其所言，当寓意于不得已而应之，切不可有心强为。如此，则庶几乎可耳。"③"宅"，比喻心灵。"几"，庶几。"不得已"，在《庄子》中常见，指不得不如此，即顺应自然。

（六）无知之知与禅宗顿悟

　　"绝迹易，无行地难。为人使易以伪，为天使难以伪。闻以有翼飞者矣，未闻以无翼飞者也；闻以有知知者矣，未闻以无知知者也。"

---

① 　钱穆：《论语新解》，生活·读书·新知三联书店2002年版，第116页。
② 　〔清〕王先谦：《庄子集解》，中华书局2012年版，第51页。
③ 　〔明〕释德清：《庄子内篇注》，华东师范大学出版社2009年版，第78页。

"绝迹易,无行地难",不行走容易,行走了不留下痕迹却很难。释德清曰:"言逃人绝世尚易,独有涉世无心、不著行迹为难。"①马其昶曰:"不行而绝迹,此出世法;行而不践地,则入世而不为世撄者。"②这比喻隐居山林完全避世容易,入世行走人间想要超越世俗则难。

"为人所驱使,更容易做到;顺应自然而行动,则难以做到。听说过有翅膀可以飞的,没有听说过无翅膀可以飞的。""伪",为。钱穆曰:"为人使易以为,是以有翼飞也。为天使难以为,是无翼飞也。"③王叔岷曰:"人,有待者也;天,无待者也。……此谓为有待所驱使,易为;顺无待而动,不易为也。……有翼飞,是有待之飞;无翼飞,乃无待之飞。"④

"闻以有知知者矣,未闻以无知知者也",意思是说,听说过有了知识,可以不断累积新的认识;没有听说过没有知识,也能有新的认识。这里的"有知"和"无知"中的"知",皆指已有的知识。杨国荣曰:"'以有知知者'是一般的世俗见解,其特点是借助已有的知识进一步掌握新的知识;'以无知知者'则超出了常人的见解,而与前面所说的'心斋'前后呼应,其内在含义在于悬置所有以往的知识经验,以虚静的状态去理解和把握这个世界。"⑤

《庄子·天道》中提到轮扁说:"口不能言,有数存焉于其间。臣不能以喻臣之子,臣之子亦不能受之于臣。"某些东西就在那里,却无法口授,无法用文字表达。《庄子·天道》中还解说了书籍、语言和意义之间的关系:

> 世之所贵道者,书也。书不过语,语有贵也。语之所贵者,意也,意有所随。意之所随者,不可以言传也,而世因贵言传书。世虽贵之哉,犹不足贵也,为其贵非其贵也。故视而可见者,形与色也;听而可闻者,名与声也。悲夫!世人以形色名声为足以得彼之情。夫形色名声果不足以得彼之情,则知者不言,言者不知,而世岂识之哉!

---

① 〔明〕释德清:《庄子内篇注》,华东师范大学出版社 2009 年版,第 78 页。
② 〔清〕马其昶撰:《定本庄子故》,马茂元编次,黄山书社 1989 年版,第 29 页。
③ 钱穆:《庄子纂笺》,生活·读书·新知三联书店 2021 年版,第 45 页。
④ 王叔岷:《庄子校诠》,中华书局 2007 年版,第 134 页。
⑤ 杨国荣:《庄子内篇释义》,中华书局 2021,第 154—155 页。

世人看重道,是因有书。书不过是记录语言的,所以语言有可贵之处。语言的可贵,在于蕴于其中的含义,而含义是意义有所指向的。意义所指向的,又不可以言传,而世人又因重视语言而流传书。世人虽珍视书籍,但其实书不足珍贵,世人所珍视的并非真正可贵的。所以说,眼睛可以看见的,是形状与色彩;耳朵可以听闻的,是名称与声音。可悲啊!世人以为获得形状、色彩、名称、声音,便足以获得道的实际情形。而获取那形状、色彩、名称、声音,其实不足以获取那真实。所以,知道的人不言说,言说的人不知道,但世人又何曾认识到这一点呢?这便是意在言外。德国作家黑塞的小说《悉达多》中,悟道的悉达多面对老朋友乔文达的提问时说,那领会到的智慧不可转述:"知识可以传达,智慧却不可以。智慧可以获得,可以体验,可以将你托举,可以用来创造奇迹,但是它说不出,教不了。"①

"以无知知者",类似禅宗"不立文字"的顿悟方式。《五灯会元》记载:"世尊在灵山会上,拈花示众,是时众皆默然,唯迦叶尊者破颜微笑。世尊曰:'吾有正法眼藏,涅槃妙心,实相无相,微妙法门,不立文字,教外别传,付嘱摩诃迦叶。'"②《坛经》记载:禅宗六祖惠能(638—713)不识字,年轻时在岭南卖柴,听到客店有客持诵《金刚经》,心即开悟。他安顿好母亲,北上湖北黄梅东禅寺礼拜五祖弘忍。后来五祖夜授《金刚经》,至"应无所住,而生其心"时,惠能"言下大悟",认识到一切万法不离自性:"何期自性本自清静!何期自性本不生灭!何期自性本自具足!何期自性本无动摇!何期自性能生万法!"③五祖夜传衣钵曰:"法则以心传心,皆令自悟自解。"④《坛经·机缘第七》记载:惠能自黄梅得法,回至韶州曹侯村,人无知者。当时有儒士刘志略,礼遇甚厚。刘志略有姑为尼,名无尽藏,常颂《大涅槃经》。惠能暂听,即知妙义,遂为解说。尼于是执卷问字,惠能曰:"字即不识,义即请问。"尼曰:"字尚不识,焉能会义?"惠能曰:"诸佛妙理,非关文字。"⑤这就是"以无知知者"的生动事例。

① 〔德〕赫尔曼·黑塞:《悉达多》,李双志译,河南文艺出版社2022年版,第175页。
② 〔宋〕普济:《五灯会元》卷一,中华书局1984年版,第10页。
③ 〔唐〕惠能:《坛经》,上海古籍出版社2016年版,丁福保笺注,第27页。
④ 〔唐〕惠能:《坛经》,上海古籍出版社2016年版,丁福保笺注,第31页。
⑤ 〔唐〕惠能:《坛经》,上海古籍出版社2016年版,丁福保笺注,第124页。

（七）"虚室生白"与"耳目内通"

> "瞻彼阕者,虚室生白,吉祥止止。夫且不止,是之谓坐驰。夫
> 徇耳目内通而外于心知,鬼神将来舍,而况人乎！ 是万物之化也,
> 禹舜之所纽也,伏戏几蘧之所行终,而况散焉者乎！"

"瞻彼阕者,虚室生白",回看虚空之境,那虚空的心灵就像有阳光照进而生出澄明之光。此句描述"心斋"后心灵的虚空澄明之境。"阕",空。《说文》:"阕,事已闭门也。""室",喻心。"虚室生白",《释文》引司马云:"室,比喻心。心能空虚,则纯白独生也。"①成玄英曰:"瞻,观照也。彼,前境也。阕,空也。观察万有,悉皆空寂,故能虚其心室,乃照真源,而智惠明白,随用而生。"释德清曰:"以喻心虚,则天光自发也。"②

当心灵虚空澄明,则"吉祥止止"。"吉",福善。"祥",嘉庆。成玄英曰:"止,宁静之智。言吉祥善福,止在凝静之心,亦能致吉祥之善应也。"吉祥就会止于虚空澄明的心境。释德清曰:"今若心虚无物,则一念不生,虚明自照,悔恪全消,惟吉祥止止。而言此虚心,乃吉祥所止之处也。"③

对"夫且不止,是之谓坐驰"这句,历代有两种完全相反的理解。第一种理解,否定"坐驰"。成玄英曰:"苟不能形同槁木,心若死灰,则虽容仪端拱,而精神驰骛,谓形坐而心驰者也。"王先谦曰:"若精神外骛而不安息,是形坐而心驰也。"④此时"不止"被理解为不能静心。如果心不能宁静,身体虽坐于此,心神却向外追逐奔驰。第二种理解,肯定"坐驰"。马其昶曰:"《淮南》:'是谓坐驰',陆沈注:'言坐行神化,疾于驰传。'"⑤王叔岷曰:"夫犹此也,'夫且不止',谓吉祥来止尚且不止,即不仅吉祥来止而已之意。"⑥此时"不止"被

---

① 〔清〕郭庆藩:《庄子集释》,中华书局 1961 年版,第 151 页。
② 〔明〕释德清:《庄子内篇注》,华东师范大学出版社 2009 年版,第 79 页。
③ 〔明〕释德清:《庄子内篇注》,华东师范大学出版社 2009 年版,第 79 页。
④ 〔清〕王先谦:《庄子集解》,中华书局 2012 年版,第 52 页。
⑤ 〔清〕马其昶撰:《定本庄子故》,马茂元编次,黄山书社 1989 年版,第 29 页。
⑥ 王叔岷:《庄子校诠》,中华书局 2007 年版,第 135 页。

理解为不仅。也就是说,若心灵空虚,则不仅"吉祥止止",而且身体虽坐于狭小的空间,心神却不受限制而自由遨游。以上两种理解皆有道理,但是对"坐驰"的否定,即心无法宁静而形坐心驰,联系上下文似乎更贴近庄子之意。

庄子强调的"心斋",就是排除一切杂念,心灵虚静空明,故而引出下文"夫徇耳目内通而外于心知"。"耳目内通",耳目本来向外观看世界,现在转为向内观看而通达真正之我。"外于心知",心智本是在内的逻辑思维,现在转将心智排除在外。言下之意,即排除一切外在世界的干扰,排除一切感官与心智的运作,转为内观真正之我,即内寻"吾丧我"之"吾",去掉向外追逐之"我"。当向内观向内听,发现真正之"吾"时,"鬼神将来舍"。"舍",居。成玄英曰:"虚怀任物,鬼神冥附而舍止。"这样的虚空心灵,就连鬼神都愿来依附,更何况人呢? 刘武对"鬼神"的解释更清楚:"《大戴礼曾子天圆篇》:'阳之精气曰神,阴之精气曰灵,品物之本也。'《说文》:'鬼,阴气。'是灵即鬼也。阴阳之气曰道,阴阳之精曰神鬼。是则鬼神来舍,与上'惟道集虚'相应。本书《知北游篇》:'摄汝知,一汝度,神将来舍。'"[1]

"通过耳目内通外于心智的心斋,则万物皆可感化。这是禹、舜应对世事的关键,也是伏戏、几蘧终身所奉行的。更何况是普通人呢?"成玄英曰:"言此心斋之道,夏禹、虞舜以为应物纲纪,伏戏、几蘧行之以终其身。""纲",枢纽。"伏戏",即伏羲。"几蘧",传说中的远古帝王。"散焉者",散人,即普通人。

庄子通过颜回与孔子的对话,强调"心斋"的方法与效用。游于世俗时,心志专一,顺应自然而不得不然。摒除所谓有知,以无知之知的直觉,以虚空之心灵而生出澄明之光。那么,万物与人事,乃至世间的一切皆可在自然的天光中照鉴。

---

① 刘武:《庄子集解内篇补正》,中华书局 2012 年版,第 483 页。

二、两难处境中如何传言

（一）处境两难的叶公求教

　　叶公子高将使于齐，问于仲尼曰："王使诸梁也甚重。齐之待使者，盖将甚敬而不急。匹夫犹未可动，而况诸侯乎！吾甚栗之。子常语诸梁也曰：'凡事若小若大，寡不道以欢成。事若不成，则必有人道之患；事若成，则必有阴阳之患。若成若不成而后无患者，唯有德者能之。'吾食也执粗而不臧，爨（cuàn）无欲清之人。今吾朝受命而夕饮冰，我其内热与！吾未至乎事之情，而既有阴阳之患矣；事若不成，必有人道之患。是两也，为人臣者不足以任之，子其有以语我来！"

人间世（四）

　　第二个故事讲的是叶公子高与孔子的对话，是寓言。叶公子高，为楚国大夫，姓沈，名诸梁，字子高，封于叶地。

　　叶公子高将要出使齐国，来向孔子请教："楚昭王派遣我出使齐国，这是非常重大的任务。齐国对待使者，大体是表面恭敬而办事拖沓。匹夫都很难被说动，更何况是诸侯呢！我想到此，就不免战栗。先生曾跟我说过：'凡事无论大小，少有不符合道而能愉快完成的。事情若办不成，则一定会被国君惩罚；事情若办成，则必定阴阳失调、忧劳成疾。事情办成办不成而都没有忧患的，只有那有德之人才可以做到。'""有德者"，指得道之人，遵循自然之人。

　　"我平时饮食粗糙而不求精美，烧火做饭的人也不需要清凉。我现在早上接受了出使的任务,晚上就只想喝冰水来降温,我已经不免忧心如焚!还没有实际办理事务,就已经有了'阴阳之患'。如果再办不成,那势必还会有'人道之患',那就是两种灾害发生在我身上。作为臣子实在是无法承受,先生可以告诉我怎么做吗?""臧",精美。"爨",炊。"清",清凉。"饮冰",成玄英曰:"诸梁晨朝受诏,暮夕饮冰,足明怖惧忧愁,内心熏灼。""情",实。

叶公接到了重要的外交任务,成与不成都可能带来忧患:或是"人道之患",即来自外部的压力;或是"阴阳之患",即内在身心的压力。叶公从而陷入了人生的两难困境。

(二)孔子告以天下大戒

> 仲尼曰:"天下有大戒二:其一,命也;其一,义也。子之爱亲,命也,不可解于心;臣之事君,义也,无适而非君也,无所逃于天地之间。是之谓大戒。是以夫事其亲者,不择地而安之,孝之至也;夫事其君者,不择事而安之,忠之盛也;自事其心者,哀乐不易施(yí)乎前,知其不可奈何而安之若命,德之至也。为人臣子者,固有所不得已。行事之情而忘其身,何暇至于悦生而恶死!夫子其行可矣!"

孔子回答道:"天下有两个大法则:一个是'命',一个是'义'。子女爱双亲,这是天性使然,不可从内心解除;臣子事奉国君,这是社会责任。天下虽大,所到之处,无论哪个国家都不会没有君主,这是在天地之间无可逃避的。这就是两个大法则。""戒",则,法则。"命",自然之命运。"义",人伦的规范。王叔岷曰:"受之于天自然而然,谓之命;属之于人不得不然,谓之义。"[1] 对父母的孝,天生注定如此。"不可解",不可解除。郭象曰:"自然结固,不可解也。""适",至。

"所以奉养双亲时,无论环境如何都要让他们觉得安适,这就是孝的极致。侍奉国君时,无论任何事情都要让他觉得安心,这就是忠的极致。真诚

---

① 王叔岷:《庄子校诠》,中华书局 2007 年版,第 139 页。

对待自己内心的人,外在的哀乐不容易影响他。知道这是无可奈何的,就安于接受命运,这就是德的极致。作为人臣与子女的,本来就有不得已。发生事情时按照实际情况去做,忘记了自身的利益,哪里还有空考虑悦生恶死。你直接去做就可以了。""安",安适。"施",移,影响。"情",实际情况。

人在世间,有两大责任:一是"事其亲"的天伦责任,二是"事其君"的人伦责任。但在此过程中,要记得"事其心",不要忽略自己的内心。要想克服尽孝与尽忠的压力,当要谨记"知其不可奈何"和"不得已"。只有"知其不可奈何"才能做到"安之若命",这是符合内心的随顺;只有知道"不得已"是"固有"的,是本来就存在的,那么遇到情况就无须忧喜交集而让自己的心灵陷入焦虑。最后,庄子借孔子之口鼓励人们:做事要按"行事之情",按照实际情况去做,无须考虑自身而患得患失;"忘其身",即忘记自身的利益,忘记做此事的目的,也就是无须紧紧盯着结果,直接投入做的过程就可以了。

(三)言语传达与"传其常情"

"丘请复以所闻:凡交近则必相靡以信,远则必忠之以言,言必或传之。夫传两喜两怒之言,天下之难者也。夫两喜必多溢美之言,两怒必多溢恶之言。凡溢之类妄,妄则其信之也莫,莫则传言者殃。故法言曰:'传其常情,无传其溢言,则几乎全。'"

孔子继续说:"我把我以前听闻的说给你听:凡关系亲密,必定靠信任维系;凡交情远,则必定靠忠实的言语交流。言说必然有人要去传达。传达令双方都喜欢、令双方都愤怒的言论,是天下的难事。""复",言说。"靡",通"縻",维系。"或",有人。"两喜两怒之言",王叔岷曰:"两喜之言,誉言也。两怒之言,毁言也。"[①]

"凡双方都喜欢,必定多'溢美之言',即过分夸赞的言辞;凡双方都愤怒,必定多'溢恶之言',即过分憎恶的话。凡夸张之言,就类似虚构而失去真实。说夸张失实的言论,则信任就不再有。无法再取信于人时,则传言者

---

① 王叔岷:《庄子校诠》,中华书局 2007 年版,第 140 页。

必定遭殃。""溢",过分。"类",类似。"妄",虚妄。"莫",无。王叔岷以为俞樾"释莫为无,于义较长"①,今从之。

"法言",即古代格言。成玄英曰:"先圣之格言。""常情",平实之言。宣颖曰:"但传其平实者。"②孔子引用法言,即古代格言"传其常情,无传其溢言,则几乎全",就是说要传达平实之言,不要传达过溢之言,那么几乎可以保全自己了。

(四)言语风波与乘物养中

> "且以巧斗力者,始乎阳,常卒乎阴,泰至则多奇巧;以礼饮酒者,始乎治,常卒乎乱,泰至则多奇乐。凡事亦然。始乎谅,常卒乎鄙;其作始也简,其将毕也必巨。"

孔子继续说:"那些以机巧角力的人,开始时手段光明,常常到最后在暗地里使阴谋,极力想取胜就会诡计百出;那些以礼节饮酒之人,开始时符合规矩,常常到最后就乱了规矩,太超过就会放纵无度。凡事皆如此。开始时诚信,最后变得粗鄙。事情开始时简单,最后要结束时则变得繁杂庞大。""谅",诚信。"鄙",粗鄙。

生活中的好多事都是如此,"始乎谅,常卒乎鄙",比如学习与工作、爱情与婚姻。我们平时做事,开始时总是信誓旦旦,最后却难免意兴阑珊,多是有始无终或虎头蛇尾。所以《老子》六十四章曰"慎终如始,则无败事"③,如此则无论是做一件事,还是面对一份感情,都往往可得善终。

> "言者,风波也;行者,实丧也。夫风波易以动,实丧易以危。故忿设无由,巧言偏辞。兽死不择音,气息茀(bó)然,于是并生心

---

① 王叔岷:《庄子校诠》,中华书局 2007 年版,第 141 页。
② 〔清〕宣颖:《南华经解》,广东人民出版社 2008 年版,第 34 页。
③ 〔三国魏〕王弼:《老子道德经注》,楼宇烈校释:《王弼集校释》,中华书局 1980 年版,第 166 页。

厉。尅核大（tài）至，则必有不肖之心应之，而不知其然也。苟为不知其然也，孰知其所终！故法言曰：'无迁令，无劝成。过度益也。'迁令劝成殆事，美成在久，恶成不及改，可不慎与！且夫乘物以游心，托不得已以养中，至矣。何作为报也！莫若为致命。此其难者。"

"言语是风波，传达言语就会有得失。"这是说言语具有不确定性，而传达言语的行为更加不确定。言语像风波一样容易产生动荡，而传达言语会有得失，就更容易带来危险。所以就会产生无来由的愤怒，会有巧辩之言、偏颇之辞。"实丧"，得失。"设"，产生。

"这就像野兽将死时，会尖声乱叫，勃然大怒，同时会生出杀人的恶念。如果逼迫人太甚，则对方一定会生出不善之心而报复，而他却还不知道是什么原因。如果他自己都不知道是什么原因，谁又能预料到结局是什么。""莽"，通"勃"，愠怒。"厉"，恶，即生厉心。"尅核"，苛责。"不肖"，不善。

"所以古代格言说：'不要改变命令，不要强求做成。过度就会多出来。'改变命令、强求做成都是危险之事。成就好事需要长期坚持，做成坏事就在瞬息之间，后悔都来不及改。做事可不就得谨慎吗？""益"，通"溢"。"美成在久，恶成不及改"，王叔岷曰："言美成之久，而恶成之速也。正见恶易美难。"[1]世间之事，多是如此。

"随顺万物而游心于其间，寄托于不得已而养护中道，这就达到极致了。何必再考虑齐国怎么应对回报呢？不如直接传达命令，这哪里难了。""乘物"，随顺万物。"不得已"，必然。成玄英曰："不得已者，理之必然也。寄必然之事，养中和之心。""作"，作意。"其"，通"岂"。成玄英曰："直致率性，任于天命，甚自简易，岂有难邪！此其难者，言不难。"

"乘物以游心，托不得已以养中"，这是庄子提出的外交策略，也是与人交往的处世方法。叶公子高对将要面临的外交使命，思虑甚多，患得患失。孔子步步分析其处境，最终建议以"养中"。"养中"即《养生主》中的"缘督以

① 王叔岷：《庄子校诠》，中华书局 2007 年版，第 145 页。

为经"。王叔岷曰："养生之道,处世之方,皆在'养中'二字。"①随顺万事万物的自然变化,以虚空之心优游于其中。一切将要发生的皆是不得已的必然,在此间养护中道,不溢不偏而与道冥合。

三、如何教育子弟

(一)如何教化卫国太子

颜阖将傅卫灵公大(tài)子,而问于蘧(qú)伯玉曰:"有人于此,其德天杀。与之为无方,则危吾国,与之为有方,则危吾身。其知(zhì)适足以知人之过,而不知其所以过。若然者,吾奈之何?"

人间世(五)

这一段是鲁国贤人颜阖与卫国贤大夫蘧伯玉的对话,也是寓言。

颜阖将要去做卫灵公太子蒯聩的老师,而向蘧伯玉请教:"有个人,他天性刻薄寡情。如果任由他不合法度,则会危害我们国家;如果教导他遵循法规,则会危及我自己。他的智慧,只够能认知他人之过,而无法认知自己的过错。像这种情况,我应该怎么办?""傅",做老师。"天杀",天性刻薄。钱穆引刘辰翁曰:"如言天生刻薄人。"②王夫之曰:"受于天者本薄。"③"方",法。"知",通"智"。

这里主要涉及如何教导卫国太子的问题。首先,卫国太子天性刻薄冷

---

① 王叔岷:《庄子校诠》,中华书局 2007 年版,第 145 页。
② 钱穆:《庄子纂笺》,生活·读书·新知三联书店 2021 年版,第 48 页。
③ 〔清〕王夫之:《庄子解》,中华书局 2009 年版,第 116 页。

酷,眼中没有法度,没有老师,只有自己。其次,他有知人的智慧,却因缺乏反省而没有自知的智慧。这样的人,老师该用什么方法教导? 又该如何与其相处呢?

(二)顺人之性的教育方法

　　蘧伯玉曰:"善哉问乎! 戒之,慎之,正女(rǔ)身也哉! 形莫若就,心莫若和。虽然,之二者有患。就不欲入,和不欲出。形就而入,且为颠为灭,为崩为蹶。心和而出,且为声为名,为妖为孽。彼且为婴儿,亦与之为婴儿;彼且为无町(tīng)畦,亦与之为无町畦;彼且为无崖,亦与之为无崖。达之,入于无疵。"

　　蘧伯玉回答:"这是个好问题啊! 你一定要警惕,要慎重,要端正你自己。外表要尽量迁就,内心要尽量和顺。虽然如此,'就'与'和'还是有隐患。迁就不要太过深入,和顺不要太过显露。外表迁就太过,同入彼恶,则会颠覆灭绝,崩坏失败,而与其俱亡;内心和顺太过,则会让他人以为你是为了显示自己的名声,这样会招致恶意。他像婴儿一样无思虑,你也像婴儿一样无思虑;他没有界限,你也像他一样没有界限;他无拘束,你也像他一样无拘束。做到这点,就进入了无病累。""町畦",田界、界限。"疵",病。

　　庄子认为要教化人,教导者本身态度要端正,最好的办法就是"形莫若就,心莫若和"。在这个过程中最难的是对"度"的掌握,要善于用对方的行事方式来逐步引导。这就是顺人之性而化之,用一种春风化雨的教育方式逐渐感化对方。

(三)养虎爱马的不同结果

　　"汝不知夫螳螂乎? 怒其臂以当车辙,不知其不胜任也,是其才之美者也。戒之,慎之! 积伐而美者以犯之,几矣。"

"你没见过那螳螂吗？它奋力举起其臂膀，想要阻挡车轮。不知自己不胜任，这是自恃才能过高的缘故。一定要小心，一定要谨慎！你经常炫耀自己才能高来触犯他，那就非常危险了。"这就是成语"螳臂当车"的由来。蘧伯玉以此来告诫颜阖要谨慎，千万不要自以为是、不自量力。"当"，同"挡"。"而"，你。

"汝不知夫养虎者乎？不敢以生物与之，为其杀之之怒也；不敢以全物与之，为其决之之怒也；时（sì）其饥饱，达其怒心。虎之与人异类而媚养己者，顺也；故其杀者，逆也。"

老虎很难驯养，蘧伯玉以驯养老虎来比喻对太子蒯聩的教育。

"你不知道养虎吗？不敢以活物给它吃，担心它扑杀活物时，诱发其残杀动物的怒气；也不敢以全物给它吃，担心它撕裂全物时，诱发其撕裂全物的怒气。平时要仔细伺察老虎的饥饱，通晓其喜怒心情。""时"，通"伺"，伺察。

"虎与人种类不同，而喜爱饲养自己的人，那是因为这人顺着它的天性来饲养它；如果说老虎要伤害人，一定是人违逆了它的天性。"以养虎为例，强调"顺"天性去教育的重要性。

"夫爱马者，以筐盛矢，以蜄（shèn）盛溺。适有蚊虻（méng）仆缘，而拊之不时，则缺衔毁首碎胸。意有所至而爱有所亡，可不慎邪！"

养虎要如此谨慎，那么要如何对待平日温顺的马呢？

"爱马之人用精致的竹筐盛马粪，用宝贵的大蛤壳盛马尿。"可见平日宠爱马至极。郭象曰："屎尿至贱，而以宝器盛之，爱马之至者也。"恰好飞来蚊虻附着在马身上叮它，爱马者不忍心而出其不意去拍打，结果马受到惊吓，咬断了马勒口。一时不慎，爱马者为爱马所伤，被撞坏了头，被撞碎了胸。成玄英曰："忽然惊骇，于是马缺衔勒，挽破辔头，人遭蹄踏，毁首碎胸者也。""蜄"，大蛤。"仆"，附着。"衔"，勒。"亡"，通"忘"。

爱马者本意是爱马，却也有可能在某些时刻引发不测。马一旦受到惊吓,全然忘记平日之爱,暴躁发作而伤己伤人。王叔岷曰:"马易训,犹有不测,而况人乎? 不可不慎也!"①

庄子提出的最佳教育方法是"顺",即顺随天性。这不仅是教化暴躁刻薄的太子的方法,而且也是教导一般孩子的方法。尤其值得注意的是,庄子一再告诫施教者本身一定要"戒之、慎之",要警惕,要慎重。

四、匠石与栎社的故事

(一)匠石不顾栎社

匠石之齐,至于曲辕,见栎社树。其大蔽数千牛,絜(xié)之百围,其高临山十仞而后有枝,其可以为舟者旁(fāng)十数。观者如市,匠伯不顾,遂行不辍。弟子厌观之,走及匠石,曰:"自吾执斧斤以随夫子,未尝见材如此其美也。先生不肯视,行不辍,何邪?"

人间世(六)

这是名叫石的木匠与栎社树的故事。

匠石去往齐国,到了曲辕,见到了一棵栎社树。社,土神。社树,把栎树当作社神。这栎社树树冠大到可以遮蔽数千头牛,用绳丈量树围有百尺粗。树高接近山巅,树干的七八十尺处才有分枝,树枝可以做成舟的有十来枝。"絜",量。"围",周长一尺。"仞",七尺或八尺为一仞。"旁",通"方",且。俞樾曰:"旁读为方,古字通用。"②

---

① 王叔岷:《庄子校诠》,中华书局 2007 年版,第 150 页。

② 〔清〕俞樾:《诸子平议》,上海书店 1998 年版,第 334 页。

观看者有如赶集市般拥挤,匠石头也不回,径直往前走没有停留。弟子看满足后,跑向前去追上匠石,问:"自从拿上斤斧追随夫子以来,还从未见过这么好的木材。先生不肯看,不愿停下来,为什么?""匠伯",亦作匠石。"厌",餍,满足。

> 曰:"已矣,勿言之矣!散木也,以为舟则沈,以为棺椁则速腐,以为器则速毁,以为门户则液樠(mán),以为柱则蠹。是不材之木也,无所可用,故能若是之寿。"

匠石说:"就此打住,不要再说了!这是不成材的散木。用它做舟,则会沉没;用它做棺椁,则会迅速腐烂;用它做器物,则会很快毁坏;用它做门户,则会流出液体;用它做屋柱,则会被虫蛀。这就是不材之木,它毫无用处,所以能活到这么长寿。""以为",以之为。"樠",松木心;"液樠",像松木心那样流出树脂。

匠石认为,树的价值就是供木匠砍伐、供人使用,这是站在木匠的角度来衡量评判树。《庄子·山木》记载的"直木先伐,甘井先竭"中,"直木""甘井"皆是出自人的判断。树木一旦不符合人的"有用"判断,就会被斥责为"散木",被鄙弃为"无用"。惠子即以"无用"评价庄子的言论,《逍遥游》中惠子谓庄子曰:"吾有大树,人谓之樗。其大本拥肿而不中绳墨,其小枝卷曲而不中规矩,立之涂,匠者不顾。今子之言,大而无用,众所同去也。"庄子在《逍遥游》中做了回应。

那么,树的价值呢?不论是庄子,还是大树,其价值都在自身,不需他人来评判。于是,栎社树也要为自己说话。

(二)栎社入梦辩驳

> 匠石归,栎社见(xiàn)梦曰:"女(rǔ)将恶乎比予哉?若将比予于文木邪?夫柤(zhā)梨橘柚,果蓏(luǒ)之属,实熟则剥(pū),剥则辱;大枝折,小枝泄(yè)。此以其能苦其生者也,故不终其天年而中道夭,自掊击于世俗者也。物莫不若是。且予求无所可用久

矣,几死,乃今得之,为予大用。使予也而有用,且得有此大也邪?
且也若与予也皆物也,奈何哉其相物也? 而几死之散人,又恶知
散木!"

匠石回家之后,栎社树出现在梦中,说:"你拿什么和我相比呢? 你要拿
那有用的树木和我相比吗? 那些山楂树、梨树、橘树、柚子树,那些长出各种
瓜果的树,当它们的果实成熟之时,就会被扑打,被扑打就会被折扭。大枝
被折断,小枝被拉拽。它们因此会一生遭受这样的痛苦。所以它们无法活
到自然的寿命而中途夭折,这是自己招来的世俗的击打。""见",通"现"。
"文木",有用之木。"柤",山楂树。"剥",通"扑",扑击。"泄",通"抴",
牵拉。

栎社树的下句话更是让人惊心,"物莫不若是",万物无不如此。郭象
曰:"物皆以自用伤。"栎社树既已悟得此理,便说出自己的追求:"我求'无所
可用'已经很久了。几乎被砍死,如今才得到'无所可用',这就是我的'大
用'。假使我也是'有用'之木,能长得如此巨大吗? 况且我和你皆是万物之
一,你怎么能审视评价我呢? 你一个将死的散人,又哪里懂得散木!""相",
审视。

(三)匠石知"无用之用"

匠石觉而诊其梦。弟子曰:"趣取无用,则为社何邪?"曰:"密!
若无言! 彼亦直寄焉,以为不知己者诟厉也。不为社者,且几有翦
乎! 且也彼其所保与众异,而以义喻之,不亦远乎!"

匠石醒来,将梦告诉弟子。弟子问:"既然它意在求取'无用',那为什么
要做社神让人供奉呢?""诊",通"畛",告诉。

弟子的疑惑,正是众人的疑惑。匠石说:"安静! 你不要再说了! 栎树
不过是寄托在社树中,就是为让不懂自己的人去辱骂。如果不做社树,就几
乎要被砍伐掉了。而且栎树自保的方式与众木不同,你却以世俗价值来谈
论它,不是相差太远了吗?""密",默。"直",特。"而",你。"义",常理。

"喻",谈论。

在匠石与栎树的寓言中,庄子肯定了栎树的价值。栎树的价值取向不同于一般"有用"的"文木",它的保存自我的方式与文木不同,意在做"无用"之"散木"。栎树本不求人的供奉,只是在求无用的过程中,将自己寄托在其中成为社树,这是他人能看到的外在形式,也是它能免遭砍伐的一个原因。栎树将自己寄托在"社"这一外在的职能中,在其中修养自己、达成自己。庄子肯定了栎树作为树的内在价值,栎树的价值不在于对人而言有用的外在价值,而在于保有自己的"大用"。

五、"不材"与"材"的对比

(一)商丘大木以"不材"成其大

南伯子綦游乎商之丘,见大木焉有异,结驷千乘,隐将芘(bì)其所藾(lài)。子綦曰:"此何木也哉? 此必有异材夫!"仰而视其细枝,则拳曲而不可以为栋梁;俯而视其大根,则轴解而不可以为棺椁;咶(shì)其叶,则口烂而为伤;嗅之,则使人狂酲(chéng),三日而不已。子綦曰:"此果不材之木也,以至于此其大也。嗟乎神人,以此不材!"

南伯子綦去商丘游玩,看见一棵大树非比寻常,它的树荫可以将千乘的马车遮蔽起来。"商之丘",商丘,宋国国都,今河南商丘。"芘",通"庇",庇荫。"藾",荫蔽。

子綦说:"这是什么树木啊! 它一定有特别的材质!"于是他仰头看其细枝,则卷曲而不可用作栋梁;俯身看其主干,则木心纹理松散不可用作棺椁;舔舐其树叶,则口腔溃烂而受伤;嗅闻其气味,则使人大醉三日而醒不过来。"拳曲",卷曲。"轴解",轴心松散。"咶",通"舐",用舌舔。"酲",酒醉。

子綦在仔细观察之后,说:"这果然是'不材之木',所以才能长得如此巨大。那神人,就是用此不材啊!"

此商丘大木和匠石所见的栎树一样"无所可用",不过栎树终究作为社神被人供奉;而这棵商丘大木,不仅无用,而且有害,树叶与味道都会伤人,让人避之唯恐不及,也正因此而成其大。"神人",庄子笔下的超世者,以不材示人。王叔岷曰:"神人妙用不测,故能用此不材。韩偓《驿步诗》:'高情自古多惆怅,赖有南华养不材。'不材之妙用,所启示于人者多矣。"[1]

这段中的"大木"与《逍遥游》中"无何有之乡"的大树一样。面对惠子大树无用的质问,庄子说:"今子有大树,患其无用,何不树之于无何有之乡,广莫之野,彷徨乎无为其侧,逍遥忽寝卧其下。不夭斤斧,物无害者,无所可用,安所困苦哉!"人以为树之"无用",正是大树的"大用",而此"无用"亦是神人的"大用"。

(二)荆氏文木以"材"夭于斧斤

> 宋有荆氏者,宜楸(qiū)柏桑。其拱把而上者,求狙猴之杙(yì)者斩之;三围四围,求高名之丽者斩之;七围八围,贵人富商之家求禅(shàn)傍者斩之。故未终其天年,而中道之夭于斧斤,此材之患也。故解之以牛之白颡(sǎng)者与豚之亢鼻者,与人有痔病者不可以适河。此皆巫祝以知之矣,所以为不祥也。此乃神人之所以为大祥也。

人间世(七)

宋国有个叫荆氏的地方,适宜生长楸树、柏树和桑树。这些树等长到能单手握或两手握时,就被人用作拴猴的短木桩砍伐了;等长到三尺四尺粗

---

① 王叔岷:《庄子校诠》,中华书局 2007 年版,第 160 页。

时,就被人用作高大屋梁的木材砍伐了;等长到七尺八尺粗时,就被贵人富商用作棺木的材料砍掉了。这些树因此都未尽享其自然的寿命,而中道就在斤斧下丧命,这就是有用之材的患处。"拱把",两手合握、单手握。"杙",短木桩。"丽",通"欐",屋梁。"禅傍",棺材。

"解"为解除,祭祀神灵来消灾。王叔岷曰:"《汉书·郊祀志》:'古天子常以春解祠。'颜师古注:'解祠者,谓祠祭以解罪求福。'……《论衡·解除篇》:'世信祭祀,谓祭祀必有福;又然解除,谓解除必去凶。'"①"适河",投河。成玄英曰:"古者将人沉河祭河伯,西门豹为邺令,方断之,即其类是也。"巫祝都知道,白色额头的牛、鼻孔朝天的猪、有痔疮的人不吉祥,因此不可用于投河祭祀。

神人与众人不同,能看透世人眼中的"不祥"恰恰是真正的"大祥"。那些异于常人的外表、不符合世人价值的特征,可能正是其生存的独特价值之所在。

六、养身尽年的支离疏

支离疏者,颐隐于脐,肩高于顶,会撮(zuǒ)指天,五管在上,两髀(bì)为胁。挫针治繲(xiè),足以糊口;鼓策播精,足以食(sì)十人。上征武士,则支离攘臂而游于其间;上有大役,则支离以有常疾不受功;上与病者粟,则受三钟与十束薪。夫支离其形者,犹足以养其身,终其天年,又况支离其德者乎!

由树到人,庄子依然在讲无用之用的故事。这个故事是关于支离疏的,他是《庄子》中一个著名的畸形人。

支离疏,是庄子虚构的人物。支离,取肢体支离残破之意。支离疏的外貌不同于常人,他的面颊隐藏在肚脐,肩膀高于头顶,因脊背弯曲而发髻朝

---

① 王叔岷:《庄子校诠》,中华书局 2007 年版,第 162 页。

天,五脏在上,两边大腿骨与肋骨连接。支离疏的身体严重变形,但他依然从事工作。帮人缝衣洗衣,足以糊口;替人用簸箕筛米,足以养活十口人。官府征兵时,则支离疏攘臂遨游其间而不会被征用;官府有劳役之事时,支离疏因其残疾而无须参与劳役;官府救济病老者时,则支离疏可以得到三钟粟和十捆柴。"会撮",发髻。"功",通"工",劳役。"钟",古代粮食计量单位,合六斛四斗。

支离疏是忘形之人,他不因自己的形体而焦虑,更没有自暴自弃,相反他从事力所能及的工作,养活了自己和家人。当其他男性面临兵役、劳役时,他却自在地行走在其间。支离疏面对常人以为的痛苦与不幸,却能做到忘形忘己而自在处于人间。

庄子从而得出结论:"夫支离其形者,犹足以养其身,终其天年,又况支离其德者乎!"忘形之人,犹足以养其身,尽其天年,又何况那忘德之人呢!成玄英曰:"夫支离其形,犹忘形也;支离其德,犹忘德也。……夫忘形者犹足以养身终年,免乎人间之害,何况忘德者邪!……是知支离之德者,其唯圣人乎!"王叔岷曰:"《抱朴子·博喻篇》:'支离其德者,苦而必安。'夫支离其形者,已能苦而必安;支离其德者,其德不形。'德不形者,物不能离也。'(《德充符篇》)岂仅能安于苦邪?"[1]忘形之人,做到了"知其不可奈何而安之若命",在人生中遭遇苦难而能安于其间,继续自在生活;而忘德之人,不以德为德。张默生说:"反之,若人自多其才,自夸其能,以为可以建立功德于世,结果,不是力有不及,徒劳无功,便是为善近名,遭人嫉恨,那就大有违反于处世之道了。"[2]忘德之人,既不会自多其才,执着于有为;也不会自矜,招来嫉妒。这就是《老子》三十八章中"上德不德,是以有德"[3]之义。

---

① 王叔岷:《庄子校诠》,中华书局 2007 年版,第 167 页。
② 张默生:《庄子新释》,齐鲁书社 1993 年版,第 168 页。
③ 〔三国魏〕王弼:《老子道德经注》,楼宇烈校释:《王弼集校释》,中华书局 1980 年版,第 93 页。

七、接舆歌唱与山木自寇

　　孔子适楚,楚狂接舆游其门曰:"凤兮凤兮,何如德之衰也! 来世不可待,往世不可追也。 天下有道,圣人成焉;天下无道,圣人生焉。 方今之时,仅免刑焉。福轻乎羽,莫之知载;祸重乎地,莫之知避。 已乎已乎,临人以德! 殆乎殆乎,画地而趋! 迷阳迷阳,无伤吾行! 吾行郤(xì)曲,无伤吾足!"

　　《人间世》最后一个故事讲的是楚国隐士接舆见到孔子之后歌唱。

　　接舆,楚国隐士陆通,字接舆。《论语·微子》记载,楚狂接舆歌而过孔子曰:"凤兮凤兮! 何德之衰! 往者不可谏,来者犹可追。 已而已而! 今之从政者殆而!"①庄子借此时机,让接舆继续歌唱。

　　孔子到了楚国,隐士接舆经过孔子门前而后歌唱:"凤啊凤啊,德行怎么如此衰败! 将来不可期待,过去无法追回。 天下有道,圣人可以成就功业;天下无道,圣人可以保全性命。 当今之世,只求免遭刑戮罢了。"

　　"福轻乎羽,莫之知载;祸重乎地,莫之知避。"分内之福轻若羽毛,却无人知道去取;分外之祸重于大地,却无人知道回避。郭象曰:"为内,福也,故福至轻;为外,祸也,故祸至重。祸至重而莫之知避,此世之大迷也。"成玄英曰:"止于分内,可以全生;求其分外,必遭夭折。全生所以为福,夭折所以为祸。而分内之福,轻于鸿毛,贪竞之徒,不知载之在己;分外之祸,重于厚地,执迷之徒,不知避之去身。此盖流俗之常患也,故寄孔、陆以彰其累也。"

　　"算了吧算了吧,不要在他人面前彰显自己的德行! 危险啊危险啊,固执已选的路线而趋赴! 多刺的迷阳草啊迷阳草啊,不要妨碍我的行动! 转弯行走啊转弯行走,不要伤害我的脚!""迷阳",棘刺。王先谦曰:"谓棘刺

---

　　①　钱穆:《论语新解》,生活·读书·新知三联书店 2002 年版,第 469 页。

也,生于山野,践之伤足。至今吾楚舆夫遇之,犹呼'迷阳踢'也。"①"郤曲",转弯曲从。成玄英曰:"郤,空也。曲,从顺也。虚空其心,随顺物性,则凡称吾者自足也。"王叔岷曰:"陈碧虚《阙误》引张君房本'吾行郤曲',作'郤曲郤曲',《高士传》同,与上'迷阳迷阳'对文,当从之。"②

接舆歌唱意在劝说孔子,世道不同,人当以不同状态应世。在"仅免刑"的时代,不要彰显自己,更不要固执于画定的人生之路,该转弯时就转弯,免得被路上的荆棘伤害。

山木自寇也,膏火自煎也。桂可食,故伐之;漆可用,故割之。
人皆知有用之用,而莫知无用之用也。

山中之木,因有用而自取被砍伐;油脂燃烧,因有用而自取被煎烧。桂皮可食用,故被砍伐;漆树可使用,故被割裂。以上几种物,皆因自身有用而招来灾祸。不独物如此,人亦如此。正如成玄英所说:"山中之木,楸梓之徒,为有材用,横遭寇伐。膏能明照,以充灯炬,为其有用,故被煎烧。岂独膏木,在人亦然。"

庄子最后得出结论:"人皆知有用之用,而莫知无用之用。"又一次提到了"有用之用"与"无用之用"。成玄英曰:"世人皆炫己才能为有用之木,而不知支离其德为无用之用也。故郭注云,有用则与彼为功,无用则自全乎其生也。"

庄子强调,生而为人自有其目的,不应将自己视作世人以为的有用工具。正如福永光司所说:"在庄子心中,如何以上天赐予的自我活在当下便是人生的全部,不会将现在置于历史的进步之中加以因果的分析,不允许在人类的理想面前将自我视如工具。"③庄子要我们进一步思考"无用之用"的人生妙处。

---

① 〔清〕王先谦:《庄子集解》,中华书局 2012 年版,第 61 页。
② 王叔岷:《庄子校诠》,中华书局 2007 年版,第 169 页。
③ 〔日〕福永光司:《庄子内篇读本》,王梦蕾译,北京联合出版公司 2019 年版,第 165 页。

 思考题

1. 如何理解"心斋"?
2. 如何理解"言语是风波"?

拓展阅读

[1] 王夫之.庄子解[M].北京:中华书局,2009.

[2] 福永光司.庄子内篇读本[M].王梦蕾,译.北京:北京联合出版公司,2019.

[3] 张默生.庄子新释[M].张翰勋,校补.济南:齐鲁书社,1993.

[4] 陈引驰.庄子讲义[M].北京:中华书局,2021.

[5] 惠能.坛经[M].丁福保,笺注.哈磊,整理.上海:上海古籍出版社,2016.

第五章　德充符

本章要点：

　　1. 兀者王骀"不言之教"的沉静力量。

　　2. 丑人哀骀它的特殊魅力。

　　3. "有人之形"与"无人之情"的关系。

关键词：

　　不言之教；才全；德不形

　　"德"，得之于道的禀赋与天性。"符"，符验。德充符，即德性充实于内之人，其表现在外的验证。郭象曰："德充于内，物应于外，外内玄合，信若符命，而遗其形骸也。"林希逸曰："符，应也，有诸己则可以应诸外。充，足也，德足于己，则随所应而应也。"① 王夫之曰："充者，足于内也；符者，内外合也。内本虚而无形之可执，外忘其形，则内之虚白者充可验也。内外合而天人咸宜，故曰符。外忘而一葆其天光，'謷乎大者'无非天也，则其德充矣。"② 王叔岷曰："'德充符'，谓德充于内之符验也。德充于内者形忘于外，忘形然后能应化，此其符验矣。"③《德充符》例举了一些保存其天性之人在日常生活中的表现。

德充符（一）

---

　　①　〔宋〕林希逸：《庄子鬳斋口义校注》，周启成校注，中华书局 1997 年版，第 81 页。

　　②　〔清〕王夫之：《庄子解》，中华书局 2009 年版，第 121 页。

　　③　王叔岷：《庄子校诠》，中华书局 2007 年版，第 171 页。

一、常季与孔子的问答

（一）兀者王骀行"不言之教"

> 鲁有兀者王骀，从之游者与仲尼相若。常季问于仲尼曰："王骀，兀者也，从之游者与夫子中分鲁。立不教，坐不议，虚而往，实而归。固有不言之教，无形而心成者邪？是何人也？"

鲁国有个遭受刖刑只有一只脚的人叫王骀，跟随他游学的人与孔子的弟子数量差不多。"兀"，刖一足曰兀。王骀，庄子虚构的人物。"骀"，驽马，迟钝之义，这里有大智若愚的意味。

常季，鲁国贤人，一说是孔子弟子。常季不解，向孔子请教："王骀，一个受刖刑之人。鲁国跟随他游学的人，与夫子的弟子各占一半。站立时不教诲，坐下时不议论，人人皆空虚而往，充实而归。真的有无言的教导，无外在形式而能得心灵相印吗？他究竟是什么人呢？"

"不言之教"出自《老子》。《老子》二章曰："圣人处无为之事，行不言之教。"[1]这样潜移默化的结果是达到"无形而心成"。释德清曰："教人不见于形容语言，而但以心相印成者耶。"[2]无须借助外在的形态与语言，就能达到心领神会，与禅宗的"以心传心"相类似。

> 仲尼曰："夫子，圣人也。丘也直后而未往耳。丘将以为师，而况不若丘者乎！奚假鲁国！丘将引天下而与从之。"

---

[1] 〔三国魏〕王弼：《老子道德经注》，楼宇烈校释：《王弼集校释》，中华书局1980年版，第6页。

[2] 〔明〕释德清：《庄子内篇注》，华东师范大学出版社2009年版，第94页。

孔子说:"先生是圣人。我已落后,还未前往向他请教。我也将以他为老师,何况那些不如我的人呢!何止是鲁国!我将引天下人皆跟从他学习。"

孔子肯定了王骀的内在之德,表示自己也想去向他学习,其"不言之教"令人向往。这也就是鲁国会有如此多的人追随王骀的原因。孔子提出,不仅鲁国人,全天下人都应该追随他。

(二)持守根本而游心天和

> 常季曰:"彼兀者也,而王(wàng)先生,其与庸亦远矣。若然者,其用心也独若之何?"仲尼曰:"死生亦大矣,而不得与之变;虽天地覆坠,亦将不与之遗。审乎无假而不与物迁,命物之化而守其宗也。"

常季还是不明白,问:"他是一个受刖刑之人,犹能胜于先生,则常人与其相比差距就更远了。像他这样的人,用心究竟有什么独特之处呢?""王",胜过。林希逸曰:"王,胜也,言其如此犹胜于先生,则于常人亦远矣。先生,指孔子也;庸,常人也。"[1]

孔子答道:"死生亦是大事,他不受其影响而镇定自若。即使外在世界天翻地覆,他也不会随之失落。明白无所假借,因而不与外物变迁;洞悉万物之变化,而能守住自己的根本。""遗",失落。"审",明白。"假",假借。"命",名,明悉。"宗",根本。

庄子强调,王骀充盈的内在德性足以让其"守其宗",可以不受自身与外在事物变化的影响。杨国荣曰:"'守其宗'同时也折射了具有充实之德的完美品格。一方面,德充之个体超越自身之变,不受生死的影响;另一方面,他又不因物而变,不随物而迁。这两个方面同时体现了不假于物,亦即不依赖于外在条件。"[2]

---

① 〔宋〕林希逸:《庄子鬳斋口义校注》,周启成校注,中华书局1997年版,第81页。
② 杨国荣:《庄子内篇释义》,中华书局2021年版,第185页。

常季曰:"何谓也?"仲尼曰:"自其异者视之,肝胆楚越也;自其同者视之,万物皆一也。夫若然者,且不知耳目之所宜,而游心乎德之和;物视其所一而不见其所丧,视丧其足犹遗土也。"

常季问:"这是何意呢?"孔子说:"观察万物,若从异处观看,肝胆虽在一体,也像楚国与越国那样相去甚远;若从同处观看,则万物皆是同一。像王骀这样的人,不在乎耳目适宜于何种声色,只将心灵遨游于至德之平和。视万物于一体,故不见其有所缺失。看待失去的一只脚,就像遗落的土块。"

庄子认为,常人一般只会从"异者"的角度观察,而王骀可以从"同者"的角度观察,故他看到的世界是"万物皆一"。这样的人超越了感官,因此可以"游心乎德之和"。"游",即逍遥,悠然自在。"德之和",即天和,指精神的平和。成玄英曰:"既而混同万物,不知耳目之宜,故能游道德之乡,放任乎至道之境也。"也正是因为王骀"物视其所一",故从来就没有失去什么。成玄英曰:"王骀一于死生,均于彼我。生为我时,不见其得;死为我顺,不见其丧;视万物,混而一之。故虽兀足,视之如遗土者也。"

(三)静止的感染与力量

常季曰:"彼为己以其知,得其心以其心。得其常心,物何为最(jù)之哉?"仲尼曰:"人莫鉴于流水而鉴于止水,唯止能止众止。受命于地,唯松柏独也正,在冬夏青青;受命于天,唯尧舜独也正,在万物之首①。幸能正生(xìng),以正众生(xìng)。夫保始之征,不惧之实。勇士一人,雄入于九军。将求名而能自要(yāo)者,而犹若是,而况官天地,府万物,直寓六骸,象耳目,一知之所知,而心未尝死者乎!彼且择日而登假(xiá),人则从是也。彼且何肯以物为事乎!"

---

① "陈碧虚《阙误》引张君房本作'受命于地,唯松柏独也正,在冬夏青青;受命于天,唯尧、舜独也正,在万物之首'。较今本多七字,文意完好,与郭注亦相符。"见王叔岷:《庄子校诠》,中华书局 2007 年版,第 176 页。

常季说:"他只是修己,以他的智慧去获得自我之心,以自我之心去获得平常之心。""为己",修己。《论语·宪问》:"古之学者为己,今之学者为人。"①"常心",平常之心。释德清曰:"亦寻常人之心耳。"②《齐物论》中的"寓诸庸",即寄寓于日常。"最",聚。

常季还是心存疑惑:王骀只是修养自己,通过"知"到"心",最终得"常心"。他终究只是一个自修者,为什么会有那么多人聚集在他周围?

孔子回答:"人不会照鉴于流水,而只会照鉴于止水。""唯止能止众止",王叔岷说:"此谓惟静止能停留一切归止者也。"③常人之心像流水般无法安静,而王骀之心如止水般宁静,而只有静止才能让想寻求宁静之心的人沉静下来。王骀在日常中以平常心对待发生的一切,不受外界影响,不为外物所动,而这种安静是有感召力的。众人以其为师,聚集在他周围,就是感受到了这种平静带给人心的安宁。

"比如草木受命于大地,只有松柏独自挺立,在冬夏青青而不凋零;比如人受命于天,只有尧舜独自正己之性,为万物之首领。幸亏他们正己之性,所以才有可能引众人自正己性。""生",性。"正生",正己之性。"正众生",引众人自正己性。成玄英曰:"受气上玄,能正生道也,非由用意,幸率自然。既能正己,复能正物。正物正己,自利利他,内外行圆,名为大圣。"

松柏和圣人皆能保护好自己的天然之性。"保始之征",即保护好自己的天然之性,就是王先谦所说的"保守本始之性命"④,也就是前文所说的"守其宗"。"始",本来的性命,即来自大道而万物天生具备的德性。"征",成。"不惧之实",即危难之时对各种情况无所畏惧。《淮南子·览冥训》曰:"夫全性保真,不亏其身,遭急迫难,精通于天。若乃未始出其宗者,何为而不成?"⑤全性保真之人,不亏其身,在危急关头精通于自然,从来没有离开过其根本之性,做什么不能成呢?

"勇士一人,雄入于九军。将求名而能自要者,而犹若是",一个勇士可

① 钱穆:《论语新解》,生活·读书·新知三联书店 2002 年版,第 373 页。
② 〔明〕释德清:《庄子内篇注》,华东师范大学出版社 2009 年版,第 95 页。
③ 王叔岷:《庄子校诠》,中华书局 2007 年版,第 176 页。
④ 〔清〕王先谦:《庄子集解》,中华书局 2012 年版,第 64 页。
⑤ 何宁:《淮南子集释》,中华书局 1998 年版,第 447 页。

以英勇地冲入千军万马之中，特求名声而能自成者，尚且能做到如此。"将"，特。"要"，成。儒家认为人生在世最大的功业，就是立不朽之名。《左传》中所说的"三不朽"，即"立德、立功、立名"。

"而况官天地，府万物，直寓六骸，象耳目，一知之所知，而心未尝死者乎"，何况那宰制天地、包藏万物，特把形体当作寓所、把耳目当作迹象、把一切知识统合归一而本心未曾失去的人呢！"官"，主宰。"府"，包藏。"官天地，府万物"，主宰天地，包藏万物。成玄英曰："网维二仪曰官天地，包藏宇宙曰府万物。""寓"，寄寓。"象"，迹象。宣颖曰："以六骸为吾寄寓，以耳目为吾迹象。"①"死"，丧失。释德清曰："死，犹丧失也。谓众人丧失本真之心，唯圣人未丧本有，故能视万物为一己也。"②《孟子·告子章句上》曰："学问之道无他，求其放心而已矣。"③孟子认为人这一生求学、问学只有一个目标，就是把我们丧失的本心寻找回来。

孔子继续说："像王骀这样的人，将择日而登遐，远超尘世，众人都乐于跟随他。他哪里有吸引人来教导之意呢！""假"，通"遐"。"登假"，升高远举。褚伯秀曰："登遐，文义显明，谓得此道者，去留无碍，而升于玄远之域也。"④"以物为事"，以人事为事务。林希逸曰："物者，人也。言彼岂肯以为人为事乎！盖人自求学于彼，彼何尝求以教人！"⑤

以上常季与孔子的交流，在于解释王骀何以吸引众人。王骀"不言之教"吸引众人而来，因其能"守其宗""保始"，从而像水一样静止。只有这种静止，才可以让想求得静止之心的人以其为镜鉴，他们自觉前来只为使己达到静止。

① 〔清〕宣颖：《南华经解》，广东人民出版社2008年版，第40页。
② 〔明〕释德清：《庄子内篇注》，华东师范大学出版社2009年版，第96页。
③ 〔宋〕朱熹：《四书章句集注》，中华书局1983年版，第334页。
④ 〔宋〕褚伯秀：《南华真经义海纂微》，中华书局2018年版，第197页。
⑤ 〔宋〕林希逸：《庄子鬳斋口义校注》，周启成校注，中华书局1997年版，第87页。

二、兀者申徒嘉与子产的对话

（一）申徒嘉遭子产羞辱

申徒嘉，兀者也，而与郑子产同师于伯昏无人。子产谓申徒嘉曰："我先出则子止，子先出则我止。"其明日，又与合堂同席而坐。子产谓申徒嘉曰："我先出则子止，子先出则我止。今我将出，子可以止乎，其未邪？且子见执政而不违，子齐执政乎？"申徒嘉曰："先生之门，固有执政焉如此哉？子而说（yuè）子之执政而后人者也？闻之曰：'鉴明则尘垢不止，止则不明也。久与贤人处则无过。'今子之所取大者，先生也，而犹出言若是，不亦过乎！"子产曰："子既若是矣，犹与尧争善，计子之德不足以自反邪？"

德充符（二）

《德充符》的第二个故事是申徒嘉和同门子产的对话。

申徒嘉是一位遭受刖刑之人，只有一只脚。他和子产都在伯昏无人门下学习。郑子产，成玄英曰："姓公孙，名侨，字子产，郑之贤大夫。"伯昏无人，可能是庄子虚构的人物。

子产对申徒嘉说："我先出去的话，你就留在这里。你先出去的话，我就留下。"言下之意，他不想和兀者同行止，也就是郭象所说"羞与刖者并行"。

到了第二天，申徒嘉与子产还是合堂同席而坐。子产再次强调说："我先出去的话，你就留在这里。你先出去的话，我就留下。"显然前一天申徒嘉并未按照他的话去做，子产有点生气，继续说："现在我将要出去，你可以留下吗？还是不留下？而且你看见执政者也不回避，你要与执政者齐同吗？"

言下之意,即王先谦所说"斥其不逊让"①。"违",回避。"齐",齐同。

申徒嘉这样回应:"先生门下,竟然有这样的执政者吗? 你爱悦自己的执政身份,而轻视他人吗?"申徒嘉的意思是说,伯昏无人门下不当有贵贱之分。王先谦曰:"言伯昏先生之门,以道德相高,固有以执政自多如此者哉?"②申徒嘉继续说:"我听说'镜子明亮则尘垢不集,集则不是明镜。久与贤人相处,则不会有过错'。现在你所看重的是先生之道,竟然能说出这类话来,不是很过分吗?"

子产不愿承认自己所做不对,继续奚落申徒嘉:"你已经是这副模样了,还想要和尧争善。估计你的德行尚不足以自我反省吧?"

(二)申徒嘉回应而子产悔悟

> 申徒嘉曰:"自状其过以不当亡者众,不状其过以不当存者寡。知不可奈何而安之若命,唯有德者能之。游于羿之彀(gòu)中。中央者,中(zhòng)地也,然而不中者,命也。人以其全足笑吾不全足者多矣,我怫(bó)然而怒;而适先生之所,则废然而反。不知先生之洗我以善邪? 吾与夫子游十九年矣,而未尝知吾兀者也。今子与我游于形骸之内,而子索我于形骸之外,不亦过乎!"子产蹴(cù)然改容更貌曰:"子无乃称!"

申徒嘉说:"陈述自己的过错,以为不该失去其足的人很多;不陈述自己的过错,以为不应当保存其足的人很少。"钱穆纂笺引陆长庚曰:"自状其过,以为吾足不当亡者众矣;不自陈其过,而谓吾足不当存者,几何人哉!"③"状",陈述。"过",过失。"以",以为。"亡",失去。

"知道一切遭遇都是无可奈何,而能安心于命运的,只有有德之人才能做到。人处世间犹如游走于羿射程的中央,是最容易被射中的地方,然而有

---

① 〔清〕王先谦:《庄子集解》,中华书局 2012 年版,第 65 页。
② 〔清〕王先谦:《庄子集解》,中华书局 2012 年版,第 65 页。
③ 钱穆:《庄子纂笺》,生活·读书·新知三联书店 2021 年版,第 59 页。

时不被射中,那也是命运。"褚伯秀曰:"游羿彀中,莫非中地,设有不中,幸免耳。人处世间,莫非忧患,苟得免患,亦幸耳。"[1]王叔岷曰:"游羿彀中,喻处乱世。处乱世,形残,命也;形全,亦命也。"[2]"彀中",弓箭所及。郭象注曰:"弓矢所及为彀中。""中",命中。

"因其全足而嘲笑我不全足的人太多了,我开始时总是勃然大怒。自从到了先生这里之后,我就停止了怒火而返归常态。你还不知这是先生用善道来洗涤我吗?我跟随夫子十九年了,他从来不知道我是一个兀者。现在你和我一起游于'形骸之内'即内在之德,而你却以'形骸之外'即外在之貌要求我,你不是很过分吗?""反",同"返"。"洗我以善",即王先谦所解释的"以善道净我心累"[3]。"索",要求。

子产听后,心生惭愧而醒悟,马上改变之前的骄傲姿态说:"你不用再说了!"成玄英曰:"悟知已至,不用成说者也。""蹴然",惊惭貌。

申徒嘉的话,让自以为位高权重、自以为是的子产觉悟,从而改变了之前的骄傲姿态和高人一等的心理。庄子在这里强调:人在本质上皆平等,不能因职位、外形而轻视他人。

三、兀者叔山无趾见孔子老聃

(一)叔山无趾被孔子轻视

鲁有兀者叔山无趾,踵见仲尼。仲尼曰:"子不谨,前既犯患若是矣。虽今来,何及矣!"无趾曰:"吾唯不知务而轻用吾身,吾是以亡足。今吾来也,犹有尊足者存,吾是以务全之也。夫天无不覆,地无不载,吾以夫子为天地,安知夫子之犹若是也!"孔子

---

① 〔宋〕褚伯秀:《南华真经义海纂微》,中华书局 2018 年版,第 201 页。
② 王叔岷:《庄子校诠》,中华书局 2007 年版,第 182 页。
③ 〔清〕王先谦:《庄子集解》,中华书局 2012 年版,第 66 页。

曰:"丘则陋矣。夫子胡不入乎,请讲以所闻!"无趾出。孔子曰:
"弟子勉之!夫无趾,兀者也,犹务学以复补前行之恶,而况全德
之人乎!"

第三个故事是兀者叔山无趾分别与孔子、老聃的对话,也是庄子杜撰的
寓言。

鲁国有个兀者叫叔山无趾。无趾,大概是被砍掉脚趾,所以庄子以此虚
构了人名。叔山无趾因无脚趾,日常行动只能是挪动脚跟。

这一天,他挪动脚跟去拜见孔子。孔子见他的样貌就说:"你之前太不
谨慎了,犯错遭患而成为这副模样。虽然你现在来了,但怎么来得及呢!"

孔子一见面就责备叔山无趾之前没有遵守世俗的法则,而遭受了刑罚。
但其实在那个时代,莫名受刑刑的人很多,比如《养生主》中就举了和氏被刖
双足的事例。

当然叔山无趾不会为自己开脱,他承认自己曾经的过错:"我之前以不
通世务而轻用吾身,因此失去了我的脚趾。现在我来这里,是因为世间还
有比脚更尊贵的东西存在,我因此想要尽力保全它。"无趾认为"有尊足者
存",形体的残缺与否不重要,重要的是有比形体更有价值的东西存在,那
就是德性之全。无趾本来以为,孔子像天一样无不容纳,像地一样无不兼
载,哪知孔子说出的话也不过和世俗之人一样,孔子也以外在之形体去衡
量他。

孔子马上反省自己:"我确实浅陋了。您为什么不进来呢?请说说您听
到的。"孔子之前称无趾为"子",现在称"夫子",足见孔子内心的变化。结果
无趾离开,不愿再和孔子说话了。

孔子以此事来教育弟子:"你们要多勤勉啊!无趾,一个被砍掉脚趾的
人,犹一心向学想要弥补之前犯下的过错,何况全德之人呢!"

这里的孔子其实并未真正理解无趾。无趾务求"全",并非为了弥补之
前所犯的过错。在现在的无趾看来,已无所谓善,亦无无所谓恶,他在追求
比外在之形体更重要的内在之德性。孔子称自己和弟子是"全德之人",显
然也并非无趾所追求的"全德",而只是形体的完整,指全形之人。正如张默

生所说:"德者,得也。按此全德之人,犹言全形之人。"①与《人间世》中的孔子不同,这段中的孔子确实不像得道的至人。

(二)孔子被名闻"桎梏"

　　无趾语老聃曰:"孔丘之于至人,其未邪? 彼何宾(pín)宾以学子为? 彼且蕲以諔诡幻怪之名闻,不知至人之以是为己桎梏邪?"老聃曰:"胡不直使彼以死生为一条,以可不可为一贯者,解其桎梏,其可乎?"无趾曰:"天刑之,安可解!"

　　叔山无趾来到了老聃之门,说:"孔丘还未达到至人的境界吧? 他为何频频来向您请教呢? 他是为了求奇异幻怪的名声吗? 不知至人以名声为自己的桎梏吗?""宾宾",频频。俞樾曰:"宾宾,犹频频也。"②"桎梏",古代刑具,成玄英曰:"在手曰桎,在足曰梏。"无趾以此来隐喻孔子追求的虚名,实质是束缚自己的工具。正如王先谦曰:"言彼期以异人之名闻于天下,不知至人之于名,视犹己之桎梏邪?"③

　　老子说:"何不直接使他明白死生为一条、可不可为一贯,解除他的束缚,这样可行吗?""以死生为一条",即齐同死生;"可不可为一贯",即齐同是非。这正是《齐物论》中所讲的齐物观点。

　　无趾说:"这是自然对他的惩罚,怎么可能解除呢!"王先谦曰:"言其根器如此,天然刑戮,不可解也。"④

　　庄子通过叔山无趾分别与孔子、老聃的对话,让无趾提出有比外在之形骸更重要的存在,那就是内在之德性。至人不仅重内在之德性,而且齐一生死、齐同是非,超越了孔子所代表的世俗价值。

---

① 张默生:《庄子新释》,齐鲁书社 1993 年版,第 179 页。
② 〔清〕俞樾:《诸子平议》,上海书店 1998 年版,第 336 页。
③ 〔清〕王先谦:《庄子集解》,中华书局 2012 年版,第 67 页。
④ 〔清〕王先谦:《庄子集解》,中华书局 2012 年版,第 67 页。

四、鲁哀公问于孔子

（一）丑人哀骀它的特别魅力

　　鲁哀公问于仲尼曰："卫有恶人焉，曰哀骀（tái）它（tuō）。丈夫与之处者，思而不能去也。妇人见之，请于父母曰'与为人妻宁为夫子妾'者，十数而未止也。未尝有闻其唱者也，常和（hè）人而已矣。无君人之位以济乎人之死，无聚禄以望人之腹。又以恶骇天下，和而不唱，知不出乎四域，且而雌雄合乎前。是必有异乎人者也。寡人召而观之，果以恶骇天下。与寡人处，不至以月数，而寡人有意乎其为人也；不至乎期年，而寡人信之。国无宰，寡人传国焉。闷然而后应，氾（fàn）而若辞。寡人丑乎，卒授之国。无几何也，去寡人而行，寡人恤焉若有亡也，若无与乐是国也。是何人者也？"

德充符（三）

　　这一段讲的是鲁哀公与孔子谈论丑人哀骀它，也是寓言。

　　鲁哀公问孔子："卫国有一位丑人，叫哀骀它。男人与他相处，怀念而不愿离去。女人看到他，向父母请求'与其作其他人之妻，不如作夫子之妾'的人，十多人还不止。未曾听说他倡导什么，常常只是应和他人而已。""唱"，倡，倡导。

　　哀骀它没有君王之地位以拯救他人的性命。他只是一介平民，如此吸引众人，不是因为权势。"无君人之位以济乎人之死"，即郭象所说"明不由权势而往"。他也没有财物，使人人都能吃饱。众人前往，也不是因为财物。

"无聚禄以望人之腹",即郭象所说"明非求食而往"。"望",满足。钱穆引焦竑曰:"望如月望,满足也。"①哀骀它"以恶骇天下",以丑陋惊骇天下,众人前往,也不是因其外形美貌,正如郭象所说的"明不以形美故往"。哀骀它"和而不唱",只是附和而不倡导,未尝用言说招引他人,即郭象所说"非招而致之"。哀骀它的认知不超出四方之外,但是男女都愿意聚合在他面前。那么他一定有不同于常人的神奇之处。

鲁哀公召他来,初见时,果然他的丑可以惊骇天下。相处不到一个月,鲁哀公已经察觉其为人确实有深远处;相处不到一年,鲁哀公已经非常信任他。鲁国无执政,想要委之以国政。结果哀骀它的反应是"闷然而后应,氾而若辞",淡然而不回应,随意而像推辞。鲁哀公面对哀骀它的反应而觉得羞愧,最终还是委之以国政。不久,哀骀它就离开了。鲁哀公忧虑而若有所失,好像再无人能与其分享一国的欢乐。"恤",忧虑。鲁哀公的感觉,有点类似于《逍遥游》中的尧去拜访四子后"窅然丧其天下"的感觉。那么,哀骀它究竟是怎样的人呢?

我们一定和一开始的鲁哀公一样好奇:哀骀它究竟有什么特别的魅力呢?他没有世俗价值中的一切,没有权势,没有财富,没有美貌,没有言说,没有知识,但吸引众人归向他,这究竟是什么原因呢?鲁哀公又为什么被他吸引,哀骀它与其相处一年离去后,鲁哀公为什么会怅然若失呢?

(二)小猪爱其母非爱其形

仲尼曰:"丘也尝使于楚矣,适见独(tún)子食(sì)于其死母者,少焉眴(shùn)若皆弃之而走。不见己焉尔,不得类焉尔。所爱其母者,非爱其形也,爱使其形者也。战而死者,其人之葬也不以翣(shà)资;刖者之屦(jù),无为爱之;皆无其本矣。为天子之诸御,不爪翦,不穿耳;取妻者止于外,不得复使。形全犹足以为尔,而况全德之人乎!今哀骀它未言而信,无功而亲,使人授己国,唯恐其不受也,是必才全而德不形者也。"

---

① 钱穆:《庄子纂笺》,生活·读书·新知三联书店2021年版,第61页。

孔子回答说:"我曾经出游楚国,恰好看见一群小猪在已死的母猪身上吮吸乳汁。没多久,小猪都惊恐地跑走了。为什么呢?因为小猪在死母猪身上看不到自己,它们已然不是同类了。可见小猪爱它们的母亲,不是爱其形体,而是爱那使形体活动的内在生命力量。""独",豚,小猪。"使",出游。"食",吮吸乳汁。"眴若",惊貌。

"战死之人,他的葬礼不需要棺木的装饰;被砍去脚之人的鞋子,没必要去爱惜。因为他们都失去了根本。""翣",棺上的羽饰。"资",送。方勇纂要引王闿运曰:"战死则暴骨原野,无为护掩之,故不以翣。"①"屦",鞋子。

"天子的宫中御女,不修剪指甲,不穿耳洞。新娶妻之人,休止于外,不再役使。"这两个规定是为了保持其形全。王先谦曰:"御女不加修饰,使其质全。"②王叔岷曰:"《礼记·礼运》:'新有昏者,期不使。'《荀子·大略篇》:'新有昏,期不事。'使、事古通。"③"取",即娶。

根据以上的日常事例,孔子得出结论:"保持形全之人,犹有这样的一些习俗和制度,更何况保持全德之人呢!现在哀骀它,未言说就取得信任,无功劳而令人亲近,让人愿意把国家政权委托给他,还担心他不愿接受。这个哀骀它一定是'才全而德不形'之人。"孔子以为,"才全""德不形"是哀骀它吸引众人的真正魅力。

(三)"才全""德不形"之义

哀公曰:"何谓才全?"仲尼曰:"死生存亡,穷达贫富,贤与不肖毁誉,饥渴寒暑,是事之变,命之行也;日夜相代乎前,而知(zhì)不能规乎其始者也。故不足以滑(gǔ)和,不可入于灵府。使之和豫,通而不失于兑(yuè);使日夜无郤(xì)而与物为春,是接而生时于心者也。是之谓才全。""何谓德不形?"曰:"平者,水停之盛也。其可以为法也,内保之而外不荡也。德者,成和之修也。德不形者,物不能离也。"

---

① 方勇:《庄子纂要》,学苑出版社 2012 年版,第 702 页。
② 〔清〕王先谦:《庄子集解》,中华书局 2012 年版,第 69 页。
③ 王叔岷:《庄子校诠》,中华书局 2007 年版,第 193 页。

那么,什么是"才全"?鲁哀公不明白,继续问孔子。

孔子说:"死生、存亡、穷达、贫富、贤与不肖、毁誉、饥渴、寒暑,这些都是事物的变化、天命的流转。以上种种日夜在眼前变化,而人类的智慧不能测度其缘由。""规",测度。世间的一切事物,日夜不停变化,无论身处怎样的境遇,皆是天命的流转,不是人为所能操控的。有的人已处新境还在眷恋往日,有的人已知结果还在遗憾开始时未加谋划,其实这些都是活在过去的表现,皆是徒劳无益的。正如成玄英说:"夫命行事变,其速如驰,代谢迁流,不舍昼夜。一前一后,反复循环,虽有至知,不能测度。岂复在新恋故,在终规始哉?盖不然也。唯当随变任化,则无往而不逍遥也。"

"倘若能认识到此,则外在对立变化的各种情境,就不足以扰乱内在的平和,不良情绪不会入侵心灵。心灵就会保持平和安适,在与外物的流通中不失其怡悦之性。""兑",同"悦"。"使日夜无郄而与物为春",日夜不停流逝,没有间隙,与物同游于春和之中。"郄",同"隙"。宣颖曰:"随物所在,同游于春和之中。"①"是接而生时于心",接触外物时,内心仅以当境当时而应之。正如王夫之所言:"与物方接之时,即以当前之境,生其合时之宜,不预设成心以待之也。"②

这就是"才全"。"才全",就是面对世间一切的处境,内心的平和安适都不会被干扰,只关注当前的处境,内心自然会生出合乎当时的回应。"这才全的意义,便是内德具足,与大化同流。"③

什么是"德不形"呢?鲁哀公继续问。

孔子说:"平,是水静止的极致。这可以为人类所效法,内心保持绝对的静止而外不流荡。德,就是保全心性平和的修养。""所谓'德不形',便是这种内部充盈的精神所拥有的平静与安宁。而德不形者,也就是内心处于完全平静境界之人。"④

"德不形者,物不能离也",已修成像水平面一样的内在之德的人,他拥

① 〔清〕宣颖:《南华经解》,广东人民出版社 2008 年版,第 44 页。

② 〔清〕王夫之:《庄子解》,中华书局 2009 年版,第 126 页。

③ 张默生:《庄子新释》,齐鲁书社 1993 年版,第 185 页。

④ 〔日〕福永光司:《庄子内篇读本》,王梦蕾译,北京联合出版公司 2019 年版,第188 页。

有宽广的胸怀,可以包容一切,也不会将自己的内在德性显露在外,所以万物都感觉到了被包容、被温暖,自然就不愿离去。众人就是被哀骀它的这种魅力吸引而不愿离去的。

(四)哀公以孔子为"德友"

> 哀公异日以告闵子曰:"始也吾以南面而君天下,执民之纪而忧其死,吾自以为至通矣。今吾闻至人之言,恐吾无其实,轻用吾身而亡其国。吾与孔丘,非君臣也,德友而已矣。"

过了几天,哀公告诉孔子的弟子闵子骞说:"起初我作为君王治理天下,掌管国家纲纪而忧虑百姓生死,我以为这就是至通之道了。现在我听到至人之言,恐怕我是有名而无其实,只是轻用我的身体,而导致国家消亡。我和孔丘,不是君臣关系,而是德友。""纪",纲纪。"至人",指孔子。与前段叔山无趾故事中的孔子不同,这里的孔子是至人。孔子只是庄子笔下的寓言人物,在不同篇章中有不同的作用,正如王叔岷曰:"庄子于孔子时有抑扬也。"[①]

哀公的这番言谈,可以见出之前孔子评价丑人哀骀它"才全""德不形"的那番话使他产生极大震动。这次对闵子所说的话,其实是哀公对自己过往人生的思考与反省。尤其是作为君王的哀公,说出他和孔子"非君臣也,德友而已"。君臣,只是人间的某种身份角色,而"德友"也就是以"德"为友,是就生命本身而言的。"德",得也,就是万物得之于"道"的天性。此时的哀公已然忘记了名、忘记了利,开始关注生命本身。

哀骀它是"才全""德不形"的至人,而向哀公解释哀骀它具有特别魅力的孔子也是至人。哀公也在"德"充于内的至人的感染之下,忘记了功名,忘记了贵贱,感慨自己和孔子是追求德性成长的朋友。正如郭象所言:"闻德充之风者,虽复哀公,犹欲遗形骸,忘贵贱也。"

---

① 王叔岷:《庄子校诠》,中华书局 2007 年版,第 196 页。

五、圣人"有人之形，无人之情"

闉（yīn）跂支离无脤（chún）说（shuì）卫灵公，灵公说（yuè）之；而视全人，其脰（dòu）肩肩。瓮（wèng）盎（àng）大瘿（yǐng）说齐桓公，桓公说之；而视全人，其脰肩肩。故德有所长而形有所忘，人不忘其所忘而忘其所不忘，此谓诚忘。

德充符（四）

庄子又举了闉跂支离无脤、瓮盎大瘿两人的简短事例，来说明"德"充于内之人的魅力。有一个跛脚、伛背、无唇的人来游说卫灵公。卫灵公很喜欢他，而看其他形体完全的人，反倒觉得他们的脖颈太细长。还有个颈下有瘤大如瓮盎的人来游说齐桓公。齐桓公很喜欢他，而看其他形体完全的人，反倒觉得他们的脖颈太细长。这显然也是庄子讲述的寓言。"闉跂"，跛脚。"支离"，驼背。"无脤"，无唇。"脰"，颈。"肩肩"，羸小貌。"瓮盎"，陶罐。"瘿"，瘤。

卫灵公和齐桓公全然忘记了这两人外在的特殊形貌，而被他们散发出来的德性吸引。这就是"德有所长而形有所忘"，德性过人，形貌的残缺或丑陋就会被人忘记。"人不忘其所忘而忘其所不忘，此谓诚忘"，可惜的是常人不去忘却可以忘记的外在形貌，而忘却了不该忘记的内在之德性，这就是真正的遗忘。林希逸曰："所可忘者，形也；所不可忘者，德也。诚忘者，真忘也，知有形而不知有德者，真忘也。"[1]

---

[1] 〔宋〕林希逸：《庄子鬳斋口义校注》，周启成校注，中华书局1997年版，第94页。

故圣人有所游,而知(zhì)为孽,约为胶,德为接,工为商。圣人不谋,恶用知? 不斫,恶用胶? 无丧,恶有德? 不货,恶用商? 四者,天鬻也。天鬻者,天食(sì)也。既受食于天,又恶用人! 有人之形,无人之情。有人之形,故群于人,无人之情,故是非不得于身。眇乎小哉,所以属于人也! 謷(áo)乎大哉,独成其天!

所以圣人自然地游于世间,而智巧会使过多思想萌生,约束则是刻意胶合,取得只是折断后的接续,技能只是为了售卖。"孽",同"蘖",萌蘖。"德",同"得"。"工",技能。以上"知""约""德""工"四者,皆是刻意人为而不符合自然。所以圣人不谋划算计,又哪里需要用智巧? 圣人不刻意雕琢,又哪里需要胶合? 圣人没有丧失,又哪里会有取得? 圣人不把自己当作货物,又哪里会有谋利? "不谋""不斫""无丧""不货"四者,就是"天鬻",即禀受于自然的养育。"天",自然。"鬻",通"育",养。"食",养。既然已经得到自然的养育,又哪里需要人为?

庄子最后得出的结论是圣人"有人之形,无人之情"。"有人之形",圣人有人的外形,故生活在人群中,在日常生活中与他人互通往来。"无人之情",圣人没有过多情绪的困扰,是非不能影响到他。"眇乎小哉,所以属于人也! 謷乎大哉,独成其天!"属于人为的,是渺小之我;独成于天然的,是伟大之我。福永光司说,"他独自在宇宙中漫步,不受任何事物限制而'成其天'——成为自己本来身处之地本身。从这一点来看,'謷乎大哉'——他是一个无限大的宇宙性存在。"[①]"眇",渺小。"謷",高大貌。"人",人为。"天",自然。

《庄子》中德充于内的圣人是得道者,是"有人之形"与"无人之情"的结合。他不会脱离人群,相反他生活在世间;同时他不受世俗之情影响,而超越世俗的是非价值之上。他是一位伟大的超越者,他一切的行为皆合于"自然"。

---

① [日]福永光司:《庄子内篇读本》,王梦蕾译,北京联合出版公司 2019 年版,第193 页。

六、惠子庄子辩“有情”“无情”

惠子谓庄子曰:“人故无情乎?”庄子曰:“然。”惠子曰:“人而无情,何以谓之人?”庄子曰:“道与之貌,天与之形,恶得不谓之人?”惠子曰:“既谓之人,恶得无情?”庄子曰:“是非吾所谓情也。吾所谓无情者,言人之不以好恶内伤其身,常因自然而不益生也。”惠子曰:“不益生,何以有其身?”庄子曰:“道与之貌,天与之形,无以好恶内伤其身。今子外乎子之神,劳乎子之精,倚树而吟,据槁梧而瞑。天选子之形,子以坚白鸣!”

紧接上段的圣人“无人之情”,惠子与庄子展开了有关“有情”“无情”的对话。

惠子问庄子:“人固然没有情感吗?”庄子回答:“是的。”

惠子又问:“人如果没有情感,还可以称作人吗?”庄子答:“道赋予人外貌,天赋予人形体,怎么就不能称为人?”

惠子又追问:“既然称为人,怎么能无情?”言下之意,人是有情感的,不可能是无情之人。庄子回答:“你所说的情,和我说的情不是一个意思。我所说的无情,是说人不要以自己的好恶之情而向内伤害自身,常因任自然而不要人为增加。”

惠子继续追问:“不要人为增加,如何保有这个身体?”庄子再次强调:“道赋予人外貌,天赋予人形体,不要以自己的好恶之情而内伤自身。”“道与之貌,天与之形”,这是自然的赋予。“好恶”则是人为,“无以好恶内伤其身”,不要以人为的好恶而伤害我们得于自然的身心。

经过几番问答,庄子描述出惠子的现状:“现在你游离于你的神之外,耗费你的精神,整日倚着树论辩,靠着枯梧树睡眠。自然授予你人的形状,你却以坚白之论争鸣不休。”“瞑”,眠。“鸣”,论辩。言下之意,惠子的现状皆是刻意人为,完全违背了自然之道。正如刘凤苞所言:“天选其形而赋之生理,惟独成其天者忘其形,并忘其情,而无所增益,乃自炫智能,而外神劳精扰扰者徒自苦耳。末句如当头棒喝,使人动魄惊心。"①

与前文的德充于内的残疾人相比,惠子是反面。张默生说:"本段是从题旨的反面写来,以见不能忘形,更不能忘情的人,虽具有完全的形貌,结果弄成一副可怜模样。"②

《德充符》全篇重点强调人的内在之德。人一旦内在德性充盈,那么无论其外在的形体如何,即使残缺或丑陋,也都不会影响其散发出一种自然的迷人力量。

思考题

1. 如何理解"才全而德不形"?
2. 如何理解"有人之形"和"无人之情"?

拓展阅读

[1] 褚伯秀.南华真经义海纂微[M].方勇,注.北京:中华书局.2018.

[2] 释德清.庄子内篇注[M].黄曙辉,点校.上海:华东师范大学出版社.2009.

[3] 钱穆.庄子纂笺[M].北京:生活·读书·新知三联书店.2021.

[4] 方勇.庄子纂要[M].北京:学苑出版社.2012.

[5] 杨国荣.庄子内篇释义[M].北京:中华书局.2021.

---

① 〔清〕刘凤苞:《南华雪心编》,中华书局2013年版,第135页。
② 张默生:《庄子新释》,齐鲁书社1993年版,第189页。

第六章　大宗师

本章要点：

　　1."天"与"人"的关系。

　　2.学道的过程和来源。

　　3.生死存亡与"造物者"的关系。

关键词：

　　真人；与天为徒；与人为徒

　　大宗师，就是道。林希逸曰："大宗师者，道也，犹言圣法天，天法道，道法自然也。"①道，无所不在，显现出来就是自然。"尊道为师，意味着追随自然，与宇宙实在化为一体，从而便能实现毫无拘束、真正自由的生活。"②那么，是谁在尊道为师？那就是"真人"。杨国荣曰："所'宗'者，不外乎道；而'宗'道者，则是'真人'。"③

大宗师（一）

---

　　①　〔宋〕林希逸：《庄子鬳斋口义校注》，周启成校注，中华书局 1997 年版，第 97 页。

　　②　［日］福永光司：《庄子内篇读本》，王梦蕾译，北京联合出版公司 2019 年版，第 197 页。

　　③　杨国荣：《庄子内篇释义》，中华书局 2021 年版，第 217 页。

一、"天"与"人"的关系

(一)"天之所为"与"人之所为"

> 知天之所为,知人之所为者,至矣。知天之所为者,天而生也;知人之所为者,以其知之所知以养其知之所不知,终其天年而不中道天者,是知之盛也。虽然,有患。夫知有所待而后当,其所待者特未定也。庸讵知吾所谓天之非人乎? 所谓人之非天乎?

庄子在《大宗师》一开篇就讲"天之所为"与"人之所为"的关系。"天",自然。知道什么是自然之所为,什么是人之所为,这就是极致了。知道自然之所为的人,就是知道一切出于自然;知道人之所为的人,就是用已知的部分涵养其所不知的部分,这样的人可以享尽其自然的寿命而不中途夭亡,达到认知的盛大。

"虽然如此,还是有缺憾。因为人的认知一定是有依赖的对象,而后才能判断是否妥当,只是其所依赖的对象是不断变化而难以确定的。所以,又哪里知道我所谓的自然没有人为的部分呢? 所谓的人为没有自然的部分呢?"

这里可以看到,庄子肯定"天之所为",也肯定"人之所为"。在世俗社会能区分这两者的人,他的认知已达到极致了。正如林希逸所言:"既知天又知人,故曰知之盛也。"①但是,还是有问题。这个问题就是,在认知时"有所待而后当",但是"所待者特未定",从而导致了很难区分什么是顺随自然,什么是有意人为。那么,这个认知的问题有可能解决吗? 庄子认为是有的,这就是"有真人而后有真知"。

---

① 〔宋〕林希逸:《庄子鬳斋口义校注》,周启成校注,中华书局 1997 年版,第 98 页。

(二)"真人"与"真知"

　　且有真人而后有真知。何谓真人？古之真人，不逆寡，不雄成，不谟士。若然者，过而弗悔，当而不自得也。若然者，登高不慄，入水不濡，入火不热。是知之能登假于道者也若此。

　　与上文所说的相对认知不同，"真人"是可以认识到"真知"的。"真知"是绝对真理。那么，什么样的人是"真人"呢？

　　古代的真人不忄逆寡少，不自恃己功，不图谋事情。"不逆寡"，即接受现状，哪怕现状是寡少不足的情形。"不雄成"，就是说功业虽成，但不夸耀。"雄"，夸耀。"谟士"，谋事。"谟"，谋。"士"，同"事"，古字通用。林希逸曰："士与事同，古字通用。如《东山诗》'勿士行枚也'。谟，谋也。无心而为之，故曰不谟事。"①

　　像这样的人，错过了不会后悔，恰好赶上了也不会自得。成玄英曰："天时已过，曾无悔吝之心；分命偶当，不以自得为美也。"像这样的人，登高不会害怕，入水不会濡湿，入火也不怕酷热。庄子以此说明，真人无论处于何种境遇，都能自适于己而不被外境影响。可见真人已经达到了道的境界，是得道者。"假"，至。

　　古之真人，其寝不梦，其觉无忧，其食不甘，其息深深。真人之息以踵，众人之息以喉。屈服者，其嗌言若哇。其者欲深者，其天机浅。

　　古代的真人，他睡觉时不做梦，醒来时无忧虑，饮食不求甘美，呼吸缓慢而深沉。真人的呼吸可以通到足跟，而众人的呼吸只通到喉咙。"屈服者，其嗌言若哇"，一种解释是有时言辩屈服，言语如梗在喉头。"嗌"，喉咙。

---

　　①　〔宋〕林希逸：《庄子鬳斋口义校注》，周启成校注，中华书局 1997 年版，第 98 页。

"哇",呕。林希逸曰:"内无真见,言语只在口头,所以易屈服于人。"①另一种解释是众人的气息不畅,吞吐之时似有阻碍。"屈服",曲折起伏。"服",同"伏"。成玄英曰:"曲折起伏,气不调和。"二说皆通。所以说"其耆欲深者,其天机浅",嗜欲深重的人,他的天机就浅钝。"耆",同"嗜",嗜欲。"天机",就是一种直觉的领悟力,张默生解释为"天然的根器"②。

可见真人虽处世间,但不受世俗的思虑、情绪与欲望的困扰。真人天机自动,无思无虑,无欲无求,才能如此平和安然。

> 古之真人,不知说生,不知恶死;其出不䜣(xīn),其入不距;翛(xiāo)然而往,翛然而来而已矣。不忘其所始,不求其所终;受而喜之,忘而复之,是之谓不以心捐道,不以人助天。是之谓真人。若然者,其心志③,其容寂,其颡頯(kuí);凄然似秋,煖(xuān)然似春,喜怒通四时,与物有宜而莫知其极。故圣人之用兵也,亡国而不失人心;利泽施乎万世,不为爱人。故乐通物,非圣人也;有亲,非仁也;天时,非贤也;利害不通,非君子也;行名失己,非士也;亡身不真,非役人也。若狐不偕、务光、伯夷、叔齐、箕子、胥余、纪他、申徒狄,是役人之役,适人之适,而不自适其适者也。④

古代的真人,不知悦生,不知恶死。出生不会欣喜,死去不会拒绝。"䜣",同"欣",欣喜。"距",同"拒",拒绝。对于真人来说,生死就是自在地来,又自在地去。"翛然",自在之貌。真人不忘记其所来的起始,不追求其

① 〔宋〕林希逸:《庄子鬳斋口义校注》,周启成校注,中华书局1997年版,第99页。
② 张默生:《庄子新释》,齐鲁书社1993年版,第197页。
③ "志"为"忘"之形误。宋褚伯秀曰:"'志'字诸解多牵强不通。赵(以夫)注正以'忘'字,与'容寂'义协,所论甚当。元本应是如此,传写小差耳。"见〔宋〕褚伯秀:《南华真经义海纂微》,方勇点校,中华书局2018年版,第237页。王叔岷、张默生、陈鼓应等皆认同,今从之。
④ 张默生曰:"自'故圣人之用兵也'至而'不自适其适者也'若干句……在本节中虽可勉强解释,终觉不类庄子思想,时人已有疑者,或为他书错简。若删去此若干句,则上下文义悉顺。"见张默生:《庄子新释》,齐鲁书社1993年版,第196页。今从之,这段只放入引文,正文中不再解释。

所去的终点,对于任何遭遇都欣然接受,无所牵挂而回到本来的状态。这就是不以心智损害道,不以人为辅助自然。这就是真人。"不以心捐道,不以人助天",真人不以人为减损增益自然。

像这样的真人,他的心胸忘怀得失,他的容貌寂然恬淡,他的额头宽大质朴。他凄冷时似肃杀的秋天,温暖时似和煦的春天,他的喜怒与四时相通。"颡",朴厚之貌。"煖",同"暄",温暖。

真人待人接物,总能随事物变化而皆合宜,无人能测知他变化的极限。林希逸曰:"随事而处,各得其宜,而无一定所止之地,即所谓以接而生时于其心者也。"①

> 古之真人,其状义而不朋,若不足而不承;与(qù)乎其觚(gū)而不坚也,张乎其虚而不华也;邴邴乎其似喜乎,崔乎其不得已乎!滀(chù)乎进我色也,与乎止我德也;厉乎其似世乎!謷(áo)乎其未可制也;连乎其似好闭也,悗(mèn)乎忘其言也。

这一段多用"似"来描状真人的形貌、神态。

古代的真人,"其状义而不朋",就是说真人形貌巍峨而不给人压力。"义",同"峨",巍峨。"朋",同"冯",迫。王叔岷曰:"谓其状貌巍峨而不胁迫人也。"②"若不足而不承",真人看似不足,而无所受物。"不足",《老子》四十一章:"广德若不足。"③"承",受。王夫之曰:"不足者必受物。若不足,非不足也,宁更受小物耶?"④

"与乎其觚而不坚也",真人常游于独而不固执。郭象曰:"常游于独而非固守。""与",通"趣",趣步。"觚",通"孤",特立不群。"坚",固。"张乎其虚而不华也",真人灵府广大虚空而不浮华。"张",广大。

"邴邴乎其似喜乎",真人明朗而似喜悦。郭象曰:"至人无喜,畅然和

① 〔宋〕林希逸:《庄子鬳斋口义校注》,周启成校注,中华书局1997年版,第102页。
② 王叔岷:《庄子校诠》,中华书局2007年版,第214页。
③ 〔三国魏〕王弼:《老子道德经注》,楼宇烈校释:《王弼集校释》,中华书局1980年版,第112页。
④ 〔清〕王夫之:《庄子解》,中华书局2009年版,第134页。

适,故似喜也。""邴",通"炳",明朗。王叔岷曰:"'邴邴乎',开朗貌。"①"崔乎其不得已乎",真人行止动静似不得已。"崔",动。成玄英曰:"真人凝寂,应物无方,迫而后动,非关先唱,不得已而应之者也。"

"滀乎进我色也,与乎止我德也",真人的容貌日见充盈,而德性日见收敛不外现。"滀",水聚。"与",同"豫",安止。刘凤苞曰:"此二句,亦相生相背,容色日见其充盈,而心德日见其收敛也。"②

"厉乎其似世乎",真人威严而似安泰。"厉",严肃。"世",同"泰"。郭庆藩曰:"俞氏云世为泰之假字,是也。古无泰字,其字作大。大世二字,故音义同,得通用也。"③"謷乎其未可制也",真人傲然而不被世俗禁制。"謷",同"傲",傲然。"制",禁制。成玄英曰:"圣德广大,謷然高远,超于世表,故不可禁制也。"

"连乎其似好闭也,悗乎忘其言也",真人绵长深远似好闭藏不言,实则是无心而忘其言。"连",绵长貌。"悗",无心貌。刘凤苞曰:"二句相生相背,'似好闭'若有意于深藏,而实则得意忘言,非有心于缄默以为闭藏也。"④

　　以刑为体,以礼为翼,以知为时,以德为循。以刑为体者,绰乎其杀也;以礼为翼者,所以行于世也;以知为时者,不得已于事也;以德为循者,言其与有足者至于丘也;而人真以为勤行者也⑤。故其好之也一,其弗好之也一。其一也一,其不一也一。其一与天为徒,其不一与人为徒。天与人不相胜也,是之谓真人。

①　王叔岷:《庄子校诠》,中华书局 2007 年版,第 216 页。
②　〔清〕刘凤苞:《南华雪心编》,中华书局 2013 年版,第 147 页。
③　〔清〕郭庆藩:《庄子集释》,中华书局 1961 年版,第 237 页。
④　〔清〕刘凤苞:《南华雪心编》,中华书局 2013 年版,第 147 页。
⑤　张默生曰:"自'以刑为体'至'而人真以为勤行者也'若干句,在本节中虽可勉强解释,终觉不类庄子思想,时人已有疑者,或为他书错简。若删去此若干句,则上下文义悉顺。"见张默生:《庄子新释》,齐鲁书社 1993 年版,第 196 页。今从之,这段只放入引文,正文中不再解释。

庄子最后对真人进行总结："故其好之也一,其弗好之也一。"所以说喜欢时是"一",不喜欢时也是"一"。不管喜欢也罢,不喜欢也罢,都是"一"。也就是说"好"与"弗好"皆是凡情,而真人无所谓好恶,皆看作是"一"。其"一"也是"一",其"不一"也是"一"。正如成玄英所说:"其'一',圣智也;其'不一',凡情也。既而凡圣不二,故'不一'皆'一'之也。""其一"就是"与天为徒","其不一"就是"与人为徒"。"与天为徒"就是与自然做伴,"与人为徒"就是与人类做伴。真人既可以与自然大道"一"相伴,也可以与人事"不一"同俗。成玄英曰:"虽复天无彼我,人有是非,确然论之,咸归空寂。若使天胜人劣,岂谓齐乎! 此又混一天人,冥同胜负。体此趣者,可谓真人也。"林希逸曰:"真人则无好无恶,无异无同,无分于天人,但循自然而已。"[①]"胜",对抗。"一",即道,大宗师。在真人这里,没有"天"与"人"的区别对抗,只有"天人合一"。正如张默生所说:"必须识得此冥同胜负混一天人者,才是真知,才是真人。"[②]

二、死生与"道"

(一)"相濡以沫,不如相忘于江湖"

> 死生,命也,其有夜旦之常,天也。人之有所不得与,皆物之情也。彼特以天为父,而身犹爱之,而况其卓乎! 人特以有君为愈乎己,而身犹死之,而况其真乎!

大宗师(二)

---

① 〔宋〕林希逸:《庄子鬳斋口义校注》,周启成校注,中华书局1997年版,第105页。
② 张默生:《庄子新释》,齐鲁书社1993年版,第198页。

这部分讲死生之变与道,以及得道者。

庄子认为,死生是天命,就像那黑夜白天的永恒演变,是自然发生的。自然发生的,人力是无法参与其中的,这都是万物的实情。人特以天为父亲,终其生而爱他,更何况那卓立独化的道!人特以君王的身份地位超越自己,终其生愿意效忠甚至不惜为之付出生命,更何况那真实纯粹的道!"与",参与。"情",情实。"彼",人。"卓",卓立,指道。"真",真实存在,指道。

泉涸,鱼相与处于陆,相呴以湿,相濡以沫,不如相忘于江湖。与其誉尧而非桀也,不如两忘而化其道。夫大块载我以形,劳我以生,佚我以老,息我以死。故善吾生者,乃所以善吾死也。

鱼儿赖以生存的泉水干涸,困在陆地上,不得不相互吹气湿润对方、相互吐泡沫沾湿对方。与其身处艰难的环境徒然挣扎,不如回归到大江湖海那丰沛的水中而彼此相忘。与其赞美尧而批评桀,不如是非两忘而随道一起变化。成玄英曰:"岂若无善无恶,善恶两忘;不是不非,是非双遣。然后出生入死,随变化而遨游;莫往莫来,履玄道而自得。""呴",吹。"濡",沾湿。

"夫大块载我以形,劳我以生,佚我以老,息我以死。故善吾生者,乃所以善吾死也。"自然以形体为"我"的载具,让"我"生时劳碌,老时闲逸,死后休息。所以能妥善对待生的人,也可以妥善对待死亡。"大块",自然。"佚",同"逸",闲逸。

(二)"藏天下于天下"

夫藏舟于壑,藏山于泽,谓之固矣。然而夜半有力者负之而走,昧者不知也。藏小大有宜,犹有所遁。若夫藏天下于天下而不得所遁,是恒物之大情也。特犯人之形而犹喜之。若人之形者,万化而未始有极也,其为乐可胜计邪!故圣人将游于物之所不得遁而皆存。善妖善老,善始善终,人犹效之,又况万物之所系,而一化之所待乎!

小舟藏于山谷,山藏于大泽,自以为很牢固。然而半夜造化像大力士一样背起它们就奔跑,而蒙昧者却全然不知。藏小舟于壑,藏大山于泽,以为找到了适合的隐藏之所,但还是会变化遗失。"有力者",造化,自然。"遁",变化。

如果藏天下于天下,就不会有所遗失,这是"恒物之大情",也就是万物永恒的至高真实。福永光司曰:"'藏天下于天下'——让一切存在都保持着其在天地宇宙间原本的样子,不施加任何人为干涉。'自然'能够让万物保持其原有姿态。只有'自然'才能包容世间万象。这自然二字,才是一切万物的伟大真实。"①杨国荣解释说:"这里所说的'藏天下于天下',也就是让事物回到本源处,或者说,使世界上一切对象都存在于其最为本源的地方。这是一种合乎事物本性的存在方式,所谓'恒物之大情'。"②

"特犯人之形而犹喜之。若人之形者,万化而未始有极也,其为乐可胜计邪!"一旦遭遇变化为人形,而不免沾沾自喜。说起来人的形态,千变万化而没有终点,那么他的喜乐计算得过来吗?所以圣人游于万物无所遗失处,万物能以其本然的状态而存在。"善妖善老,善始善终,人犹效之,又况万物之所系,而一化之所待乎!"善于面对少年老年、善于面对开始和结束之人,其他人都会想要效法他,更何况那万物所系的本源,一切变化所依待的道呢!"犯",遇,遭遇。"妖",一作"夭",与"老"相对。

(三)"道"与得道者

夫道,有情有信,无为无形;可传而不可受,可得而不可见;自本自根,未有天地,自古以固存;神鬼神帝,生天生地;在太极之先而不为高,在六极之下而不为深,先天地生而不为久,长于上古而不为老。

---

① [日]福永光司:《庄子内篇读本》,王梦蕾译,北京联合出版公司 2019 年版,第212 页。

② 杨国荣:《庄子内篇释义》,中华书局 2021 年版,第 234 页。

"夫道，有情有信"，道真实而有征信。"无为无形"，道寂静无为而虚廓无形。"可传而不可受，可得而不可见"，道可以心传而不可口授，可以体悟而不可以感官感知。释德清曰："以心印心，故可传可得；妙契忘言，故无受无见。"①"自本自根"，道是自己的本源，是自己的根本，也就是说"道的存在之根本在其本身之中，道不依托于任何事物，不从属于任何事物"②。"未有天地，自古以固存"，道在未有天地之前，自古以来就已存在。"神鬼神帝，生天生地"，道引出鬼、引出帝，生出天、生出地，也就是道生出万物，万物来源于道。"神"，生，引出。

道超越一切时空。"在太极之先而不为高，在六极之下而不为深"，道在太极之上而不为高，在六合之下而不为深。"太极"，天地混沌未分之时。"六极"，六合，天地四方。可见道在空间上无法度量。"先天地生而不为久，长于上古而不为老"，道在天地出生之前早就存在，它比天地更久远，比上古更绵长，却从不会变老，永远常新。

> 狶（shǐ）韦氏得之，以挈天地；伏戏氏得之，以袭气母；维斗得之，终古不忒；日月得之，终古不息；堪坏（pī）得之，以袭昆仑；冯夷得之，以游大川；肩吾得之，以处大山；黄帝得之，以登云天；颛顼得之，以处玄宫；禺强得之，立乎北极；西王母得之，坐乎少广，莫知其始，莫知其终；彭祖得之，上及有虞，下及五伯；傅说得之，以相武丁，奄有天下，乘东维，骑箕尾，而比于列星。

狶韦氏得道，用以提挈天地。成玄英曰："狶韦氏，文字已前远古帝王号也。得灵通之道，故能驱驭群品，提挈二仪。"伏羲氏得道，用以合于元气。北斗星得道，终古不出差错。日月得道，终古运行不息。

堪坏得道，以入昆仑。成玄英曰："堪坏人面兽身，得道入昆仑山为神也。"冯夷得道，遨游于黄河。成玄英曰："姓冯，名夷，弘农华阴潼乡堤首里

① 〔明〕释德清：《庄子内篇注》，华东师范大学出版社 2009 年版，第 121 页。
② ［日］福永光司：《庄子内篇读本》，王梦蕾译，北京联合出版公司 2019 年版，第 213 页。

人,服八石,得水仙。大川,黄河也。天地赐冯夷为河伯。"肩吾得道,用以处泰山。成玄英曰:"肩吾,神名也。得道,故处东岳为泰山之神。"

黄帝得道,得升云天。颛顼得道,得以处玄宫。成玄英曰:"颛顼,黄帝之孙,即帝高阳也,亦曰玄帝。年九十七崩,得道,为北方之帝。玄者,北方之色,故处于玄宫也。"

禺强得道,立于北极。成玄英曰:"禺强,水神名也,亦曰禺京。人面鸟身,乘龙而行。"西王母得道,安坐于少广山上,无人知晓她的开始和终结。

彭祖得道,上及有虞时期,下到五霸时代,活了八百岁。傅说得道,辅佐武丁拥有天下而成为殷相,死后乘着东维星,骑着箕尾星,与众星并列在天空。

以上这些得道者,或是古代传说时期的帝王,或是星辰日月,或是神话中的山神水神。他们或是作为帝王飞升,或是生前享有高寿,或是死后化为星辰。这些得道者,他们呈现出共同的特征,即超越性。

三、南伯子葵与女偊的问答

(一)学道的过程

南伯子葵问乎女偊曰:"子之年长矣,而色若孺子,何也?"曰:"吾闻道矣。"南伯子葵曰:"道可得学邪?"曰:"恶!恶可!子非其人也。夫卜梁倚有圣人之才而无圣人之道,我有圣人之道而无圣人之才,吾欲以教之,庶几其果为圣人乎!不然,以圣人之道告圣人之才,亦易矣。吾犹守而告之,参日而后能外天下;已外天下矣,吾又守之,七日而后能外物;已外物矣,吾又守之,九日而后能外生;已外生矣,而后能朝彻;朝彻,而后能见独;见独,而后能无古今;无古今,而后能入于不死不生。杀生者不死,生生者不生。其为物,无不将也,无不迎也;无不毁也,无不成也。其名为撄宁。撄宁也者,撄而后成者也。"

大宗师(三)

这个故事是南伯子葵与女偊的问答,他们在谈学道的过程,以及如何学道。

南伯子葵就是《齐物论》中的南郭子綦。南伯子葵问女偊说:"您已年长,但面色看起来像孩子,为什么会这样呢?"

女偊说:"我体悟了道的缘故。"道不欲杂,道是纯粹。得道者天真如赤子,相由心生,女偊悟道故色若孺子。

南伯子葵又问:"道可以学习得到吗?"

女偊说:"不行!当然不行!你不是合适的学道之人。有个叫卜梁倚的人,有圣人的资质,但没有成为圣人的志向。我有成为圣人的志向,但没有圣人的资质。我想要教他,说不准他可以成为圣人。即使做不到,以有圣人之道的告诉有圣人资质的,也是容易领悟的吧。""才",指资质、天资。"道",指进道之志。释德清曰:"'无圣人之才',才谓天赋之根器,犹俗云天资也。'而无圣人之道',言有美质而无进道志向。"①

接下来女偊就阐说自己学道的过程,要经历七个步骤。女偊告诉南伯子葵自己首先"守"道,即持守道,未曾须臾离开。三日之后能做到"外天下",即遗忘天下。已经遗忘天下,又继续持守,七日之后能做到"外物",即遗忘身边切近之物。成玄英曰:"天下万境疏远,所以易忘;资身只物亲近,所以难遗。"已经外物,又继续持守,九日而后能"外生",即忘却自身的生命,忘我。

已经外生,而后能"朝彻",如漫漫长夜后忽见朝阳的明澈,即心灵忽然洞彻。成玄英曰:"朝,旦也。彻,明也。死生一观,物我兼忘,惠照豁然,如

---

① 〔明〕释德清:《庄子内篇注》,华东师范大学出版社 2009 年版,第 123 页。

朝阳初启,故谓之朝彻也。"已经朝彻,而后能"见独",即见到了道之一体。宣颖曰:"独,即一也。"①见独,即在万物中见道,在道的层面与万物融为一,从而享受与道一样的独立。成玄英曰:"夫至道凝然,妙绝言象,非无非有,不古不今,独往独来,绝待绝对。睹斯胜境,谓之见独。"见独,然后能"无古今",即消解掉时间。无古无今,而后能入于"不死不生"之境,即超越死生、与道合一的境界。

"杀生者不死,生生者不生",大道掌管万物的死生,它本身却是不死不生的。王叔岷曰:"杀生者,生生者,道也。道生、杀万物,而道不死、不生。"②"其为物,无不将也,无不迎也;无不毁也,无不成也",大道对于万事万物,无不相送,无不相迎,无不毁灭,无不成全。"将",送。

这就叫"撄宁"。"撄",扰动。"宁",宁定。林希逸曰:"撄者,拂也,虽撄扰汨乱之中,而其定者常在,宁,定也,撄扰而后见其宁定,故曰撄宁。"③释德清曰:"撄者,尘劳杂乱,困横拂郁,挠动其心曰撄。言学道之人,全从逆顺境界中做出,只到一切境界不动其心,宁定湛然,故曰撄宁。"④"撄宁也者,撄而后成也。"这句进一步解释撄宁的含义,也就是先扰乱其心而后终成内心之宁定。宣颖曰:"于世纷撄扰中而成吾之大定。"⑤

(二)从何处学道

> 南伯子葵曰:"子独恶乎闻之?"曰:"闻诸副墨之子,副墨之子闻诸洛诵之孙,洛诵之孙闻之瞻明,瞻明闻之聂许,聂许闻之需役,需役闻之於(wū)讴,於讴闻之玄冥,玄冥闻之参寥,参寥闻之疑始。"

南伯子葵问:"你究竟从何处得到这些的呢?"

---

① 〔清〕宣颖:《南华经解》,广东人民出版社 2008 年版,第 53 页。
② 王叔岷:《庄子校诠》,中华书局 2007 年版,第 237 页。
③ 〔宋〕林希逸:《庄子鬳斋口义校注》,周启成校注,中华书局 1997 年版,第 111 页。
④ 〔明〕释德清:《庄子内篇注》,华东师范大学出版社 2009 年版,第 124 页。
⑤ 〔清〕宣颖:《南华经解》,广东人民出版社 2008 年版,第 53 页。

女偊回答:"我得之于文字,由文字进而得之于反复诵读。由反复诵读进而得之于神明洞澈。由神明洞澈进而得之于耳语心许。""副墨",指文字。吕惠卿曰:"道以体之为正,则文墨之所论者,乃副之而非其正也。"①"洛诵",反复诵读。"瞻明",神明洞澈。"聂许",耳语心许。释德清曰:"聂许,谓从耳闻,声入心通,而心自许也。"②

以上所述,表明学道要先从文字开始,加之反复诵读,而后眼见心明、耳语心悟。既然有所领悟,就需要等待时机实践。在实践的过程中有所意会,从之前的文字领悟到现在实践中别有会心,不免发出哇鸣的惊叹。"需役",等待时机实践。"需",通"须",等待。"役",行动。"於讴",嗟叹咏歌。林希逸曰:"讴者,言之不足而永歌之也。於,嗟叹也,言其自得自乐也。"③

在实践中进而得之于"玄冥"。"玄冥",就是达到深远幽寂之境。成玄英曰:"玄者,深远之名也。冥者,幽寂之称。"由玄冥进而得之于"参寥"。"参寥",用释德清的解释就是"空廓广大、虚无之境。谓道之实际也"④。由"参寥"进而得之于"疑始"。"疑始",王叔岷解释为"似始非始也。如言始,则落迹象矣"⑤。"玄冥""参寥""疑始",皆是学道而得道后,对所体悟到的道的描绘。林希逸曰:"此意盖言道虽得之于文字,实吾性天之所自有者也。"⑥

这一段可能是庄子自己学道体道的经验。正如胡文英所说:"从空撰出许多名目,要亦是身体力行过来,非若后人妄为杜撰也。"⑦

---

① 〔宋〕吕惠卿:《庄子义集校》,汤君集校,中华书局2009年版,第133页。
② 〔明〕释德清:《庄子内篇注》,华东师范大学出版社2009年版,第125页。
③ 〔宋〕林希逸:《庄子鬳斋口义校注》,周启成校注,中华书局1997年版,第112页。
④ 〔明〕释德清:《庄子内篇注》,华东师范大学出版社2009年版,第126页。
⑤ 王叔岷:《庄子校诠》,中华书局2007年版,第239页。
⑥ 〔宋〕林希逸:《庄子鬳斋口义校注》,周启成校注,中华书局1997年版,第112页。
⑦ 〔清〕胡文英:《庄子独见》,华东师范出版社2011年版,第45页。

四、四个好友：子祀、子舆、子犁、子来

（一）死生"一体"与"物不胜天"

　　子祀、子舆、子犁、子来四人相与语曰："孰能以无为首，以生为脊，以死为尻（kāo），孰知死生存亡之一体者，吾与之友矣。"四人相视而笑，莫逆于心，遂相与为友。

大宗师（四）

这个故事是关于四位好友的。

　　子祀、子舆、子犁、子来聚在一起聊天说："谁能以无为头，以生为脊，以死为尾骨，谁能知道死生存亡有如一体的，我就与他交友。""尻"，尾骨。

　　四人相视而笑，莫逆于心。这四人的人生观完全一致，于是就有了这样会心的微笑，四人遂成为莫逆之交。

　　俄而子舆有病，子祀往问之。曰："伟哉夫造物者，将以予为此拘拘也！曲偻发背，上有五管，颐隐于齐，肩高于顶，句赘指天。"阴阳之气有沴（lì），其心闲而无事，骈躃（xiān）而鉴于井，曰："嗟乎！夫造物者又将以予为此拘拘也！"

　　不久子舆生病了，子祀去看望他。子舆说："多么伟大的造物者啊，将我变成如此拘挛不直的样子！"子舆弯腰驼背，五脏朝上，脸颊隐藏在肚脐下，肩膀高于头顶，发髻朝天。阴阳气息凌乱，可他心情闲适就像无事一样，蹒

珊走着,到井边照见自己的身影说:"呀! 造物者又要将我变成如此拘挛不直的样子!""沴",同"戾",凌乱。"骈跰",同"蹁跹",蹒跚。

> 子祀曰:"女恶之乎?"曰:"亡,予何恶! 浸假而化予之左臂以为鸡,予因以求时夜;浸假而化予之右臂以为弹,予因以求鸮炙;浸假而化予之尻以为轮,以神为马,予因以乘之,岂更驾哉! 且夫得者,时也,失者,顺也;安时而处顺,哀乐不能入也。此古之所谓县解也,而不能自解者,物有结之。且夫物不胜天久矣,吾又何恶焉!"

子祀问他:"你讨厌自己现在的这个样貌吗?"子舆回答:"不会,我怎么会讨厌呢! 假使变化我的左臂为鸡,我就顺势来司晨;假使变化我的右臂为弹弓,我就顺势打鸟烤着吃;假使变化我的尾骨为轮,变化我的精神为马,我就顺势乘坐车马,难道还需要别的车马吗?"

"且夫得者,时也,失者,顺也;安时而处顺,哀乐不能入也。此古之所谓县解也。"出生是应时而出生,离去是顺应而死亡。安于时机,顺应变化,过度的哀乐之情就不会进入心中。这就是古人所说的解除倒悬之苦。这几句在《养生主》中秦失吊唁那段也提到过,此处再次强调。

可惜的是,世人多做不到,难以解除这人生的倒悬之苦,为什么做不到呢? 因为"物有结之",世人仍然被外在之物束缚。但终究是"物不胜天"。"物"代表着一切的人事与万物,"天"代表着自然法则、造物者、大宗师,即道。万事万物皆在造化中,"物不胜天"即人事不能对抗造化,只能顺应。子舆知晓这一真理自古以来就存在,所以当他的身体发生了如此巨大的改变,他也能欣然接受、坦然面对,又怎么会产生厌恶之情呢?

(二)伟大"造化"与"大冶铸金"

> 俄而子来有病,喘喘然将死,其妻子环而泣之。子犁往问之,曰:"叱! 避! 无怛(dá)化!"倚其户与之语曰:"伟哉造化! 又将奚以汝为,将奚以汝适? 以汝为鼠肝乎? 以汝为虫臂乎?"

不久子来生病了,呼吸急促将要死去,他的妻子与孩子围在他身边哭泣。子犁去探望他,看到了这一幕说:"去!回避!不要惊动这生死的变化!""叱",叱责声。"怛",惊动。

子犁倚着门和子来说:"多么伟大的造化力量!又要将你变为什么物呢?又要让你去往何处呢?将要把你变为鼠肝吗?将要把你变为虫臂吗?"这里所说的化为鼠肝、化为虫臂,和上文所说的化为鸡、化为弹、化为轮、化为马,都进一步体现了庄子在《齐物论》中所说的"物化"。

> 子来曰:"父母于子,东西南北,唯命之从。阴阳于人,不翅于
> 父母;彼近吾死而我不听,我则悍矣,彼何罪焉!夫大块载我以
> 形,劳我以生,佚我以老,息我以死。故善吾生者,乃所以善吾死
> 也。今之大冶铸金,金踊跃曰'我且必为镆铘',大冶必以为不祥
> 之金。今一犯人之形,而曰'人耳人耳',夫造化者必以为不祥之
> 人。今一以天地为大炉,以造化为大冶,恶乎往而不可哉!"成然
> 寐,蘧然觉。

子来说:"孩子对于父母,东西南北,唯命是从。阴阳造化对于人,不啻父母。阴阳造化让我迫近死亡而我不听命,那就是我忤逆了造化,造化又有什么过错呢?""翅",同"啻"。"近",迫近。"悍",抵抗。

"夫大块载我以形,劳我以生,佚我以老,息我以死。故善吾生者,乃所以善吾死也。"这一段在鱼"相濡以沫"那里就有,此处再次出现。庄子用此强调,生命是由生到死的自然变化,人当明白生与死只是人生的某一阶段而已。

接着庄子用了一个寓言来说明。"现在有一个大工匠在铸造金属,金属跳起来说'我一定要成为镆铘剑',大工匠必定以为这是一块不祥之金。同样的道理,现在偶然成为万化之一的人的形貌,就说'我要成为人,我要成为人',造化者必定会以为这是不祥之人。现在即以天地为大熔炉,以造化为大工匠,我成为何种形态、去往哪里不可以呢?""犯",遇。

子来是真人,悟得生死是自然之变化的真知,从而使自己精神得到完全自由。在面对将要到来的死亡时,他才会如此淡定。"成然寐,蘧然觉",就

是郭象所说"寘寘自若,不以死生累心"。成玄英曰:"成然是闲放之貌,蘧然是惊喜之貌。寐,寝也,以譬于死也。觉是寤也,以况于生。然寤寐虽殊,何尝不从容逸乐;死生乃异,亦未始不任命逍遥。此总结子来以死生为寤寐者也。"宣颖认为此句亦是比喻:"盖凡人偶然而生,偶然而死,不过如梦觉耳。"①

五、子贡与孔子的问答

(一)"临尸而歌"与子贡质疑

> 子桑户、孟子反、子琴张三人相与友,曰:"孰能相与于无相与,相为于无相为? 孰能登天游雾,挠挑无极;相忘以生,无所终穷?"三人相视而笑,莫逆于心,遂相与为友。

大宗师(五)

这个故事中又有三个好朋友。子桑户、孟子反、子琴张三人互相说道:"谁能做到相交往而不刻意相交,互相帮助而不有意相为? 谁能登天游雾而超然世表,回旋于无极之境,相忘死生,顺应变化而没有穷尽?""挠挑",宛转。

"三人相视而笑,莫逆于心",三人无须更多言说,微笑即是会心,于是结成知交好友。对这三位真人的描述与上文对四人相与为友的描述相类似,重点突出他们以死生存亡为一体,从而超越物质世界,与大道游于无极之境的精神自由。

三人的出现,不是为了重复上文四人的交友之道,而是因为他们将成为

---

① 〔清〕宣颖:《南华经解》,广东人民出版社 2008 年版,第 55 页。

庄子内篇讲读

子贡眼中的异类,成为子贡与孔子言谈的对象。庄子以此引出世人是如何看待这类超越死生的真人的。

> 莫然有间而子桑户死,未葬。孔子闻之,使子贡往待事焉。或编曲,或鼓琴,相和而歌曰:"嗟来桑户乎!嗟来桑户乎!而已反其真,而我犹为人猗!"子贡趋而进曰:"敢问临尸而歌,礼乎?"二人相视而笑曰:"是恶知礼意!"

三人结交之后,交情也是漠然的。"莫然",漠然。宣颖曰:"莫然,犹漠漠然,形容淡交也。"①这也是《庄子·山木》中"君子之交淡如水"之意。过了一阵子,子桑户去世,尚未安葬。孔子听说了,就让子贡前往帮忙处理丧事。"待",通"侍"。于是子贡看到了一般葬礼上未曾出现的场面:有人在编挽歌,有人在鼓琴,二人相和而歌:"嗟来桑户乎!嗟来桑户乎!而已反其真,而我犹为人猗!""编曲",编次歌曲。宣颖曰:"编次歌曲。旧云织簿,非是。"②"而",你。"桑户啊,桑户啊!你已经返归自然本真,而我们还是人啊!"

子贡听到歌声走上前问道:"请问临尸而歌,符合礼吗?"两人相视而笑说:"他哪里懂得礼的深意。"言下之意,他们认为的"礼"并非世俗世界即子贡眼中的礼仪规范,而是歌中所唱的"反其真"。成玄英曰:"夫大礼与天地同节,不拘制乎形名,直致任真,率情而往,况冥同生死,岂存哀乐于胸中。"

> 子贡反,以告孔子,曰:"彼何人者邪?修行无有,而外其形骸,临尸而歌,颜色不变,无以命之。彼何人者邪?"

子贡返回后,告诉孔子自己在丧礼上的所见所闻,不禁感叹道:"他们究竟是什么样的人啊?完全没有礼仪修养,而能遗忘形骸,超越死生。他们临尸而歌时,神色不变,毫无哀戚,我实在无法说清他们的状态。他们究竟是

---

① 〔清〕宣颖:《南华经解》,广东人民出版社 2008 年版,第 56 页。
② 〔清〕宣颖:《南华经解》,广东人民出版社 2008 年版,第 56 页。

186

什么样的人啊?""命",名。

子贡太震惊了,他从未在丧礼上见过有如此行为的人,不知道该如何形容他们,更无法明白他们为何有此行为,只能求助于自己的老师。

(二)方外方内与"相忘乎道术"

> 孔子曰:"彼,游方之外者也;而丘,游方之内者也。外内不相及,而丘使女往吊之,丘则陋矣。彼方且与造物者为人,而游乎天地之一气。彼以生为附赘县(xuán)疣,以死为决疣(huàn)溃痈,夫若然者,又恶知死生先后之所在! 假于异物,托于同体;忘其肝胆,遗其耳目;反覆终始,不知端倪;芒然彷徨乎尘垢之外,逍遥乎无为之业。彼又恶能愦愦然为世俗之礼,以观众人之耳目哉!"

孔子回答说:"他们是游于世俗之外的人,而我是游于世俗之内的人。方内与方外不相关,而我让你去吊唁,是我太固陋了。""方",成玄英解释为"区域"。

"彼方且与造物者为人,而游乎天地之一气",他们正参与造物者变化为人的形貌,而心灵遨游于天地未分混茫为一气之时。释德清曰:"言彼虽处人世,其实心游乎未有天地已[以]前,与大道混茫而为一也。"[1]

"彼以生为附赘县疣,以死为决疣溃痈,夫若然者,又恶知死生先后之所在!"他们以生存为多余的肉瘤,以死亡为溃破的疮痈。倘若如此的话,又哪里知死生谁先谁后之所在呢?"县",通"悬"。

"假于异物,托于同体",他们以为人是假借于不同的物质,寄托于同一个形体之中的。"忘其肝胆,遗其耳目;反覆终始,不知端倪。"他们忘却了体内的肝胆,也遗忘了外在的耳目;他们以为生命的形态反复终始、无限循环,不知其边际。

"芒然彷徨乎尘垢之外,逍遥乎无为之业",他们无所系地徘徊于尘垢之外,逍遥于无为之事。"芒然",无系貌。"业",事。"彼又恶能愦愦然为世俗

---

① 〔明〕释德清:《庄子内篇注》,华东师范大学出版社 2009 年版,第 131 页。

之礼,以观众人之耳目哉",他们又怎么能烦乱地遵守世俗之礼,展示给众人观看呢?"愦愦然",烦乱貌。"观",示。言下之意,他们不在意世俗之礼,更不在意世俗中人的异样眼光。

这里有一点值得注意,庄子只是为了说明"方外"与"方内"的区别,不是为了突出二者的对立。正如福永光司所说:"孔子在文中将自我称为方内者,将庄子式的超越者称为方外者,这其实不过是权宜性的区分。而庄子式的绝对者则与这种区分无关,确切说来应是同时包容超越了方内与方外的'无方之人'。与'方内'相对而言的'方外'只是为了说明这一界限而使用的词罢了。"[①]

> 子贡曰:"然则夫子何方之依?"孔子曰:"丘,天之戮民也。虽然,吾与汝共之。"子贡曰:"敢问其方。"孔子曰:"鱼相造乎水,人相造乎道。相造乎水者,穿池而养给;相造乎道者,无事而生定。故曰,鱼相忘乎江湖,人相忘乎道术。"

子贡听了孔子所说的"方外""方内"的不同之后,又问:"那么夫子您是依据哪一方呢?"孔子说:"我被礼仪桎梏,就如同受到了自然的刑戮。虽然如此,我和你欲共游于方外。"子贡问:"有什么方法吗?"

孔子说:"鱼相造乎水,人相造乎道。"鱼在水中相适宜,人在道中相适宜。"相造乎水者,穿池而养给",在水中相适宜的,凿个池子来养它就足够了;"相造乎道者,无事而生定",在道中相适宜的,闲居无事就会生出静定。"造",生。"无事",林希逸解释为"无为"[②],刘武也说:"此处'无事',即无为也,承上'逍遥乎无为之业'说。无为也,而后能虚静,虚静则定矣。"[③]"生",一种解释认为通"性",比如成玄英曰:"亦犹人处大道之中,清虚养性,无事逍遥,故得性分静定而安乐也。"还有一种解释认为是"生出"之意,比如

① 〔日〕福永光司:《庄子内篇读本》,王梦蕾译,北京联合出版公司 2019 年版,第237 页。
② 〔宋〕林希逸:《庄子鬳斋口义校注》,周启成校注,中华书局 1997 年版,第 118 页。
③ 刘武:《庄子集解内篇补正》,中华书局 2012 年版,第 568 页。

刘武曰:"'生'字,如佛书'无所住而生其心'之生,不必改为'性'字。彼所生之心,清净心也,即此之定心也。言欲造乎道者,在生其定心,而生定之功夫则在心虚静而无事,无事而定自生矣。此庄子修道要旨也。"①傅佩荣也认为:"人在闲居时不必担心生活太无聊,只要把心定下来,平常心即是道,练习'万物静观皆自得',品味与体会这一刹那,自然有一种永恒的趣味。"②

所以说"鱼相忘乎江湖,人相忘乎道术"。鱼处于宽阔的江湖中可以自在地悠游其中,自然会互相忘记处在池中的相适;人处在道术中,自然会相忘方内方外的区别,而不仅是无事生定而已。王夫之曰:"达于江湖,归于道术,不特相造,而相忘矣。"③宣颖也说:"愈大则愈适,此岂但养给而已,岂但生定而已!"④

这里再次强调"忘"。前文说到鱼"相濡以沫,不如相忘于江湖",泉涸无水,鱼儿在困境中互相湿润、互相扶持,虽令人感动但不如相忘于江湖。此处鱼儿相处池中虽可以相适,但毕竟空间逼仄,不如在江湖中相忘更自在。"人相忘乎道术",照应前文"与其誉尧而非桀也,不如两忘而化其道"。前文是不以是非评判个人,此处是不对方内、方外的道术做评判。在领悟道的各种学术中,无论是儒家、道家,还是方内、方外,皆可相互忘记。

子贡曰:"敢问畸人。"曰:"畸人者,畸于人而侔于天。故曰,天之小人,人之君子;人之君子,天之小人也。"

子贡又追问:"什么是畸人?""畸",异。"畸人",郭象解释为"方外而不耦于俗者"。

孔子说:"畸人,就是不偶合于世俗之礼,而率其本性合于自然的人。""侔",合。所以说:"天之小人,人之君子;人之君子,天之小人也。"合于世俗

① 刘武:《庄子集解内篇补正》,中华书局 2012 年版,第 568 页。
② 傅佩荣:《逍遥之乐:傅佩荣谈庄子》,东方出版社 2013 年版,第 105 页。
③ 〔清〕王夫之:《庄子解》,中华书局 2009 年版,第 140 页。
④ 〔清〕宣颖:《南华经解》,广东人民出版社 2008 年版,第 57 页。

之仪礼的人之君子,却是违反自然的小人;相反,合于自然的君子,却被世俗当作不合仪礼的小人。其中"人之君子,天之小人"这句,和前句"天之小人,人之君子"语义重复,王先谦以为"疑复语无义,当作'天之君子,人之小人也'"①。其后不少学者比如刘武、王叔岷、陈鼓应、张默生、方勇等皆从之,今按此解释。

这段又回到了《大宗师》开头所说的"天"与"人"的关系上。以世俗的眼光来看,"畸人"是超越了世俗价值的异常之人,如孟子反、子琴张。但他们却是合于自然之道的真人。

六、孟孙才处丧与许由游于道

(一)安于物化与"入于寥天一"

> 颜回问仲尼曰:"孟孙才,其母死,哭泣无涕,中心不戚,居丧不哀。无是三者,以善处丧盖鲁国。固有无其实而得其名者乎?回壹怪之。"

大宗师(六)

这个故事是颜回与孔子的对话,颜回对孟孙才居丧的行为不解而请教孔子。

颜回问孔子:"孟孙才的母亲去世。他哭泣没眼泪,内心不哀戚,居丧不哀痛。没有以上三点的居丧方式,竟然以擅长处丧而名闻鲁国。真的有无实际而获得名声的吗?我觉得太奇怪了。""壹",实在。

---

① 〔清〕王先谦:《庄子集释》,中华书局 2012 年版,第 86 页。

　　仲尼曰："夫孟孙氏尽之矣,进于知矣。唯简之而不得,夫已有所简矣。孟孙氏不知所以生,不知所以死;不知就先,不知就后;若化为物,以待其所不知之化已乎!且方将化,恶知不化哉?方将不化,恶知已化哉?吾特与汝,其梦未始觉者邪!且彼有骇形而无损心,有旦宅而无情死。孟孙氏特觉,人哭亦哭,是自其所以乃。且也相与吾之耳矣,庸讵知吾所谓吾之乎?且汝梦为鸟而厉乎天,梦为鱼而没于渊。不识今之言者,其觉者乎,其梦者乎?造适不及笑,献笑不及排,安排而去化,乃入于寥天一。"

　　孔子回答道:"孟孙才已尽了居丧之道,超过那些知道丧礼的人了。他只是尽量俭省繁冗的丧礼,已经简略了不少了。""进",超过。"简",简略。宣颖曰:"'唯简之而不得',简者,略于事。世俗相因,不得独简,未免哭泣居丧之事。'夫已有所简矣',然不知不觉已无涕,不戚不哀矣,是已有所简矣。"[1]

　　孟孙才不知道什么是生,不知道什么是死;不知趋就生,不知接近死。"先",生。"后",死。"若化为物,以待其所不知之化已乎",顺其变化为物为人,只等待那将来所不知的变化而已。"若",顺。"且方将化,恶知不化哉?方将不化,恶知已化哉?"况且将要变化,又如何知道实质无变化?将不变化,又如何知道不是已经变化了呢?宣颖曰:"四句正不知之化也,总非我所能与者也。"[2]

　　孔子进一步说:"只是我和你还处在梦中尚未开始觉醒吧!""且彼有骇形而无损心,有旦宅而无情死",而孟孙才以为形体会有所更改而心灵不会减损,形体有所转变而精神不会死亡。"旦宅",指变化的身体。"情",实。刘武曰:"旦宅,言人生驹隙,如一朝居于宅耳。所谓死者,犹之赁宅者去此迁彼,而非实死也。"[3]"孟孙氏特觉,人哭亦哭,是自其所以乃",孟孙氏独觉醒,居丧时众人哭他也哭,这就是他自己表现出这样子的原因。"乃",然,如此。

　　"且也相与吾之耳矣,庸讵知吾所谓吾之乎?"意思是说:而且众人见到

---

①　〔清〕宣颖:《南华经解》,广东人民出版社 2008 年版,第 57 页。
②　〔清〕宣颖:《南华经解》,广东人民出版社 2008 年版,第 57 页。
③　刘武:《庄子集解内篇补正》,中华书局 2012 年版,第 571 页。

自己的形体都说自己为"我",又怎么知道自己所说的"我"是自己呢?王先谦曰:"人每见吾暂有身,则相与吾之。岂知无所谓吾之,果为吾乎,果非吾乎?"①这里讨论什么是"我"的问题。"我"是这个众人以为的形体吗?《庄子·知北游》中直接表达"汝身非汝有",即你的身体不属于你,也就是说你不是你的形体:

> 舜问乎丞曰:"道可得而有乎?"曰:"汝身非汝有也,汝何得有夫道?"舜曰:"吾身非吾有也,孰有之哉?"曰:"是天地之委形也;生非汝有,是天地之委和也;性命非汝有,是天地之委顺也;孙子非汝有,是天地之委蜕也。……"

舜问丞:"道可以得到而拥有吗?"丞说:"你的身体都非你所有,又怎么能得到并拥有道?"舜说:"我的身体非我所有,那是谁拥有呢?"丞说:"那是天地赋予的形体;生命非你所有,是天地赋予的和气;性命非你所有,是天地赋予的顺应;子孙非你所有,是天地赋予的蜕变。"傅佩荣评价这段说:"本文谈到'身,生,性(本性)命(遭遇),子孙',都是天地之间'气'的变动,而没有一个作为主体的自我存在,所以人要排除自我的执着。"②

孔子继续说:"况且你梦见自己是鸟在天空飞翔,梦见自己是鱼在深海游玩。在梦中全然不知有这个此刻说话的人,鱼和鸟是觉还是梦?人是觉还是梦?""厉",同"戾",至。

"造适不及笑,献笑不及排",达到适意时来不及笑,展露出笑容时来不及安排。宣颖曰:"人但知笑为适意,不知当其忽造适意之境,心先喻之,不及待笑也。及至忽发为笑,又是天机自动,何尝及安排而为之乎?是适与笑,自己毫不能主也。"③这两句体会入微。适与笑,只在当时当境的瞬间,绝非安排。有一日天空阴沉,我来学校上课,走过教学楼下时,猝然相遇一片盛开的紫色二月兰,不觉莞尔。这种与物的某种共鸣而带来的适意,会令人

---

① 〔清〕王先谦:《庄子集解》,中华书局 2012 年版,第 88 页。

② 傅佩荣:《逍遥之乐:傅佩荣谈庄子》,东方出版社 2013 年版,第 353 页。

③ 〔清〕宣颖:《南华经解》,广东人民出版社 2008 年版,第 58 页。

不觉露出笑意。庄子将日常生活中的感受细致入微地描绘出来,让我们去回味,原来真的是这样啊。

"安排而去化",安于自然的推移而随任变化。"安排",安于推移。"去化",任化。张默生说:"去化,当作'任化',安排而任化,言安于自然之安排,而任大化之流转也。"①梦为鸟则安于鸟,梦为鱼则安于鱼;在生安于生,在死安于死。能做到"安排而去化",就会入于"寥天一",进入空虚自然之道,即与道合一之境。"寥",虚空。"天",自然。"一",道。

(二)"炉捶之间"与游于自然

> 意而子见许由。许由曰:"尧何以资汝?"意而子曰:"尧谓我:'汝必躬服仁义而明言是非。'"许由曰:"而奚来为轵?夫尧既已黥汝以仁义,而劓汝以是非矣,汝将何以游夫遥荡恣睢转徙之涂乎?"

这个故事是意而子与许由的对话。意而子是庄子虚构的人物。

意而子去见许由。许由问:"尧教给你什么?"意而子说:"尧告诉我说:'你一定要遵循仁义并明辨是非。'""资",资助。

许由说:"你为什么来此处呢?尧已经用仁义在你的脸上刺字,用是非割去你的鼻子,你怎么还能游于逍遥之境、自得变化之途呢?"这里以"黥""劓"的刑罚,比喻人的本来面目遭到了仁义、是非的破坏,无法再游于逍遥放任变化之途。释德清曰:"言汝已被尧以仁义是非坏了汝本来面目,而拘于仁义是非之场,又何能游于逍遥大道之乡乎?"②"轵",同"只",语助词。"遥荡",逍遥。"恣睢",自得。"转徙",变化。

> 意而子曰:"虽然,吾愿游于其藩。"许由曰:"不然。夫盲者无以与乎眉目颜色之好,瞽者无以与乎青黄黼黻之观。"意而子曰:"夫无庄之失其美,据梁之失其力,黄帝之亡其知,皆在炉捶之间

① 张默生:《庄子新释》,齐鲁书社1993,第220页。
② 〔明〕释德清:《庄子内篇注》,华东师范大学出版社2009年版,第136页。

耳。庸诅知夫造物者之不息我黥而补我劓，使我乘成以随先生邪？"许由曰："噫！未可知也。我为汝言其大略。吾师乎！吾师乎！鳌(jī)万物而不为义，泽及万世而不为仁，长于上古而不为老，覆载天地刻雕众形而不为巧。此所游已。"

意而子说："虽然无法走上此路途，我还是愿意游于此境界的边缘。"

许由回应："恐怕不行。盲人无法欣赏到眉目容颜的美好，也无法观赏到色彩精美的花纹。"

听了许由的回答，意而子说："无庄是美人，闻道之后，不再装饰，忘却了她的外在之美；据梁是勇士，闻道之后，忘记了他的外在之力；黄帝是智者，闻道之后，忘记了他的智。他们三人都是在大冶的熔炉中锻造而成全新的自我。又怎么知道造物者不会平息我面上的刺痕、修补好我伤残的鼻子，让我复生为完备的人来追随先生呢？""乘"，载。"成"，完备。宣颖曰："黥劓虽已残缺，苟有息之补之者，依旧完成矣。然则天今使我遇先生，安之不载一成体以相随耶？"①王叔岷曰："炉捶之后故成，前文所谓'撄而后成'也。"②

意而子以为，自己虽曾受到仁义、是非这些人为的束缚，但经过造化熔炉的陶冶，依然有可能恢复本来面目。许由不再否认他，说："噫！那倒确实也未可知。我为你说个大概吧。我的老师啊！我的老师啊！调和万物而不以为义，泽被万世而不以为仁，长于上古而不以为老，覆天载地、雕刻众形而不以为巧。这就是所游的境界。""鳌"，调和。

许由所言大宗师"不为义""不为仁""不为老""不为巧"，指出了大道的运行方式即是自然，一切自然而成，从不刻意为之。释德清曰："此一节，言欲学大道，必须屏绝有心要为仁义、恭矜、智能之事，方可超玄入妙，而逍遥乎大道之乡。"③宣颖曰："从虚空画出一个大宗师。不为义，不为仁，将尧的仁义二字打落，其是非两字更不必言。不为老，不为巧，又陪说两句。"④

---

① 〔清〕宣颖：《南华经解》，广东人民出版社 2008 年版，第 59 页。

② 王叔岷：《庄子校诠》，中华书局 2007 年版，第 264 页。

③ 〔明〕释德清：《庄子内篇注》，华东师范大学出版社 2009 年版，第 137 页。

④ 〔清〕宣颖：《南华经解》，广东人民出版社 2008 年版，第 59 页。

七、颜回"坐忘"与子桑安命

(一)"离形去知,同于大通"

　　颜回曰:"回益矣。"仲尼曰:"何谓也?"曰:"回忘仁义矣。"曰:"可矣,犹未也。"他日,复见,曰:"回益矣。"曰:"何谓也?"曰:"回忘礼乐矣。"曰:"可矣,犹未也。"他日,复见,曰:"回益矣。"曰:"何谓也?"曰:"回坐忘矣。"仲尼蹴然曰:"何谓坐忘?"颜回曰:"堕(huī)肢体,黜聪明,离形去知,同于大通,此谓坐忘。"仲尼曰:"同则无好也,化则无常也。而果其贤乎! 丘也请从而后也。"

大宗师(七)

　　这个故事是颜回与孔子的对话。

　　颜回有一日说:"我进步了。"孔子问:"什么进步了?"颜回说:"我忘记仁义了。"孔子说:"不错,但还是不够。"

　　过了几日,颜回又去见孔子,说:"我进步了。"孔子问:"什么进步了?"颜回说:"我忘记礼乐了。"孔子说:"不错,但还是不够。"

　　颜回两次见孔子,第一次"忘仁义",第二次"忘礼乐"。为什么先忘仁义再忘礼乐呢? 宣颖引孙月峰曰:"忘仁义只是去是非,心忘礼乐,则全然不拘束矣。故忘礼乐在忘仁义后。"[1]方勇针对刘文典、王叔岷、陈鼓应等学者认为的应该先忘礼乐后忘仁义的观点,说:"本篇写孟孙才'唯简之而不得',写孟子反、子琴张因'临尸而歌'而见讥,正说明世俗之礼陈陈相因,忘之不易,

---

　　① 〔清〕宣颖:《南华经解》,广东人民出版社 2008 年版,第 59 页。

所以虽悟道若孟孙才,仍须'人哭亦哭'。但他却可以不流泪、不悲戚、不哀伤,从心底尽去仁义、孝道之实,而仍无害'善丧'之名。由此可知,忘仁义实易于忘礼乐,故宣颖之说可从,而'仁义'二字与'礼乐'二字的位置无须互换。"①

过了几日颜回第三次去见孔子,说:"我进步了。"孔子说:"什么进步了?"颜回说:"我坐忘了。"

孔子神色大变,问:"什么是坐忘?"颜回说:"离开了自己的形体,废黜了自己的聪明,用一句话来说就是离形去知,合于大通之境,这就是坐忘。""堕",同"隳",废。"同",就是合,是一,不二。"大通",即大道之至境。成玄英曰:"大通,犹大道也。道能通生万物,故谓道为大通也。"这里颜回描述的"坐忘",就是形体与心智两忘,也就是《齐物论》开头南郭子綦隐机而坐时形如槁木、心如死灰的"吾丧我"状态。

孔子听后说:"合于大道,则无所偏好;安于变化,则无所执滞。你果然是贤人啊!我愿意跟随你学习。""同则无好",也就是无私心。"化则无常",也就是无成心成见。成玄英曰:"冥于变化,故不执滞守常也。"

(二)子桑歌唱追问而安命

> 子舆与子桑友,而霖雨十日。子舆曰:"子桑殆病矣!"裹饭而往食之。至子桑之门,则若歌若哭,鼓琴曰:"父邪!母邪!天乎!人乎!"有不任其声而趋举其诗焉。子舆入,曰:"子之歌诗,何故若是?"曰:"吾思夫使我至此极者而弗得也。父母岂欲吾贫哉?天无私覆,地无私载,天地岂私贫我哉?求其为之者而不得也。然而至此极者,命也夫!"

这个故事是关于子舆与子桑的。

子舆与子桑为友。有一次连续下雨十日,子舆担心地说:"子桑大概要饿病了。"于是盛好饭送给他。到了子桑家的门外,听到声音像是歌唱,又像

---

① 方勇:《庄子纂要》,学苑出版社2012年版,第933页。

是哭泣,边鼓琴边唱:"父邪! 母邪! 天乎! 人乎!"听起来声音急促,有气无力的。"趋",同"趣",疾。

子舆进去问:"你的歌诗,为什么是这样的?"子桑说:"我在思考是谁让我走到如此穷困潦倒的地步,而未得其解。父母怎么会让我如此贫穷? 天无私覆盖,地无私承载,天地怎么会有私心只让我贫穷? 追究使我贫困的道理而得不出来。然而到这极端贫穷的地步,大概是命吧!"

"命"就是命运的流转,是大宗师在人生际遇上的显现。宣颖曰:"贫困之来,不能逃也。于是从而揣测之。揣测之而不得其故,乃举而归之于命焉。归之于命,子桑此时一齐放下矣。命者何? 大宗师抟搕万化,无臭无声,然而行者已行,生者已生,不可谓无所受也。则不可谓无所授也。提出命字,乃大宗师化权所在,乌得不顺乎!"①刘凤苞曰:"命即大宗师所在。贫且有命,则死生寿夭可知,此顺受其正者之所以立命也。"②

最后,子桑户得出这样的结论:"然而至此极者,命也夫!"倘若"命"无可奈何,则一切都是自然流转,也就是《大宗师》开头提到的"天"。那么"安"与"不安",就是在人为范围内的有限选择。"安命"即是"知其不可奈何而安之若命",是坦然面对人生的各种无可奈何之事,迎向它、走过它,继续自己的人生之路。

思考题

1.如何看待"方内"与"方外"对死亡的不同态度?

2.如何理解"安命"?

拓展阅读

[1] 林希逸.庄子鬳斋口义校注[M].周启成校注.北京:中华书局,1997.

---

① 〔清〕宣颖:《南华经解》,广东人民出版社 2008 年版,第 60 页。
② 〔清〕刘凤苞:《南华雪心编》,中华书局 2013 年版,第 186 页。

［2］宣颖.南华经解［M］.曹础基校点.广州：广东人民出版社，2008.

［3］胡文英.庄子独见［M］.北京：华东师范出版社，2011.

［4］傅佩荣.逍遥之乐：傅佩荣谈庄子［M］.北京：东方出版社，2013.

［5］尼采.查拉图斯特拉如是说［M］.钱春绮，译.北京：生活·读书·新知三联书店，2007.

第七章　应帝王

本章要点：

1. 圣人治内"正而后行"。

2. "顺物自然"与"明王之治"。

3. 虚己无为与浑沌之死。

关键词：

顺物自然；明王之治；雕琢复朴

"应帝王"该如何理解呢？郭象曰："夫无心而任乎自化者，应为帝王也。"释德清曰："有体必有用，故此应帝王，以显大道之用。若圣人时运将出，迫不得已而应命，则为圣帝明王；推其绪余，则无为而化，绝无有意而作为也。此显无为之大用，故以名篇。"[①]钟泰曰："《应帝王》，明外王也。'帝王之功，圣人之余事'，亦应之而已矣，故曰'应帝王'也。"[②]"应"，因应之意。圣人顺时而起，因应为帝王。

---

① 〔明〕释德清：《庄子内篇注》，华东师范大学出版社 2009 年版，第 139—140 页。

② 钟泰：《庄子发微》，上海古籍出版社 2002 年版，第 167 页。

一、保全人性与圣人治内

(一)泰氏"未始入于非人"

啮缺问于王倪,四问而四不知。啮缺因跃而大喜,行以告蒲衣子。蒲衣子曰:"而乃今知之乎?有虞氏不及泰氏。有虞氏,其犹藏仁以要人;亦得人矣,而未始出于非人。泰氏,其卧徐徐,其觉于于;一以己为马,一以己为牛;其知情信,其德甚真,而未始入于非人。"

应帝王(一)

啮缺问老师王倪,四问而四不知。这在《齐物论》中有记载。啮缺得到了"不知"之知的大旨,因而大喜跳跃。啮缺如此高兴,是因为他终于有所悟,认识到"道"超越了人的认知。他跑去和王倪的老师蒲衣子分享自己的这一体悟。蒲衣子,即被衣,是王倪的老师。

蒲衣子说:"你现在才知道吗?有虞氏比不上泰氏。有虞氏仍然心怀仁来要结人心,他也得人心了,但是还不能超出失去人之本性。""有虞氏",舜。"泰氏",即太昊伏羲。"要",结。

"非人"是何意呢?历来大致有三种解释。一种解释认为,指"天"。林希逸曰:"非人即天也,故曰未始出于非人。未始出,犹言不过如此。"[1]后世学者也有此看法。福永光司说:"这里的'非人',指的是'非为人'之物,也就

---

① 〔宋〕林希逸:《庄子鬳斋口义校注》,周启成校注,中华书局1997年版,第125页。

是天。"①杨国荣引申为自然,说:"'非人'即自然,'未始出于非人'也就是并非出于自然。"②第二种解释认为,指"物"。宣颖曰:"非人者,物也。有心要人,则犹系于物。是未能超然出于物之外也。"③后世学者如陈鼓应、张默生等多持此观点。第三种解释认为,指"失去人性"。王叔岷曰:"庄子以仁义非本性所有,舜怀仁以求人,是以仁易人之本性,虽得人,而人已失其本性矣。'非人',谓失去人性。'未始出于非人',谓未曾超出于失去人性也。"④以上三种解释各有侧重,都能通,本书则采用王叔岷的观点,即"非人"指失去人性。

"泰氏,其卧徐徐,其觉于于;一以己为马,一以己为牛。"泰氏即伏羲氏则不同,寝卧时安舒,醒来时自得。有人呼自己为马,有人呼自己为牛,随人称呼,毫不介意。"徐徐",安闲舒缓貌。"于于",欢愉自得貌。"其知情信,其德甚真,而未始入于非人。"他的认知确实真实,他的禀性也很真实,从未曾失去人的本性。"情",实。

庄子让蒲衣子在其言论中,肯定了未曾失去本性的泰氏。正如王叔岷曰:"至治在全人性。"⑤

(二)圣人"正而后行"

> 肩吾见狂接舆。狂接舆曰:"日中始何以语女?"肩吾曰:"告我君人者以己出经式义度,人孰敢不听而化诸!"狂接舆曰:"是欺德也;其于治天下也,犹涉海凿河而使蚊负山也。夫圣人之治也,治外乎?正而后行,确乎能其事者而已矣。且鸟高飞以避矰弋之害,鼷鼠深穴乎神丘之下以避熏凿之患,而曾二虫之无知!"

① 〔日〕福永光司:《庄子内篇读本》,王梦蕾译,北京联合出版公司 2019 年版,第255 页。

② 杨国荣:《庄子内篇释义》,中华书局 2021 年版,第 269 页。

③ 〔清〕宣颖:《南华经解》,广东人民出版社 2008 年版,第 62 页。

④ 王叔岷:《庄子校诠》,中华书局 2007 年版,第 274 页。

⑤ 王叔岷:《庄子校诠》,中华书局 2007 年版,第 276 页。

肩吾、狂接舆,《逍遥游》篇已见。日中始,人名,庄子寓言中的人物。成玄英曰:"日中始,贤人姓名。"

肩吾见狂人接舆。接舆问:"日中始跟你说了什么?"肩吾说:"他告诉我,君王按照自己的意愿制定推行法度,人民谁敢不听从而被教化呢?""经式义度",指法度。

接舆说:"这是伪德,并非自然之德性。""欺",伪。"欺德",成玄英解释为:"夫以己制物,物丧其真,欺诳之德非实道。"

"用法度来治理天下,就像涉过大海去凿一条河,就像让蚊子去背负一座大山,都无法胜任。圣人治理天下,难道只是治外吗?""治外",就是指前文提到的"经式义度",即法度。与"治外"相对应的就是"治内"。"正而后行,确乎能其事者而已矣",圣人治天下必定顺应人的自然本性,而后化行,确实让人去做自己能力范围之内的事。林希逸曰:"正而后行者,顺性命之理而行也。"[1]郭象曰:"不为其所不能。"宣颖曰:"不强人以性之所难为。"[2]这两句的意思正如杨国荣所说:"顺从人的本性,让每个人都自然而然地做适合于他自己的事。"[3]

接舆接着说:"再比如,鸟可以高飞来避开射箭的伤害,鼷鼠可以深藏在社坛之下避开烟熏挖掘的祸患,这是万物的自然生存。人难道无知到还不如二虫吗?""矰弋",用来射鸟系有丝线的箭。"神丘",社坛。宣颖曰:"二虫尚知避患,曾谓人反无知,可以欺德驱之乎!"[4]王先谦曰:"曾是人之无知不如二虫乎!"[5]

这段强调,圣人之治不在治外,而在治内,当遵循"正而后行,确乎能其事者"。

---

① 〔宋〕林希逸:《庄子鬳斋口义校注》,周启成校注,中华书局1997年版,第127页。
② 〔清〕宣颖:《南华经解》,广东人民出版社2008年版,第62页。
③ 杨国荣:《庄子内篇释义》,中华书局2021年版,第270页。
④ 〔清〕宣颖:《南华经解》,广东人民出版社2008年版,第62页。
⑤ 〔清〕王先谦:《庄子集解》,中华书局2012年版,第92页。

二、"顺物自然"与"明王之治"

(一)"顺物自然而无容私"

天根游于殷阳,至蓼水之上,适遭无名人而问焉,曰:"请问为天下。"无名人曰:"去!汝鄙人也,何问之不豫也!予方将与造物者为人,厌,则又乘夫莽眇之鸟,以出六极之外,而游无何有之乡,以处圹埌之野。汝又何帛(yì)以治天下感予之心为?"又复问。无名人曰:"汝游心于淡,合气于漠,顺物自然而无容私焉,而天下治矣。"

这段是天根与无名人的问答。天根、无名人都是庄子虚构的人物。

有一日天根游于殷阳,到了蓼河之上,恰好碰到了无名人,就问他:"请问如何治理天下?"

无名人说:"走开!你这个鄙陋之人,怎么问这么让人不愉快的问题!我正与造物者一起自在处于人世。满足时,乘着清虚之鸟,飞出六极之外,游于无何有之乡,处于空旷广漠的旷野。你又何必用治天下这种梦语来搅扰我的心呢?""豫",悦豫。成玄英曰:"所问之旨,甚不悦豫我心。""予方将与造物者为人",郭象解释:"与造物者为人,则任人之自为。"释德清曰:"言任造化而为人,非有心于世也。"[①]"厌",满足。"莽眇之鸟",清虚之状。王先谦曰:"谓清虚之气若鸟焉。"[②]"圹埌",旷荡。"帛",通"寱",即呓,梦话。"感",触动。

天根坚持又问。无名人说:"你要游心于恬淡之域,合气于静漠之场,顺应万物自然的状态而不加以私心,则天下可以治了。"

① 〔明〕释德清:《庄子内篇注》,华东师范大学出版社 2009 年版,第 142 页。
② 〔清〕王先谦:《庄子集解》,中华书局 2012 年版,第 92 页。

这节指出"顺物自然而无容私",一切顺随自然而不可有心妄为,大公无私,则天下自治,也就是无为而治。释德清曰:"此一节,直示无为而化、治天下之妙。"①王叔岷曰:"'游心于淡,合气于漠',即清静无为耳。"②

(二)明王"立乎不测"之境

阳子居见老聃,曰:"有人于此,向疾强梁,物彻疏明,学道不倦。如是者,可比明王乎?"老聃曰:"是于圣人也,胥易技系,劳形怵心者也。且也虎豹之文来田,猨狙之便执斄(lí)之狗来藉。如是者,可比明王乎?"阳子居蹴然曰:"敢问明王之治。"老聃曰:"明王之治:功盖天下而似不自己,化贷万物而民弗恃;有莫举名,使物自喜;立乎不测,而游于无有者也。"

这段是阳子居和老子的对话,也是寓言。阳子居,即阳朱,成玄英曰:"姓阳,名朱,字子居。"

有一次阳子居去见老子,问:"有这样一个人,行事迅疾而有力,鉴物洞澈而疏通明达,学道又勤敏不倦。像这样的人,可以和明王比吗?""向疾",迅疾如响。"强梁",强干有力。

老子说:"这种人与圣人相比,就如那不断治事为技艺所系的胥徒,徒然劳碌形体、怵惕心灵。而且虎豹因其文彩而招来田猎,猿猴因其敏捷、狗因能执捉狐狸而遭人系缚。像这样的人,能和明王比吗?""胥易",郭庆藩解释为"胥徒供役治事"③。"技系",为技艺所系。"来",招来。"田",田猎。"斄",狸。"藉",系。

阳子居脸色骤变,问:"请问什么才是明王之治?"老子回答说:"明王之治就是:功劳盖天下,却好似与自己无关;化育施及万物,而百姓不觉有所依赖。虽有功而不显名,使物有得而各自欢喜。立于变幻莫测的境界,而游于

---

① 〔明〕释德清:《庄子内篇注》,华东师范大学出版社 2009 年版,第 142 页。
② 王叔岷:《庄子校诠》,中华书局 2007 年版,第 281 页。
③ 〔清〕郭庆藩:《庄子集释》,中华书局 1961 年版,第 296 页。

无何有的大道之乡。""贷",施。"举",显。"无有",大道。释德清曰:"不测、无有,通指大道之乡也。"①

以上所说明王之治,即是行无为之化。王叔岷曰:"治化于无形。"②

三、壶子示相与季咸看相

接下来讲的是壶子显示四种不同相,请神巫季咸看相的故事。故事穿插了列子前后态度的转变,他从第三人的立场来看至人壶子的变化莫测,正好上承明王"立乎不测"之境。宣颖曰:"立乎不测一句,引动下文一大幅文字。"③季咸,郑国神巫。壶子,即壶丘子林,郑国人,列子师。王叔岷曰:"《高士传》:'壶丘子林者,郑人也。道德甚优,列御寇师事之。'"④

(一)列子推崇季咸

郑有神巫曰季咸,知人之死生存亡,祸福寿夭,期以岁月旬日,若神。郑人见之,皆弃而走。列子见之而心醉,归,以告壶子,曰:"始吾以夫子之道为至矣,则又有至焉者矣。"壶子曰:"吾与汝既其文,未既其实。而固得道与?众雌而无雄,而又奚卵焉!而以道与世亢,必信,夫故使人得而相汝。尝试与来,以予示之。"

应帝王(二)

① 〔明〕释德清:《庄子内篇注》,华东师范大学出版社 2009 年版,第 143 页。
② 王叔岷:《庄子校诠》,中华书局 2007 年版,第 286 页。
③ 〔清〕宣颖:《南华经解》,广东人民出版社 2008 年版,第 63 页。
④ 王叔岷:《庄子校诠》,中华书局 2007 年版,第 288 页。

郑国有个神巫名叫季咸,能知晓人的死生、存亡、祸福、寿夭,能具体预测到年月日,精准如神。郑国人见到他,都躲开跑走,生怕他说出什么不好的话来。列子见此神算而心醉,回来和老师壶子说:"我一开始以为夫子之道已经达到极致了,现在又见到了更高超的人。"

壶子说:"我已尽传你道之名相,但尚未传道之实际效用。你就以为自己已经得道了吗?""文",名相,形式。"实",实际,实质。释德清曰:"言我之教汝者,但外面皮毛耳。……其道之真实处,全未示汝。"①

"这就好比有众雌鸟而没有雄鸟,怎么会有化育之卵呢!你以所学到的表相之道与世人相较量,必定想胜过他人,这样就使人有机会相看你的底细。你尝试请他来,我示相给他。""亢",同"抗"。"信",通"伸"。

(二)壶子四次示相

> 明日,列子与之见壶子。出而谓列子曰:"嘻!子之先生死矣!弗活矣!不以旬数矣!吾见怪焉,见湿灰焉。"列子入,泣涕沾襟以告壶子。壶子曰:"乡吾示之以地文,萌乎不震不正,是殆见吾杜德机也。尝又与来。"

第二天,列子与季咸去见壶子。

季咸出来后跟列子说:"唉!你的先生要死了!活不下去了!活不过十天了!我看见了奇怪之相,就像湿灰般死寂,再无任何生机。""湿灰",林云铭解释为:"死灰尚有或燃之时,湿灰则不能,所以为死而弗活之象。"②

列子进来泣涕沾襟,告诉壶子季咸所说的话。壶子说:"刚才我展示的是寂然不动的'地文'之相,萌生于不动不止,他大概看见我闭藏了一切生机,就以为我将会死去。你不妨再叫他来。""乡",同"向",刚才。"地文",寂然不动。成玄英曰:"地以无心为宁静,故以不动为地文也。""震",动。"正",当作"止"。王叔岷曰:"'不震不正',崔本作'不誫不止'。《列子》同。

---

① 〔明〕释德清:《庄子内篇注》,华东师范大学出版社 2009 年版,第 144 页。
② 〔清〕林云铭:《庄子因》,华东师范大学出版社 2012 年版,第 86 页。

陈碧虚《阙误》引江南古藏本'不正'亦作'不止'。訨即震之异文,正乃止之形误,俞说是。"①"杜",闭塞。"德机",释德清解释为"生机"②。

　　　　明日,又与之见壶子。出而谓列子曰:"幸矣子之先生遇我也!有瘳矣,全然有生矣!吾见其杜权矣。"列子入,以告壶子。壶子曰:"乡吾示之以天壤,名实不入,而机发于踵。是殆见吾善者机也。尝又与来。"

　　第二天,列子与季咸再次来见壶子。

　　季咸出来后告诉列子说:"幸亏你的先生遇见了我!有救了,有痊愈的生机了!我在闭藏中看到了一点变化,有稍许生机了。"林云铭曰:"闭藏之中,稍露动变端倪,甚有生意,所以为有瘳必生之象。"③

　　列子进来后,又将这番话告诉壶子。壶子说:"刚才我给他看的是天地间酝酿变化饱含生意的'天壤'之相,世间一切皆不入于心,而一缕生机从脚跟自下而上开始发动。你不妨再叫他来。"林云铭曰:"游心于虚,犹天下地上之间,一团生意,无名象可指,只有发动之机自下而上。"④"名实不入",王叔岷解释为:"盖谓一切不存于心也。"⑤"善者机",生意萌动。宣颖曰:"善,即生意也。"⑥

　　　　明日,又与之见壶子。出而谓列子曰:"子之先生不齐,吾无得而相焉。试齐,且复相之。"列子入,以告壶子。壶子曰:"吾乡示之以太冲莫胜。是殆见吾衡气机也。鲵桓之审为渊,止水之审为渊,流水之审为渊。渊有九名,此处三焉。尝又与来。"

① 王叔岷:《庄子校诠》,中华书局 2007 年版,第 290 页。
② 〔明〕释德清:《庄子内篇注》,华东师范大学出版社 2009 年版,第 145 页。
③ 〔清〕林云铭:《庄子因》,华东师范大学出版社 2012 年版,第 87 页。
④ 〔清〕林云铭:《庄子因》,华东师范大学出版社 2012 年版,第 87 页。
⑤ 王叔岷:《庄子校诠》,中华书局 2007 年版,第 292 页。
⑥ 〔清〕宣颖:《南华经解》,广东人民出版社 2008 年版,第 64 页。

第三天,列子与季咸第三次来见壶子。

季咸出来告诉列子说:"你的先生气色动静变化不定,我无法相看。等稳定了,再来给他看相。""不齐",不一。释德清曰:"精神恍惚,颜色不一。"①林云铭曰:"变化不测。"②宣颖曰:"动静不定。"③

列子进来,又把这番话告诉了壶子。壶子说:"刚才我展示的是阴阳合二为一、至虚至和的'太冲莫胜'之相,他大概看到了我气息平衡的机兆。"林云铭曰:"《老子》曰:'万物负阴而抱阳,冲气以为和。'合二气为一气,不相胜也。"④钱穆曰:"'太冲',至虚至和,无所偏倚。"⑤"衡",平。

"鲵桓之审为渊,止水之审为渊,流水之审为渊。"意思是说:大鱼盘桓聚集处为深渊,止水宁静之处为深渊,流水之处是深渊。以上三者是比喻,喻前面壶子所示的三种相——地文、天壤和太冲莫胜。宣颖曰:"鲵桓之审为渊,况天壤也。有鲵在焉,静中有动也。止水之审为渊,况地文也。纯乎止水则静矣。流水之审为渊,况太冲莫胜也。半流半审,得平衡之意,皆取乎渊者,不离乎浑藏不测之地也。"⑥钱穆引陈寿昌曰:"鲵桓之水非静非动,喻'衡气机';止水静,喻'杜德机';流水动,喻'善者机'。三者不同,其渊深莫测一也。"⑦"鲵",大鱼。"桓",盘桓。"审",处。"渊",至深。

壶子继续说:"渊有九名,这是其中之三。你不妨再叫他来。"

明日,又与之见壶子。立未定,自失(yì)而走。壶子曰:"追之!"列子追之不及。反,以报壶子曰:"已灭矣,已失矣,吾弗及已。"壶子曰:"乡吾示之以未始出吾宗。吾与之虚而委蛇,不知其谁何,因以为弟靡,因以为波流,故逃也。"

---

① 〔明〕释德清:《庄子内篇注》,华东师范大学出版社 2009 年版,第 145 页。
② 〔清〕林云铭:《庄子因》,华东师范大学出版社 2012 年版,第 87 页。
③ 〔清〕宣颖:《南华经解》,广东人民出版社 2008 年版,第 64 页。
④ 〔清〕林云铭:《庄子因》,华东师范大学出版社 2012 年版,第 87 页。
⑤ 钱穆:《庄子纂笺》,生活·读书·新知三联书店 2021 年版,第 90 页。
⑥ 〔清〕宣颖:《南华经解》,广东人民出版社 2008 年版,第 64 页。
⑦ 钱穆:《庄子纂笺》,生活·读书·新知三联书店 2021 年版,第 91 页。

第四天,列子与季咸第四次来见壶子。还未站定,季咸就奔逸而跑。壶子说:"追上他!"列子追赶没追上。他返回后,对壶子说:"他已消失不见了,已不知去向了,我没追上他。""失",同"逸"。"灭",消失。

壶子说:"刚才我给他看的是'未始出吾宗'之相。""未始出吾宗",指不离本源的混沌之相。王叔岷曰:"《知北游篇》:'外化而内不化。'《淮南子·原道篇》:'外与物化而内不失其情。'皆'未始出吾宗'之义也。"[①]"宗",本性,林云铭解释为"性初也"[②]。

壶子继续说:"我全然虚己而随顺,不知道我究竟是谁,时而变化颓靡,时而随波流动,所以他就逃走了。""委蛇",随顺的样子。"弟靡",颓靡。郭象曰:"变化颓靡,世事波流,无往而不因也。"

(三)列子日常修行

> 然后列子自以为未始学而归,三年不出。为其妻爨(cuàn),食(sì)豕如食人。于事无与亲,雕琢复朴,块然独以其形立。纷而封哉,一以是终。

在经历了季咸给壶子四次看相、壶子四次解释示相后,列子终于领悟到从前的自己是多么肤浅,根本就还未开始真正学道,于是回到家中,三年不外出,一意专注于自我的修行。"为其妻爨",为他的妻子做饭,代表此时的列子已没有男女的分别心;"食豕如食人",喂养猪就像喂养人,代表列子已没有人与物的分别心;"于事无与亲",无论做任何事都一样,代表列子已没有偏私之心。"爨",炊。

"雕琢复朴",指从前因雕琢而丧失了素朴,现在经由雕琢再返归素朴。成玄英曰:"雕琢华饰之务,悉皆弃除,直置任真,复于朴素之道者也。""块然独以其形立",意思是外在去除雕饰,内在去除心智,只留槁木之形,块然独处。"块然",无情无识之貌。成玄英曰:"外除雕饰,内遣心智,槁木之形,块

---

① 王叔岷:《庄子校诠》,中华书局 2007 年版,第 296 页。
② 〔清〕林云铭:《庄子因》,华东师范大学出版社 2012 年版,第 88 页。

然无偶也。""纷而封哉",指世事纷扰,而守其本真。"封",守。成玄英曰:
"虽复涉世纷扰,和光接物,而守其本真,确尔不移。""一以是终",守此本真
之"一",以终其身。成玄英曰:"应不离真,常抱一以终始。"

这里我们可以看到,庄子再次强调,道并不遥远,就在日常生活的每一
件小事中。壶子的境界虽不易得,但列子在日常中的实践是我们可以效
仿的。

四、虚己无为与浑沌之死

(一)至人"用心若镜"

> 无为名尸,无为谋府;无为事任,无为知(zhì)主。体尽无穷,而
> 游无朕;尽其所受乎天,而无见得,亦虚而已。至人之用心若镜,不
> 将不迎,应而不藏,故能胜物而不伤。

应帝王(三)

这段是对之前五个故事的理论总结。

"无为"具体表现在以下几方面。其一,"无为名尸",不要为名所主。
"尸",主。其二,"无为谋府",不要成为谋略的府库。"府",府库。其三,"无
为事任",不要专断强行任事。释德清曰:"但顺事而应,若非己出者也。"[①]其
四,"无为知主",不要主于智巧。"知",通"智"。

"体尽无穷,而游无朕",就是说体会大道无所不包、没有穷尽,从而悠游
于无迹象的道中。"朕",征兆、迹象。"尽其所受乎天,而无见得",尽自己所

---

① 〔明〕释德清:《庄子内篇注》,华东师范大学出版社 2009 年版,第 148 页。

受于天的自然本性,而无意得之于外。言外之意是说,天性具足,不假外求。用一句话来概括就是"亦虚而已"。

"虚"指什么?庄子继续解释:"至人之用心若镜。"至人用心若一面明镜。可见"虚"指空明之心境。为什么用心若镜?因为"不将不迎",至人用心宛若明镜,不送不迎,因应而不遮蔽。无论美丑,任物来照,不因其丑而送走,不因其美而迎接。"将",送。因为"应而不藏",万物来照,明镜因应,即显其本来样貌,而毫无隐藏。"故能胜物而不伤",至人虚心应世,能够应对一切发生之事,而不为其所伤。这里强调了一个"虚"字,正如宣颖曰:"既以虚字结上文,又著此四句,解个虚字。"①

本段是《应帝王》全篇的主旨。张默生曰:"若把此段提至篇首,作为总论,亦未始不可。"②释德清更总结了这段在生活中可能发挥的实际效用:"内篇之意,已尽此矣。学者体认,亦不必多,只在此数语下手,则应物忘怀,一生受用不尽。此所谓逍遥游也。"③

(二)凿七窍而浑沌死

> 南海之帝为儵,北海之帝为忽,中央之帝为浑沌。儵与忽时相与遇于浑沌之地,浑沌待之甚善。儵与忽谋报浑沌之德,曰:"人皆有七窍以视听食息,此独无有,尝试凿之。"日凿一窍,七日而浑沌死。

这是本篇的最后一个寓言故事。

南海之帝是儵,北海之帝是忽,中央之帝是浑沌。"浑沌无面目",《释文》云:"崔云:'浑沌,无孔窍也。'李云:'清浊未分也。比喻自然。'简文云:'儵、忽取神速为名,浑沌以合和为貌。神速譬有为,合和譬无为。'"④儵与忽

---

① 〔清〕宣颖:《南华经解》,广东人民出版社 2008 年版,第 65 页。
② 张默生:《庄子新释》,齐鲁书社 1993 年版,第 241 页。
③ 〔明〕释德清:《庄子内篇注》,华东师范大学出版社 2009 年版,第 148 页。
④ 〔唐〕陆德明撰:《经典释文汇校》,黄焯汇校,黄延祖重辑,中华书局 2006 年版,第760 页。

不时会在浑沌之地相见,每次浑沌都友好接待他们。儵与忽就商量着如何来报答浑沌的好意,终于想到一个好办法:"人都有七窍,来视听食吸,而浑沌却没有。我们来尝试给他凿开七窍。"于是每天凿一窍,七日之后浑沌死亡。

该如何理解这则寓言呢?从南海之帝、北海之帝的角度来看,他们出于报答的好意,结果却杀死了浑沌之帝。原因在于他们有成心,只能看到人有七窍,且以此为标准来评判、同情无孔窍的浑沌,便决定要帮助浑沌拥有七窍。他们全然不知,浑沌之帝本就和其他人不同,无七窍才是他本来的样貌。从浑沌之帝的角度来看,浑沌无面目是他的自然状态,强行被开凿七窍,只能失去其本然状态,而被迫趋向死亡。

悲天悯人的庄子在此重下一笔,内七篇就在浑沌之死的悲剧氛围中结束。释德清曰:"此儵忽一章,不独结《应帝王》一篇,其实总结内七篇之大意。前言逍遥,则总归大宗师。前频言小知伤生、养形而忘生之主、以物伤生,种种不得逍遥,皆知巧之过。盖都为凿破浑沌,丧失天真者。即古今宇宙两间之人,自尧、舜以来,未有一人而不是凿破浑沌之人也。此特寓言,大地皆凡夫愚迷之人,概若此耳。以俗眼观之,似乎不经,其实所言,无一字不是救世愍迷之心也,岂可以文字视之哉? 读者当见其心可也。"①

那么,人被凿七窍,还有可能恢复其原本的浑沌之性吗?庄子通过寓言告诫我们:浑沌虽然不免被凿而死亡,但是人却有恢复浑沌之性的可能。那就是任万物以其本来的样貌存在,返归真性,即可自在地存在。庄子的此则寓言从反面托出,引人深思。

思考题

1.你如何看待"浑沌"的死亡?

2.浑沌被凿七窍后,还有可能恢复其原本的浑沌之性吗?

---

① 〔明〕释德清:《庄子内篇注》,华东师范大学出版社 2009 年版,第 149 页。

[1] 林云铭.庄子因[M].张京华,点校.上海:华东师范大学出版社,2012.

[2] 钟泰.庄子发微[M].上海:上海古籍出版社,2002.

[3] 卢盛江.细读庄子[M].北京:研究出版社,2019.

[4] 王景琳,徐匋.庄子的世界[M].北京:中华书局,2019.

[5] 爱莲心.向往心灵转换的庄子:内篇分析[M].周炽成,译.南京:江苏人民出版社,2004.

参考文献

一、古籍

[1] 公孙龙子.公孙龙子(外三种)[M].黄克剑,译注.北京:中华书局,2012.

[2] 司马迁.史记[M].北京:中华书局,1959.

[3] 刘安.淮南子集释[M].何宁,集释.北京:中华书局,1998.

[4] 河上公.老子道德经河上公章句[M].王卡,点校.北京:中华书局,1993.

[5] 郑玄,贾公彦.周礼注疏[M].赵伯雄,整理.王文锦,审定.北京:北京大学出版社,1999.

[6] 王弼.老子道德经注[M]//王弼集校释.楼宇烈,校释.北京:中华书局,1980.

[7] 阮籍.阮籍集校注[M].陈伯君,校注.北京:中华书局,1987.

[8] 鸠摩罗什.金刚经[M].丁福保,笺注.上海:上海古籍出版社,2020.

[9] 陶渊明.陶渊明集[M].逯钦立,校注.北京:中华书局,1979.

[10] 沈约.宋书[M].北京:中华书局,1974.

[11] 刘勰.文心雕龙注[M].范文澜,注.北京:人民文学出版社,2000.

[12] 陆德明.经典释文汇校[M].黄焯,汇校.黄延祖,重辑.北京:中华书局,2006.

[13] 惠能.坛经[M].丁福保,笺注.哈磊,整理.上海:上海古籍出版社,2016.

[14] 王维.王右丞集笺注[M].赵殿成,笺注.上海:上海古籍出版社,1998.

[15] 李白.李太白全集[M].王琦,注.北京:中华书局,1977.

[16] 白居易.白居易集笺校[M].朱金城,笺校.上海:上海古籍出版社,1988.

[17] 苏轼.苏轼词编年校注[M].邹同庆,王宗堂,编年校注.北京:中华书局,2002.

[18] 吕惠卿.庄子义集校[M].汤君,集校.北京:中华书局,2009.

214

［19］朱熹.四书章句集注［M］.北京:中华书局,1983.

［20］林希逸.庄子鬳斋口义校注［M］.周启成,校注.北京:中华书局,1997.

［21］王应麟.困学纪闻［M］.阎若璩,何焯,全祖望,注.栾保群,田松青,点校.上海:上海古籍出版社,2015.

［22］褚伯秀.南华真经义海纂微［M］.方勇,注.北京:中华书局,2018.

［23］普济.五灯会元［M］.北京:中华书局,1984.

［24］释德清.庄子内篇注［M］.黄曙辉,点校.上海:华东师范大学出版社,2009.

［25］王夫之.庄子解［M］.北京:中华书局,2009.

［26］林云铭.庄子因［M］.张京华,点校.上海:华东师范大学出版社,2012.

［27］宣颖.南华经解［M］.曹础基,校点.广州:广东人民出版社,2008.

［28］胡文英.庄子独见［M］.李花蕾,点校.上海:华东师范大学出版社,2011.

［29］俞樾.诸子平议［M］.上海:上海书店,1998.

［30］刘凤苞.南华雪心编［M］.方勇,点校.北京:中华书局,2013.

［31］郭庆藩.庄子集释［M］.王孝鱼,点校.北京:中华书局,1961.

［32］孙诒让.墨子间诂［M］.孙启治,点校.北京:中华书局,2009.

［33］王先谦.庄子集解［M］.沈啸寰,点校.北京:中华书局,2012.

［34］王先慎.韩非子集解［M］.钟哲,点校.北京:中华书局,1998.

［35］马其昶.定本庄子故［M］.马茂元,编次.合肥:黄山书社,1989.

二、专著

［1］爱莲心.向往心灵转换的庄子:内篇分析［M］.周炽成,译.南京:江苏人民出版社,2004.

［2］柏拉图.苏格拉底的申辩［M］.吴飞,译疏.北京:华夏出版社,2007.

［3］帕斯卡尔.思想录［M］.何兆武,译.北京:商务印书馆,1985.

［4］曹础基.庄子浅注［M］.北京:中华书局,2018.

［5］陈鼓应.庄子今注今译［M］.北京:中华书局,1983.

［6］陈少明.梦觉之间:《庄子》思辨录［M］.北京:生活·读书·新知三联书店,2021.

［7］陈引驰.庄子讲义［M］.北京:中华书局,2021.

［8］方勇.庄子纂要［M］.北京:学苑出版社,2012.

［9］福永光司.庄子内篇读本［M］.王梦蕾,译.北京:北京联合出版公司,2019.

[10] 傅佩荣.逍遥之乐:傅佩荣谈庄子[M].北京:东方出版社,2013.

[11] 蒋锡昌.庄子哲学[M].上海:上海书店出版社,1999.

[12] 海德格尔.存在与时间[M].陈嘉映,王庆节,合译,北京:生活·读书·新知三联书店,2014.

[13] 荷尔德林.荷尔德林诗集[M].王佐良,译.北京:人民文学出版社,2016.

[14] 黑塞.悉达多[M].李双志,译.郑州:河南文艺出版社,2022.

[15] 荣格.荣格自传:回忆·梦·思考[M].刘国彬,杨德友,译.南京:译林出版社,2014.

[16] 刘武.庄子集解内篇补正[M].沈啸寰点校.北京:中华书局,2012.

[17] 刘文典.庄子补正[M].赵锋,诸伟奇,点校.北京:中华书局,2015.

[18] 卢盛江.细读庄子[M].北京:研究出版社,2019.

[19] 尼采.查拉图斯特拉如是说[M].钱春绮,译.北京:生活·读书·新知三联书店,2007.

[20] 钱穆.论语新解[M].北京:生活·读书·新知三联书店,2002.

[21] 钱穆.庄子纂笺[M].北京:生活·读书·新知三联书店,2021.

[22] 圣埃克絮佩里.小王子[M].周克希,译.上海:华东师范大学出版社,2015.

[23] 王景琳,徐匋.庄子的世界[M].北京:中华书局,2019.

[24] 王叔岷.庄子校诠[M].北京:中华书局,2007.

[25] 徐复观.中国艺术精神[M].上海:华东师范大学出版社,2001.

[26] 杨国荣.庄子内篇释义[M].北京:中华书局,2021.

[27] 张默生.庄子新释[M].张翰勋校补.济南:齐鲁书社,1993.

[28] 章启群.庄子新注[M].北京:中华书局,2019.

[29] 钟泰.庄子发微[M].上海:上海古籍出版社,2002.

[30] 朱桂曜.庄子内篇证补[M].上海:商务印书馆,1935.

[31] 朱谦之.老子校释[M].北京:中华书局,1984.

后　记

　　我与庄子的缘分，始于二十五六年前我在山西大学读研究生时。我的导师牛贵琥教授，深受其导师姚奠中先生的影响，非常喜爱庄子。一次我去老师家，师母开的门。我进门后发现老师坐在床上，腿部骨折了在做牵引，手里正拿着一本《庄子》在读。老师跟我说："骨折不能动了，再读《庄子》，就更能领会《庄子》中的那些畸人。"老师言下之意，读《庄子》需要将生命体会投注进去，才能真正领会。姚先生向来以庄子之徒处世，老师也以庄子之徒行事。这对我后来从生命的角度领会庄子是一种启发。之后有幸听到老师对《庄子·内篇》七篇的总体看法，这对我从整体上把握《庄子·内篇》颇有影响。这算是我与庄子的初步相识吧。

　　第二次有机会与庄子长期相处并相熟，是十多年前。那段时期，人生的各种压力与困扰向我袭来，人之生存的意义究竟为何的问题，迫切地降临到我的眼前。我至今记得那时内心的感受，眼前是一片望不到尽头的荒漠，周围没有一人，只有我自己在踽踽独行。

　　还好那几年的生活尚有两个乐趣。

　　一是陪着我的孩子慢慢成长，观看孩子眼中的世界。透过孩子之眼，我发现了一个与成人世界全然不同的、活泼泼的美好世界。我真正理解了什么是童心，理解了老子的文字中为什么总是提到婴儿，理解了孟子所说的"大人者，不失其赤子之心也"，也理解了尼采所说的人的精神的三段变化最后为什么变成的是孩子。

　　另一个乐趣，便是走向天地万物。庄子说："天地有大美而不言，四时有明法而不议，万物有成理而不说。"若不去亲临，当真无法体会天地万物之美。我生活在江南，每次看山看水看花看树归来，心灵都像被洗涤过一般宁静。到后来我领会了简文所说的"会心处不必在远。翳然林水,便自有濠、濮间想也。觉鸟兽禽鱼,自来亲人"。甚至无须特意出游,在小区里、去学校的路上、校园里,随处可以看云看鸟看树看鱼。秋冬之际,走路去学校上课,拾起两三片被风吹落的树叶,那清晰的红色叶脉尚有些许绿意,我便与落叶之美同在;将树叶握在手中,感受到那叶片的能量传递到掌心,心中便觉惊喜。在家中阳台上,看钱塘江奔流不息,看夕阳缓缓落下,看一朵牵牛花开放,也都觉得亲切温暖。听四季晨鸟鸣唱、向晚归鸟相和,听夏日蝉鸣、夏夜蛙鸣,万物一派生机勃勃、自然可爱。于是,在天地山川、树木花草、虫鸣鸟和、日升月落中,我领会了天地万物的美好。

"这两种乐趣,正是我那几年困境中的甘露。"这是我在拙著《中古会稽士族研究》的后记中所记的。与此同时,我也在积极寻找自己的人生出路。有一次在书中读到王阳明龙场悟道一段,读罢,我不觉泪流满面。生死之事,本难觉悟。阳明先生在困境中,终于悟道。而我要在何时才能觉悟呢?还好我尚能好学求知,那时我常常翻看的是《庄子》,也在线听各种有关庄子的课。何其有幸出生在这样的时代,让我足不出户就可以聆听各种课程。那时我最常听的是台湾大学傅佩荣教授、蔡璧名教授所讲的《庄子》,后来又听复旦大学陈引驰教授讲《庄子》。有趣的是,三位老师对《庄子》的理解不尽相同,阅读的角度也不同,加上我自己参看了历代对《庄子》文本的不同注释,于是这常常引发我多方面的思考。就这样日日与庄子相伴,经过几年熏染,不断思考与反省,我终于领悟了自己存在的价值,明白了自己的人生使命。

大学的古代文学老师,应该不仅仅是授业者,还是传道者;不仅仅是知识的解惑者,还是人生的解惑者。那么,在当今时代学习并传授古代经典文本的意义,主要在于以下几点:第一,激发人的审美意识。美是人人向往的,但美的感受需要熏陶。人生除了学习、工作的艰辛,还有日常细微处的美好。第二,读古书是交友,是心灵的交流。古代经典作品中,闪耀着一个个鲜活的生命。他们向我们展示着他们多样的精彩人生。透过他们,我们可以认识自己,如果幸运的话还可能找到千百年以前的知音。第三,一切古代文献所呈现的都是个人的生命和价值,而在个人的背后则承载着厚重的中华优秀传统文化。第四,在"审美—尚友—体味文化"这样逐层深入的运动之后，人又返回生命本身，回到现实人生。这恰好完成了一个循环，正符合老子所说的"反者道之动"。

我也终于领悟到了孔子所说的"古之学者为己，今之学者为人"，读书做学问不是做给他人看的，而是自己精神成长的需要。于是我从困境中走了出来，不再为外在的东西所束缚。我常常感谢在困境中给我启迪的老子、孔子、庄子及诸位老师。尤其感谢庄子，在与他无数次地反复交流中，我终于对人生有所领悟，放下了曾经困扰我的外在之物。我非常感恩我们有这么优秀的传统文化，在那里我终于安住了我的心灵。

但是，在这个世界上还有许多心灵在挣扎，还处于人生困境中找不到出路。于是，我便以传播《庄子》为我的使命，期待更多的人能了解到中国古代有这么好的哲学思想，或许它会成为我们人生的灯塔。当我们身处人生暗夜时，灯塔总会为我们留下温暖的光，照亮我们前行的道路。

庄子从此成为我最爱的古人。他深情敏锐又不为情所累，他入世而又能超世，他满腔热情而又冷眼旁观，他灵府虚空常能鉴人，他亲近万物常有会心，他独与天地精神往来……但世人多不理解或误解庄子。于是，我付诸行动，先是在学校申请开设了讲授《庄子》的通识课，后来又开始上中文系的《庄子》专业选修课，决心要把庄子这个大智者带到更多人的生活中。

七年来，有近千名同学受惠于庄子思想，他们从多方面感受到了庄子给予他们的内在力量。有的缓减了焦虑，得以静心；有的学会了欣赏天地万物；有的开始思考人生；有的学会了如何自处；有的开拓了观看世界的新视野；有的重新思考自我，开始追问什么才是真正的"我"……

《庄子》是一部深刻而难懂的经典，要领会其精神并付诸生命实践确乎很难。但课堂的讲授至少可以打开学生走向庄子生命哲学之路的一扇门，在他们心中种下一粒可能发芽的种子。他日在面对复杂的人或事的时候，在面对自我的人生困境的时候，在面对生与死的问题的时候，想想《庄子》书中的那些有意味的寓言故事，或许可以换一种视角、换一种心境看待问题。那么人生的矛盾和困境，也许皆可随之而解。

但是，只在大学课堂上传授《庄子》，够吗？这几年我听到被情绪困扰的人有很多，多到触目惊心。不管是中学生还是大学生，甚至各行各业的人，都会遭遇情绪问题。我多么希望有更多的人能接触到庄子，改变对世界、对他人、对自己的态度,从而从根本上解决困扰他们的各种情绪问题。之前一个朋友打电话跟我说,他们小区的一个初二的孩子跳楼了,是自小就与他们认识的。我在听她的讲述时,一瞬间泣不成声,她在电话那头也哽咽难言。我的心被悲凉占据,心中想的是:如果这个世界有更多的人读过《庄子》并能有所领会的话,或许这类悲剧就会减少甚至不会发生吧。我们所处的这个高速发展的时代太需要《庄子》了。这样的优秀传统文化,如不能让它在精神领域发挥更大的作用,实在是令人惋惜。所以我想撰写一部兼具学术性与通俗性的有关《庄子》的著作,将《庄子》推介给更多的人。

正是基于以上的想法,我撰写了这部小书,它既可以作为大学教材,也可以作为通俗读物。由于《庄子》文字艰深,学者多着力于文字或义理的解释。普通读者需要通过注释文字才能领会其意义,而众多注解常常会令人望而生畏。而庄子的哲学本就是生命的哲学,庄子又爱讲故事,解读《庄子》的空间很大,对其深层的领会,或许需要更多的直觉和对生命的领悟。十多年来,我对《庄子》的领会主要有六个渠道:一是通过对自己人生的体悟。我经历过几年的人生困境,读《庄子》时常有会心。二是通过孩子之眼。庄子是深刻而又孩童式的,而我庆幸那几年学会从孩子之眼去领会《庄子》。三是通过对万物的观看与审美。在困境中我自觉走向天地万物,而这又是庄子所提倡的。四是通过其他古代经典文本的互证。五是通过历代相关诗文的阐发。六是通过西方哲学、心理学与文学的视角。

于是,我对庄子有了很多共情,有了更多的生命链接。一个人无论年纪多大,只要开始思考人生,对生命有所疑惑,就可以开始读《庄子》。通过此小书,我希望有更多的人能得到庄子的指引,走出被外在之物困缚的生命状态,走向自在的人生之路。

《庄子·内篇》的解读写完了,相应的视频也录好了,我要感谢的人很多。首先,感谢每学期选"庄子"课的同学们,是他们坚定的选择与期盼的眼神鼓励着我。其次,感谢中外历代解庄者,是他们给了我观看庄子的不同视角。再次,感谢浙江工商大学人文与传播学院推出了汉语言文学新形态教材系列,让此书不仅有传统书籍的文字部分,还加入了数字时代的新形式视频。感谢我的孩子教会我如何剪录视频。文字和声音的结合,或许对领会

《庄子》有所助益吧。最后,感谢浙江工商大学出版社的任晓燕女士和责编金芳萍为拙著的出版付出的辛劳。

惟愿庄子走入你我的心中! 见庄子,见万物,见自己。

渠晓云

2024 年 12 月记于钱塘江畔虚室